테라폼으로 시작하는
IaC  개정판

테라폼으로 시작하는 IaC 개정판

테라폼 입문부터 실무 적용, 생성형 AI 활용까지 올인원 가이드

초판 1쇄 발행 2023년 5월 30일
개정판 1쇄 발행 2024년 9월 17일

지은이 김민수, 김재준, 이규석, 이유종 / **펴낸이** 전태호
펴낸곳 한빛미디어(주) / **주소** 서울시 서대문구 연희로2길 62 한빛미디어(주) IT출판2부
전화 02-325-5544 / **팩스** 02-336-7124
등록 1999년 6월 24일 제25100-2017-000058호 / **ISBN** 979-11-6921-290-8   93000

총괄 송경석 / **책임편집** 홍성신 / **기획·편집** 박혜원
디자인 표지 박정화, 최연희 내지 최연희 / **전산편집** 다인
영업 김형진, 장경환, 조유미 / **마케팅** 박상용, 한종진, 이행은, 김선아, 고광일, 성화정, 김한솔 / **제작** 박성우, 김정우

이 책에 대한 의견이나 오탈자 및 잘못된 내용은 출판사 홈페이지나 아래 이메일로 알려주십시오.
파본은 구매처에서 교환하실 수 있습니다. 책값은 뒤표지에 표시되어 있습니다.
한빛미디어 홈페이지 www.hanbit.co.kr / 이메일 ask@hanbit.co.kr

지금 하지 않으면 할 수 없는 일이 있습니다.
책으로 펴내고 싶은 아이디어나 원고를 메일(writer@hanbit.co.kr)로 보내주세요.
한빛미디어(주)는 여러분의 소중한 경험과 지식을 기다리고 있습니다.

Terraform

테라폼으로
개정판 시작하는 IaC

김민수, 김재준, 이규석, 이유종 지음

IB 한빛미디어
Hanbit Media, Inc.

코드형 인프라, 즉 IaC는 데브옵스^{DevOps} 및 클라우드 인프라 세계에서 기본적인 관행이 되었다. 인프라를 코드로 정의하고 소프트웨어 개발 관행을 적용함으로써 인프라 리소스의 프로비저닝, 관리, 배포를 자동화할 수 있게 되었다. 하시코프 테라폼은 여러 클라우드 제공 업체에 걸쳐 인프라를 관리할 수 있는 강력하고 유연한 플랫폼은 물론, 수천 개의 통합 기능을 제공하여 IaC 구현을 위한 가장 인기 있는 도구 중 하나로 떠올랐다.

이 책은 하시코프 도구를 선호하는 한국의 사용자들이 테라폼으로 IaC 여정을 시작할 수 있도록 도와주는 훌륭한 가이드다. 코드를 사용하여 인프라 리소스를 생성, 관리, 정의하며 상태를 관리하고, 모듈로 재사용 가능한 인프라 구성 요소를 생성하는 방법 등 테라폼의 기본 개념과 응용 기술을 모두 배울 수 있다. 이를 통해 조직에서 IaC를 구현하는 기술을 갖추게 되어 인프라 관리를 한 단계 더 발전시키는 계기가 될 것이다.

아몬 데드가 하시코프 공동 창업자 겸 CTO

테라폼을 처음 시작하는 사람에게 꼭 필요한 기본 개념과 실제 사용 사례를 모두 다루고 있는 책이다. 특히, LG유플러스에서의 경험을 바탕으로 구성한 예제와 생성형 AI 활용법 등 실제 사례들은 테라폼을 사용하는 데 실질적인 도움이 될 것이다. 인프라를 코드화하여 관리하는 모든 개발자와 운영자에게 추천하며, 퍼블릭 클라우드와 함께 인프라의 현대화를 추진하는 여러 기업에 도움이 될 수 있기를 바란다.

배은옥 LG유플러스 클라우드기술Lab 상무

국내에 출간된 테라폼 관련 책 대부분이 번역서의 한계를 지닌 것에 비해, 이 책은 단순히 클라우드의 자원을 구성해보고 실행하는 것을 넘어 테라폼 사용 역량을 기르게끔 돕는다. 테라폼의 기본적인 문법을 익히는 것부터 사용자나 팀 간 협업, 조직 단위에서의 활용까지 다루며 나아가 LG유플러스의 실질적인 사례를 경험할 수 있게 한다. 하이브리드나 멀티 클라우드의 운영을 위해, 테라폼을 기반으로 한 인프라 구성과 협업 과정을 알고 싶은 사람에게 지금 바로 필요한 책이다.

한상기 테크프론티어 대표 / 과학기술 전문 서점 '책과얽힘' 주인장

IaC는 하드웨어 프로비저닝 및 배포, 그리고 민첩하고 유연한 유지 보수를 가능하게 하는 현대적인 인프라 운영 방식이다. 특히 클라우드 활용의 보편화와 함께 IaC에 대한 관심이 더욱 높아지고 있으며, 더 나아가 데이터 센터 가상화 등 미래 인프라를 이야기할 때 빠지지 않고 등장하는 개념이다. 이 책은 프로바이더 설정, 리소스 생성과 관리를 위한 필수적인 내용이 충실한 예제와 함께 잘 설명되어 있다. 특히 데브옵스와 협업에 관한 내용에 상당히 많은 부분을 할애해 실무에 실질적인 도움을 준다. IaC에 관심을 막 가지기 시작한 초급자부터 개발, 배포, 운영 전반을 책임져야 하는 관리자, 더 나아가 C 레벨 기술 리더도 참조할 만한 내용으로 짜임새 있게 구성되어 있다.

윤대균 아주대학교 소프트웨어학과 교수 / 전 NHN 테크놀로지 서비스 대표

이 책은 독자들을 테라폼의 세계로 친절하게 안내한다. 기본 개념, 핵심 기능, 구성 요소, 명령어와 구분, 상태와 모듈 등을 클라우드 구성 코드를 예시로 들어 설명한다. 쉽지 않은 주제를 끝까지 친절하게 안내하고자 노력한 흔적이 곳곳에 보인다. 로블록스Roblox의 성공에는 이 하시코프의 테라폼이 있다. 클라우드 인프라의 워크플로에 집중하여 생명주기를 효율적으로 관리하는 방법을 배우고 로블록스의 성공을 꿈꾸는 누구에게나 좋은 길잡이가 될 것이다. 비즈니스의 지속성이 보장된, 튼튼하게 설계된 인프라 위에서만 서비스가 빛날 수 있음을 기억하자.

김영욱 SAP France PM

SRE 엔지니어와 같이 클라우드 인프라를 관리하고 구성하는 이들에게 특히 적합한 책이다. 실습 위주의 구성으로, 차근히 따라 하다 보면 어느새 인프라 관리 기술을 완벽히 터득하게 된다.

박진수 Sony Interactive Entertainment

공식 홈페이지 예제나 어떤 가이드보다 훨씬 더 나은 학습 경험을 제공한다. 리팩터링과 운영 팁까지 제공해 이미 테라폼에 익숙한 이에게도 적극 추천한다.

백재연 구글 클라우드

다양한 IaC 경험을 쌓을 수 있는 재미있는 책을 찾는다면 바로 이 책이다. 복잡한 용어가 아닌 실무 중심의 용어로 설명되어 코드에 대한 전문 지식이 없어도 테라폼을 정복할 수 있다.

송창안 한국오라클

테라폼을 시작하고 싶었지만 적절한 가이드가 없어 주저했던 이들에게 추천하고 싶다. 저자의 실제 프로젝트와 현업에서의 경험이 녹아 있어 테라폼이 어떻게 활용되는지 생생하게 이해할 수 있다.

신인철 ㈜슈퍼트랙

지금까지 테라폼을 '배포 자동화 도구'로 알고 있었다면, 이 책을 읽은 후에는 '배포 및 운영 자동화 도구'라는 새로운 정의를 내릴 수 있게 될 것이다. 또한 IaC를 기반으로 한 기업 내부의 거버넌스, 보안, 표준화, 기술 내재화 등을 고려하고 있다면 충분한 인사이트를 얻게 될 것이다.

유형욱 하시코프

테라폼에 처음부터 친근하게 다가갈 수 있는 책이다. 책을 덮을 즈음엔 테라폼과 함께 IaC에 아주 익숙해져 자신감이 상승한 스스로를 발견하게 될 것이다. 이 책으로 테라폼을 처음 접하고 시행착오를 줄여나갈 이들이 정말 부럽다!

이승은 Cloudnetworks

이정도로 테라폼에 특화된 책은 지금까지 없었다. 게다가 멀티클라우드 환경도 고려한 내용으로 AWS에만 국한되어 있지 않아 더욱 소장가치가 있는 책이다.

이장훈 데브옵스 엔지니어

테라폼을 이미 활용 중이었다면 이 책으로 기존에 지나쳤던 문제들을 재발견할 수 있을 뿐 아니라, 적절한 해결책까지 얻어갈 수 있을 것이다.

이정훈 아틀라스랩스

실습과 코드 기반으로 학습할 수 있는 테라폼 도서를 기다렸는데, 그 기대에 딱 맞는 책이다. 초심자의 수준에 맞춰 사용 목적, 동작 원리와 같은 기본 개념을 코드와 함께 간결하고 세심하게 전한다.

이지오 마이데이터

단순히 읽고 따라 쓰기만 하게 만들지 않고 연습 문제와 함께 스스로 생각해볼 수 있게 도와주는 책이다. 테라폼을 처음 접한다면 꼭 읽어보길 권하고 싶다.

이현수 마이데이터

초보자부터 전문가까지 아우르는 이른바 '테라폼 IaC의 백서'라고 표현하고 싶다. 이 책을 통해 반복되고 재미없는 클라우드 서비스 운영이 아닌, 지속적으로 진화하는 서비스 운영으로 업무 시간을 대폭 단축할 수 있을 것이다.

임종진 알리바바클라우드

인프라 엔지니어로 IT에 입문한 탓에 코딩이 익숙치 않아 IaC를 시작하는 데 어려움이 있었다. 하지만 이 책을 접하고 적절한 실습 예제를 통해 인프라를 손쉽게 생성, 배치, 관리할 수 있는 노하우를 한번에 알아가게 되었다.

정재원 엑스퍼넷 / CISO

개발Dev과 운용Ops이 긴밀하게 연계되어 비즈니스 가치를 높이려는 데브옵스에 있어서 IaC는 매우 중요한 사고방식이다. 따라서 데브옵스를 구현하려는 이들에게 이 책은 선택이 아닌 필수다.

정재환 브랜디

입문자는 물론 중고급 사용자에게도 더 많은 확장 가능성을 제공하고, 테라폼을 이용해 인프라스트럭처를 효율적으로 구축하고 관리하는 모든 방법을 알려준다.

최광순 클로잇

이 책에서 중점적으로 다룬 협업 관련 가이드들은 테라폼 사용 시 생길 수 있는 여러 상황을 미리 연습해볼 수 있는 값진 기회를 제공해준다.

Sean Lee AWS

지은이 소개

김민수 ckolivia@gmail.com

다른 분야의 사람들과 대화하는 것을 좋아하며, 다양한 경험을 즐기며 살고 있다. 이전에 WEB/WAS 필드 엔지니어 경험을 바탕으로 한화와 CJ에서 인프라팀과 서비스운영팀에서 근무했으며 저서로는 『설치에서 트러블슈팅까지 웹로직의 모든 것 WebLogic Expert』(에이콘, 2014)가 있다.

김재준 jaejun0301@gmail.com

LG유플러스 스마트모빌리티개발팀에서 데브옵스 도입과 모빌리티 영역의 클라우드 현대화를 수행하고 있다. WEB/WAS 개발 경력을 시작하여 다양한 업무 환경에서 개발 경험을 쌓았으며, 퍼블릭 클라우드 도입과 함께 데브옵스 업무로 영역을 확장하였다. 현재는 AI를 기반으로 한 응용서비스 개발과 클라우드 현대화에 필요한 영역들을 지속적으로 발굴하고 적용하고 있다.

이규석 hahohh@gmail.com

테라폼 개발사인 하시코프사의 솔루션을 컨설팅하고 알리는 솔루션 엔지니어다. 하시코프의 솔루션들이 IT 인프라 전반에서 다양한 범주의 사람들에게 활용될 수 있다는 것에 매료되었다. WEB/WAS 필드 엔지니어, 게임 서버 개발자, 솔루션 아키텍트를 차례로 경험하며 얻은 경험을 바탕으로 공감과 배려가 있는 문화를 전파하는 일을 하고 있다.

이유종 yoojongyi@gmail.com

LG유플러스의 클라우드DevSecOps팀에서 퍼블릭 클라우드 구축 및 전환, 운영 업무를 담당하고 있다. 인프라 및 시스템 엔지니어를 시작으로 담당 시스템을 퍼블릭 클라우드로 전환하면서 클라우드 플랫폼을 접하게 되었다. 데브옵스, IaC, 클라우드 보안 등 여러 분야에 관심이 많으며 지속적으로 성장하기 위해 노력 중이다.

지은이의 말

매년 게시되는 깃허브[GitHub]의 OCTOVERSE 보고서에서 2021~2023년 가장 빠르게 성장하는 언어로 측정된 HCL(HashiCorp Configuration Language, 56.1% 성장)은 테라폼의 인기와 더불어 인프라 자동화를 실현하는 IaC를 향한 관심을 반영한다. 대표적인 프로비저닝 도구인 테라폼은 인프라 환경을 생성하고 관리하는 데 목적이 있다. 테라폼은 오픈소스이며, 그 특성으로 인해 기능 추가와 버그 수정을 비롯해 다양한 이슈가 해결된 버전이 매달 공개 깃허브에 업데이트되고 있다. 클라우드의 사용 빈도와 활용도는 꾸준히 늘고 있고, 이와 더불어 변동성이 커진 인프라의 구성을 자동화해 사용하려는 수요도 많아지고 있다.

단순히 클라우드의 자원을 만들어보거나 당장 필요한 구성을 만들고 실행하는 방법은 이미 출간된 책이나 온라인에서 찾을 수 있다. 누구나 쉽게 확인할 수 있는 테라폼 공식 문서는 사용자가 원하는 인프라를 구성하는 상세한 방법도 제공한다. 하지만 테라폼을 활용하는 방법은 사용자, 프로비저닝하려는 대상, 규모에 따라 천차만별이다.

이 책에서는 테라폼의 본질을 이해하고 문법을 익히는 것부터 시작한다. 뒤이어 사용자 간 협업, 팀 간 협업, 조직 규모에서의 사용을 다룬다. 각 장의 구성은 상향식 접근 방법을 통해 테라폼을 사용하는 역량을 기르는 것을 목표로 한다. 당장 필요한 인프라를 구축하는 것도 중요하지만 더 나은 구성을 고민하는 일, 반복 작업을 줄이고 표준화하는 노력도 수반되어야 한다. 이후 협업하는 과정이 추가된다면 업무를 공유하는 담당자들이 서로 테라폼 구성을 리뷰할 수 있을 정도의 수준이 되어야 하고, 나아가 팀 또는 조직 관점에서 테라폼을 활용한 운영 방식 체계를 만드는 작업이 필요하다.

또한 생성형 AI의 대두로 아이디어를 구체화하는 데 드는 노력이 감소하고 더 빠르게 실현하는 시대에 적응하는 방식도 고려해야 한다. 책에 서술된 테라폼의 각 기능, 활용 방안, 주의할 점은 누군가가 그의 상황에 맞는 방식(워크플로)으로 이미 사용 중인 것으로, 이를 다 읽고 난 후에는 각자의 환경을 고민하고 더 나은 IaC로의 방향성을 잡는 데 도움이 되었으면 한다.

저자 일동

감사의 글

이 책이 출판되는 데 도움을 주신 분들께 감사함을 전합니다. (호칭은 직급과 직책을 생략하고 님으로 표기합니다.)

LG유플러스의 테라폼 전문가 양성을 적극적으로 지원해주신 배은옥 님, 실무적인 목소리를 들려주신 김동민 님, 김동주 님, 박은숙 님, 박태웅 님, 박제준 님, 유희재 님, 이대영 님, 임재윤 님, 조정인 님, 현업 프로세스 개선안을 내어주신 김복현 님, 신동렬 님, 이찬규 님, 진보은 님, 테라폼 교육에 힘써주신 양인혜 님, 특별한 관심과 애정을 바탕으로 전문가 양성 교육과 책 출간이 무사히 완료될 수 있도록 힘써주신 김선희 님, 실질적인 내용으로의 방향성을 짚어주신 송주영 님.

하시코프에서 콘텐츠 방향성과 진행에 도움을 주신 김종덕 님, 내용 검증 및 실 사용자의 워크플로 파악에 도움을 주신 김수진 님, 박세준 님, 박준상 님, 조환영 님, 최석인 님, 내용 정리와 표현에 도움을 주신 김정훈 님, 유형욱 님.

베타리딩에 참여하여 첫 독자로서 의견을 내주시고 완성도를 높여주신 김대홍 님, 김동현 님, 김세웅 님, 김유진 님, 나지훈 님, 도효주 님, 박병진 님, 박병철 님, 박수현 님, 박준호 님, 박진수 님, 백재연 님, 송창안 님, 신인철 님, 유형욱 님, 이대영 님, 이도연 님, 이승은 님, 이장훈 님, 이재찬 님, 이정훈 님, 이지오 님, 이현수 님, 이형승 님, 임종진 님, 장재훈 님, 정재원 님, 정재환 님, 조민성 님, 최광순 님, 홍한석 님.

한빛미디어에서 출간을 위해 도와주신 홍성신 님, 박혜원 님, 협업은 컨텍스트(맥락)가 바탕이 되어야 함을 일깨워주신 박태웅 님.

모든 분들께 진심으로 감사드립니다.

이 책의 구성

각 장에서 다루는 내용은 개인, 단일 팀, 다수 팀, 조직 수준으로 테라폼을 활용하도록 설계되었다.

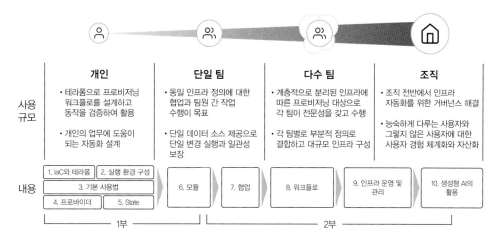

• 사용 규모에 따른 테라폼의 목표와 장의 구성

1부. 처음 만나는 테라폼

테라폼을 다방면에서 실용적으로 활용할 수 있도록 테라폼의 기본 동작과 원리를 설명한다. 사용자가 원하는 구성을 효율적으로 설계하고 의도한 대로 동작되도록 안내한다. 동작 방식을 이해하면, 테라폼과 에코시스템이 제공하는 수많은 인프라 대상을 자유롭게 프로비저닝하고 조합해 사용할 수 있다.

1장. IaC와 테라폼 – 인프라 자동화의 흐름과 IaC가 출현한 배경을 확인하고, IaC의 가장 대표적인 도구인 테라폼의 특성과 사용 목표를 확인한다.

2장. 테라폼 설치와 환경 구성 – 테라폼을 시작하기 위한 실행 환경을 구성하는 방법을 안내한다.

3장. 기본 사용법 익히기 – 테라폼의 명령어와 코드적인 속성을 이해하는 내용이다. 각 명령어와 옵션이 적용될 상황을 미리 학습하여, 향후 다수의 사용자가 서로의 코드를 리뷰하고 더 나은 작성법을 탐구하기 위해 알아야 할 기본기를 익힌다.

4장. 프로바이더 – 테라폼이 다수의 인프라 대상을 프로비저닝할 수 있게 하는 프로바이더에 대해 알아보고 대표적인 클라우드 프로바이더의 설정 방법을 익힌다.

5장. State – State는 테라폼에서 가장 중요한 개념이다. 테라폼의 Stateful(상태가 있는) 속성을 부여하고 프로비저닝한 대상을 추적하도록 하는 State에 대해 설명한다.

6장. 모듈 – 코드의 재사용성을 높여주는 모듈의 의미를 이해하고, 모듈의 구조적 특성을 파악하여 향후 설계 단계에서의 기준을 확인한다.

2부. 구축부터 운영까지, 테라폼 워크플로

테라폼으로 프로비저닝을 하면서 사용 규모가 확장되는 단계별 모범 사례를 확인한다. 인프라를 둘 이상의 작업자가 협업해 개발할 때는 작업 구성과 방식에 변화가 따른다. 조직의 규모가 커지면 팀 간, 조직 간 역할과 책임(R&R)이 구분되며 대상과 종류에 따라 프로비저닝의 권한이 분리된다. 2부에서는 서로 다른 팀과 조직에서 테라폼으로 협업하는 방식을 알아보고 최초 인프라 프로비저닝 이후 운영 단계에서 테라폼을 사용하는 방법을 안내한다.

7장. 협업 – 둘 이상의 작업자가 테라폼으로 협업하는 과정을 실습을 통해 확인한다. VCS를 사용하여 공유되는 코드, State 백엔드를 사용할 때 주의할 점과 주요 구성 요소를 살펴본다.

8장. 워크플로 – 테라폼의 기본 워크플로를 단계별로 이해하고, 규모에 따른 일하는 방식의 예시를 통해 워크플로를 설계하는 과정을 확인한다.

9장. 인프라 운영 및 관리 – 테라폼을 이용한 지속적인 인프라 관리, 운영 방안을 설명하고 조직 규모에서 고려해야 하는 테라폼 개발과 운영 프로세스 체계를 이해한다. LG유플러스 실무 조직의 개발 워크플로와 운영 이관 전략을 바탕으로 독자가 처한 상황에서의 자체적인 워크플로 설계와 방향성을 고민해본다.

10장. 생성형 AI와 테라폼 – IaC의 이점에도 불구하고 학습 곡선과 조직 및 산업별 규정, 보안 표준을 준수해야 하는 복잡성으로 인해 클라우드나 IaC 도입 여정이 늦어질 수 있다. 인공지능의 발전으로 등장한 생성형 AI를 사용하여 인프라 자동화와 관리 생산성을 향상시키는 방안을 확인한다.

이 책의 대상 독자와 선수 지식

이 과정은 시스템 관리자와 운영자, 인프라 엔지니어, 클라우드 엔지니어, 데브옵스 엔지니어, 인프라 개발자, 보안 관리자 등 담당이 무엇이든 특정 서비스를 구성하고 관리하며 때로는 장애를 맞이하는 모든 이를 대상으로 한다.

- 자동화를 위해 스크립트 작업을 해봤거나 앤서블^Ansible 같은 구성 관리 도구를 사용해본 경험
- 다양한 개발 언어 중 한 가지라도 학습해본 경험
- 테라폼으로 프로비저닝하고 관리하고자 하는 대상 환경, 즉 클라우드, VM, 네트워크, 쿠버네티스, 모니터링 도구, 로깅 도구, 인증 도구 들에 대한 사전 지식

이 책의 편집 규약

이 책에서 정보를 구별하는 편집 스타일은 다음과 같이 정의한다.

1. 명령어나 메뉴 이름, 파일명 등은 다음과 같은 서체를 사용했다.
[예시] 테라폼 버전 확인 명령어는 `terraform version`이다.

2. 코드 블록의 경우 **코드 0-1**과 같이 표기한다. 사용자가 정한 임의의 값 또는 설명은 〈 〉 기호로 표기한다. 코드가 길어 생략이 필요한 경우 주석으로 설명한다.

코드 0-1

```
terraform {
  required_providers {
```

```
<프로바이더 로컬 이름> = {
  source = [<호스트주소>/]<네임스페이스>/<유형>
  version = <버전 제약>
}
# 생략
  }
}
```

3. 커맨드 실행 명령어와 출력 내용은 아래와 같이 표기한다. 입력해야 하는 커맨드는 $ 또는 >
기호 뒤에 표기한다. 출력 결과가 길어 생략이 필요한 경우 ...생략...과 같이 표기한다.

```
$ terraform
Usage: terraform [global options] <subcommand> [args]
...생략...
```

커맨드 실행 및 결과 표기 예시

이 책의 코드 예시

책에서 사용되는 일부 테라폼 구성 파일은 깃허브에 공개되어 있다.

- https://github.com/terraform101

CONTENTS

PART ┃ 처음 만나는 테라폼

CHAPTER 1 IaC와 테라폼

CHAPTER 2 실행 환경 구성

CONTENTS

CHAPTER **3** 기본 사용법

CONTENTS

CHAPTER 4 프로바이더

CHAPTER **5 State**

CHAPTER **6 모듈**

CONTENTS

CHAPTER 9 인프라 운영 및 관리

CONTENTS

CHAPTER 10 생성형 AI와 테라폼

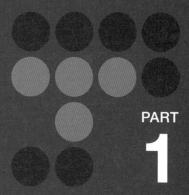

처음 만나는 테라폼

테라폼은 사용자가 원하는 대상의 자원 생성과 관리를 사용자 방식에 맞추는 하시코프사의 철학이 반영된 오픈소스 도구다. 기술에 구애받지 않고 워크플로에 맞춤으로써 기술이 변하더라도 최종 목표가 동일하게 유지되는 것이 목표다. 이 철학을 기반으로 한 테라폼은 인프라스트럭처를 프로그래밍적으로 정의하고 관리하는데 사용되며, 이를 통해 인프라스트럭처를 쉽게 프로비저닝할 수 있다.

테라폼은 '프로비저닝'을 지원하는 도구로서, 실제 서비스가 실행되기 위한 인프라를 다지는 역할을 수행한다. 인프라 구성과 설정은 어떤 서비스가 동작하기 위한 기반을 만드는 것이고, 작업을 수행하는 사람은 처음에는 혼자 시작해 서비스 규모가 증가할수록 팀에서 전체 조직으로 확산된다. 이 방식은 코드 기반으로 재활용성을 확보하고 사용자 간 협업을 이끌어낸다.

1부에서는 사용자가 테라폼을 다양한 환경에서 실용적으로 사용하는 것을 목표로 하여 테라폼 동작과 원리를 분석한다.

처음 만나는 테라폼

## CHAPTER 1

IaC와 테라폼

코드형 인프라^{Infrastructure as Code}(IaC)는 영문 그대로 '코드로서의 인프라'다. 동작하는 방식에 비유하면 인프라가 코드로 표현되고, 코드가 인프라를 설명한다는 의미로 사용자 인터페이스^{user interface}(UI)나 커맨드를 이용한 수동 조작이 아닌 코드로 대상을 관리한다.

1.1 인프라 자동화의 성숙도 변화

인프라 운영이 물리적인 자체 데이터 센터 같은 온프레미스 환경부터 클라우드 환경에 이르기까지 형태가 변화하면서 운영하는 방식도 지속적으로 바뀌고 있다. 구성 방식과 변경 내용을 공유하고 자동화하기 위한 노력은 다음과 같이 단계별로 표현이 가능하다.

1단계: 매뉴얼

인프라 관련 모든 정보와 구성 방법, 변경 방법, 기존 아키텍처에 대한 내용은 문서로 관리되었다. 지금도 엑셀 시트를 이용해서 인프라 아이피와 아이디, 어떤 서비스가 어느 서버에서 실행되고 있는지 관리하는 곳도 있다. 모든 변경 사항은 문서로 남겨야 하고, 그렇지 못한다면 기억에 의존해야 한다. 이런 방식으로 매뉴얼을 관리하면 정보와 구성을 눈으로 곧바로 확인할 수 있고, 물리적으로 가까이 있는 사람에게 즉시 정보를 전달할 수 있다. 하지만 이러한 방법은 사람이 아닌 인프라가 이해할 수는 없기 때문에 결국 사람이 실제 작업을 위한 명령어와 구성 파일을 별도로 준비해야 한다. 또한 변경 사항을 반영하기 어렵기 때문에 재사용성이 낮고, 버전 관리가 불가능해 현재 상태나 최신 요소를 반영하기 위해서는 새롭게 작성해야 한다.

2단계: 스크립트

반복되는 작업은 작업자가 스크립트를 작성하여 자동화할 수 있고, 스크립트에는 작업자의 노하우가 담긴다. 신규 서버를 설정하거나 특정 기능을 수행하기 위한 것으로 한 번 잘 만든 스크립트는 사용하기 간단하고 편리하다. 이 단계에서 관리자는 비슷한 스펙의 인프라나 애플리케이션 런타임을 선호한다. 반복적인 지루한 작업을 줄이고 스크립트에서 작업자가 미리 정의한 동작을 한 번에 실행하여 오류를 줄여준다. 하지만 동작하는 코드의 양이 많아지면 시스템의 응답이나 상태를 고려해야 하는 경우가 생긴다. 스크립트는 특성상 현재 상태와는 상관없이 순서대로 각 단계를 실행하기 때문에 실행 중인 최종 상태가 스크립트의 결과와 일치하지 않는 경우가 종종 발생한다.

3단계: 가상 머신(VM)

가상화 솔루션이 도입되면 인프라 운영과 관리가 한결 편해진다. 미리 구성된 가상 머신 이미지는 템플릿화하여 저장되고 반복적으로 사용할 수 있다. 필요한 패키지나 솔루션을 설치해두고 필요한 설정도 추가해 템플릿 이미지로 저장해놓으면, 하이퍼바이저^{hypervisor}와 관리 도구를 통한 확장이 쉬워지고 팀 내의 공동 작업 능률도 올라간다. 또 하나의 장점은 스냅숏^{snapshot}을 통해 수동적이지만 상태를 보관할 수 있다는 점이다. 하지만 가상화 솔루션 범위에 포함되지 않거나 서로 다른 툴을 사용하면 일관된 관리가 불가능하고 하이퍼바이저에 의존하게 된다. 이미지 변경을 위한 수작업은 여전히 존재하고, 때로는 스크립트가 이 작업에 사용된다.

4단계: 클라우드 인프라

인프라를 더 이상 소유하지 않고 상품화된 인프라와 데이터 센터를 사용하는 단계에서는 기본적으로 클라우드 리소스를 원격으로 관리할 수 있다. API를 통해 더 많은 기술 계층을 가상화하고, 더 많은 소프트웨어와 자동화 기술로 지금의 데이터 센터 컴퓨팅 서버를 포함한 인프라를 대신하는 환경을 제공한다. 빠른 인프라 시작과 구성이 가능하고 확장성이 뛰어나다. 거의 모든 자동화 API를 제공하여 작업자가 사람뿐만 아니라 자동화 시스템과도 통합할 수 있지만, 클라우드 제공자마다 서로 다른 API를 제공하므로 멀티 클라우드 자동화를 위해서는 개별적인 작업이 추가로 필요하다.

5단계: 컨테이너

컨테이너는 물리적 머신과 가상 머신을 지나 운영체제Operating System (OS)를 가상화한 환경을 제공하여 더욱 빠른 서비스 개발을 뒷받침한다. 특히 컨테이너는 최근 데브옵스DevOps 흐름에 맞춰 빠르게 성장하고 있다. 또한 컨테이너 오케스트레이션 환경을 사용한다면 특정 컴퓨팅 서버가 아닌 애플리케이션 실행을 위한 적절한 리소스가 있는 어딘가의 서버에 배포된다. 리소스 활용률을 높이고 이전보다 더 자동화할 수 있다. 가용한 모든 리소스에 확장이 가능하고, 매우 빠른 배포 전략을 도입할 수 있다. 하지만 물리적 하드웨어가 가상화되면서 이를 제어하기 위한 소프트웨어를 관리하는 작업이 추가된 것처럼, 컨테이너도 관리와 배포를 위한 제어 시스템을 구축한 후 모니터링에 쏟는 노력이 상대적으로 커지는 자동화의 역설 현상을 겪고 있다. 또한 가장 최신 기술이므로 컨테이너 개발 및 운영을 위한 전문 인력이 이전 기술 기반에 비해 부족하다.

단계별 장점과 단점을 비교한 표는 다음과 같다.

표 1-1 구성 방식과 변경 내용을 공유하고 자동화하기 위한 단계별 비교

인프라 운영		장점	단점
	매뉴얼	물리적인 특성으로 즉시 확인 및 즉시 전달 가능	변경 사항 반영이 어렵고 실행을 위한 별도 요소 필요
	스크립트	반복 작업을 줄이고 사용이 간단함	순차적으로만 실행되고 시간이 지나면서 최종 상태가 일치하지 않음
	가상 머신	미리 구성된 템플릿을 사용하여 관리와 확장이 용이함	가상화 범위 외적인 요소는 자동화가 불가능하고 하이퍼바이저에 의존적
	클라우드	API를 통해 더 많은 인프라를 가상화하고 자동화 도구 제공	클라우드 제공자마다 서로 상이한 API가 제공되어 각각을 위한 개별적 작업 필요
	컨테이너	상호 호환되는 컨테이너 런타임을 통해 서비스 배포 자동화 및 높은 이동성	앱 배포 자동화를 위한 추가 플랫폼 레이어의 관리 추가

1.2 프로세스로서의 자동화

자동화를 위한 노력은 특정 반복 작업을 단순화하려는 단일 프로세스부터 다수의 팀과 조직이 결합하는 엔지니어링 기반으로도 확장되었다. 자동화는 각 '프로세스' 작업을 통합하고 재활용성을 높이는 것이 중요하다. 워크플로로 정의되는 프로세스 간 연계를 설계하면 모든 동작을 파악하기 쉽고, 언제든 더 나은 것으로 변경할 수 있다.

이전의 자동화 방향성은 '기술주도형 접근'이었다. 이 방향성은 강력한 엔지니어적 협조와 빅뱅 방식[1]으로 적용되었지만, 느리고 매뉴얼화된 절차적 단계를 거쳐 진행되었다. 특히 단계별로 파편화된 자동화는 특정 환경에서만 동작하는 개별 맞춤형으로 구성되었으므로 내부에서 구축된 리소스를 자동화하는 데 적합했다.

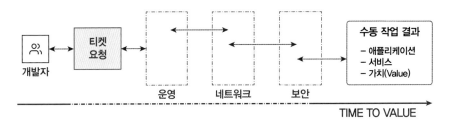

그림 1-1 기존 자동화 프로세스

고정적이지 않고 추상화된 리소스를 다룰 때는 항상 기존 자동화를 재적용하는 데 어려움이 따른다. 특히 클라우드 같은 동적인 인프라 환경과 서로 다른 플랫폼의 기술을 융합하는 자동화를 위해선 프로세스적인 접근법이 필요하다. 새로운 환경을 위해 자동화를 구현한다면 분산시스템과 마이크로 서비스 아키텍처와 같이, 작은 규모로 독립성을 유지 관리하면서 주기적인 변경과 적용 방식을 지향하여 빠른 시장 적응과 장애 극복 능력을 획득해야 한다. 또한 개별 서비스를 릴리스하기 위한 반복적인 작업 효율화를 위해 코드적 표현 방식에 기반한 자동화를 설계하게 된다.

---

1 기간을 정하고 모든 시스템을 일괄적으로 구축 또는 업그레이드하는 개발 방식

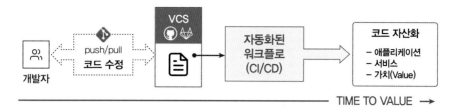

그림 1-2 새로운 자동화 프로세스

1.1절에서 살펴본 '구성의 자동화 및 협업'을 위한 기반 기술의 변화와 발전은 소프트웨어 기술이 발전하면서 가능해진 결과다. 하지만 기존 하드웨어 기반에 비해 상대적으로 시간과 인력 소모가 크므로 이를 자동화할 수 있도록 API 같은 인터페이스가 제공된다. 일반적으로 자동화, 즉 가상화를 늘리고 컨테이너화하면 업무량이 줄어들고 더 나은 워라밸이 가능해야 한다. 하지만 때때로 자동화는 무수히 많은 반복과 검증 작업을 필요로 하고, 이전보다 더 많은 시간과 노력을 요구하기도 한다. 더 아이러니한 것은 앞서 살펴본 인프라 관리와 운영을 위한 단계, 방식이 어느 것 하나 없어지지 않고 현시점에도 존재한다는 것이다. 퍼블릭과 프라이빗 클라우드 환경이 도입되고 있고, 가상 머신과 베어메탈[Bare Metal][2] 같은 물리 서버 환경은 여전히 존재한다. 또한 기존 서버 환경보다 더 작은 단위의 에지[edge], IoT 인프라도 관리 대상이 되고 있다.

1.3 IaC의 이해

인프라 자동화를 이야기할 때 빠뜨릴 수 없는 것은 코드형 인프라(IaC)다. IaC가 취하는 전략이 무엇일까? 다년간의 경험을 거친 팀이 보유한 시스템 환경을 코드로 바꾸면 무엇이 달라질까? 몇 가지 상황을 제시해보겠다.

- 수동으로 생성한 환경을 관리해보았는가?
- 변경을 해야 하는데 엔터 키를 누르기가 겁이 났었나?
- 백업이 손상되고 서버가 충돌하는 상황이 우려스럽나?
- 같은 환경을 재현할 수 없는 상황이 있었나?

코드로 인프라를 관리한다는 것은 '자유롭게 변경'하고, '환경을 이해'하고, '반복적으로 동일한

---

2 하드웨어에 어떤 소프트웨어도 설치되어 있지 않은 서버 환경

상태를 만들 수 있다'는 말이다. 이에 대한 명세를 별도의 문서로 정리하지 않아도 인프라가 명확하게 정의되어 남게 된다.

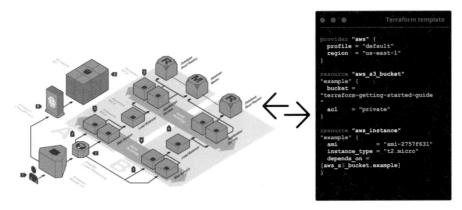

그림 1-3 인프라와 IaC 코드

잘 만들어지는 좋은 인프라 자동화를 이야기하기에 앞서 그 조건을 만드는 좋은 코드의 특징을 다음과 같이 정리했다.

- **잘 작동함**
- **읽기 쉬움**
- **모듈화됨**
- **테스트 가능함**
- **보기 좋음(우아함)**

- **관리가 쉬움**
- **변경이 쉬움**
- **간결함(명확함)**
- **효율적임**

좋은 코드의 특징과 IaC는 어떤 관계가 있을까? 먼저 인프라도 좋은 코드처럼 관리가 가능하다. 앞서 자동화를 위해서는 문서화해야 했고, 인프라 종속성[3]을 분석해 관리하며, 인프라 자원 변경이 있을 때마다 변경하고, 그 결과물 또는 결과물을 만들어내는 도구를 관리하고, 다시 사용할 수 있게 만들어야 했다. 이러한 복잡한 과정 대신 좋은 코드가 좋은 인프라 자동화 방식으로 이어지도록 만들어주는 게 IaC의 특징이다. '좋은'이라는 수식어가 붙는 인프라의 자동화가 그저 쉽게 만들어지지는 않을 것이다. 인프라를 위한 좋은 코드는 연습이 필요하다.

IaC가 무엇인지 다시 정리해보자. IaC는 컴퓨터에서 읽을 수 있는 정의 파일[4]을 사용해 인프

---

3 애플리케이션 및 서비스가 동작하기 위해 필요한 하드웨어, 소프트웨어, 플랫폼, 네트워크 등의 기술적 구성 요소에 대한 의존성
4 미리 구성이 정의된 코드 형태의 파일

라나 서비스를 관리하고 프로비저닝하는 프로세스이다. 간단히 실행 가능한 '문서'라고 생각하면 된다. 이런 방식은 기존에 수동으로 작업하거나, 이전에 사용되던 자동화 도구로는 지속적으로 변경 사항을 관리할 수 없었던 단점을 극복하게 한다.

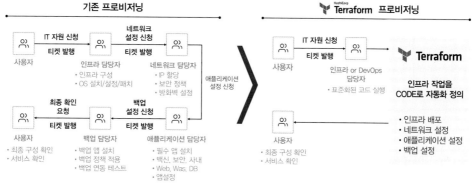

그림 1-4 테라폼을 활용한 프로비저닝 프로세스의 예

IaC 도입의 긍정적인 측면

- **속도와 효율성**: 사람이 수동으로 작업할 때보다 빠르고, 불필요한 인프라 구성을 방지하여 생산성을 높인다. 또한 코드를 변경하여 적용하면 인프라도 변경되어 기존 방식보다 변경 속도가 빠르다.

- **버전 관리**: 코드 형태로 관리하기 때문에 버전 관리 툴(VCS)과 연계할 수 있다. 변경 내용을 추적하고 이전 코드로 되돌리거나 비교할 수 있다.

- **협업**: 파일 형태로 되어 있어 쉽게 공유할 수 있고, 버전 관리 툴과 연계하면 공동 작업을 위한 환경을 만들 수 있다.

- **재사용성**: 코드의 주요 반복 또는 표준화된 구성을 패키징하면 매번 새로 코드를 구성하지 않고 기존 모듈을 활용해 배포할 수 있다.

- **기술의 자산화**: 관리 노하우와 작업 방식이 코드에 녹아 있고, 파이프라인에 통합해 워크플로 형태로 자산화되어 기술 부채를 제거한다.

IaC 도입의 우려되는 측면

- **코드 문법 학습**: 새로운 도구를 위한 학습이 필요하다.
- **파이프라인 통합**: 기존 워크플로에 자동화를 위한 수고가 추가로 필요하다.
- **대상 인프라에 대한 이해 필요**: IaC 자체 지식과 더불어 관리 대상이 되는 인프라 지식이 함께 필요하다.

이 책에서는 IaC 도구 중 가장 인기 있는 프로비저닝 도구인 테라폼을 사용하여 코드 문법을 확인하고 파이프라인을 설계하는 방법을 안내한다. 하지만 IaC로 전환하고자 하는 인프라에 대해서는 이미 알고 있는 지식을 활용하거나 추가적인 학습이 필요하다.

1.4 테라폼의 특성

테라폼은 하시코프^{HashiCorp}에서 공개한 IaC 도구다. 창업자인 미첼 하시모토^{Mitchell Hashimoto}와 아몬 데드가^{Armon Dadgar}는 더 빠르고 효율적이고 강력한 애플리케이션을 만들고 제공할 수 있도록 인프라 관리에서 가장 어렵고 중요한 문제를 해결한다는 목표로 2012년 하시코프를 설립했다. 작업 환경을 쉽게 반복적으로 구성할 수 있는 베이그런트^{Vagrant}를 시작으로 2014년 테라폼이 처음 출시되었고, 2021년 1.0 버전의 테라폼이 출시되었다.

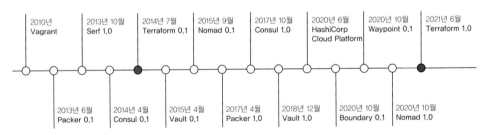

그림 1-5 테라폼 1.0 출시까지의 하시코프사의 제품 출시 연혁

테라폼은 세 가지 중요한 철학[5]을 담아 설계되었다. 세 가지 철학은 **워크플로에 집중, 코드형 인프라(IaC), 실용주의**다.

---

5 하시코프의 철학 – *https://www.hashicorp.com/tao-of-hashicorp*

- **워크플로(workflow)**: 일반적으로 솔루션은 기술이나 기능 구현을 위해 만들어진다. 하지만 IT 관련 업계에 있다면 어떤 기능 하나가 모든 것을 해결해주지 못한다는 걸 알고 있을 것이다. 따라서 테라폼은 개발자나 시스템 관리자 등이 일하는 방식과 유사한 '워크플로'를 만들기 위한 도구로 설계되었다. 워크플로의 대상은 인프라 구성과 배포, 보안 구성이나 계정 추가 작업, 또는 모니터링 도구 설정 등이 될 수 있다. 이러한 특징으로 어떤 기술이 사용되더라도 테라폼은 워크플로를 통해 환경의 변화에 크게 구애받지 않도록 설계되었다. 그래서 몇 년 전에 도입한 특정 인프라 환경이 회사 전략에 따라 새로운 환경으로 변경되어도 워크플로는 그대로 유지될 수 있으며, 그동안의 노하우도 그대로 적용할 수 있다.
- **코드형 인프라(Infrastructure as Code)**: 구현되거나 구성되는 모든 것이 코드로 표현되어야 한다는 의미이다. 코드형 인프라는 '문서화된 실행 가능한 텍스트'라고 표현할 수 있는데, 코드화된 구성은 기록뿐 아니라 버전 관리 대상이 되어 여러 장점이 있다.
- **실용주의(pragmatism)**: 현실적인 해결책을 찾기 위해 이상을 재평가해야 하는 상황은 많다. 실용주의를 통해 새로운 아이디어와 접근 방식, 기술을 다시 평가하고 타협이 아닌 이전의 것이 틀릴 수 있다는 사실을 받아들이는 적응 능력은 혁신에 있어 매우 중요하다.

테라폼은 `terraform apply`와 같은 명령으로 구현된 동작으로 만들어진 코드를 실행하고 배포하는 방식을 취한다. 하지만 테라폼 자체만으로는 다양한 인프라와 서비스를 프로비저닝할 수 없다. 대상 인프라와 서비스를 테라폼으로 작업하기 위해서는 대상의 제공자, 즉 프로바이더provider가 둘 사이에서 인터페이싱해야 한다. 각 인프라와 서비스는 고유의 API를 가지고 있고 프로바이더는 각 API 명세를 테라폼 코드로 호출해 동작한다. 마치 자바Java로 개발된 코드에서 MySQL을 연동할 때 해당 데이터베이스의 드라이버를 사용하는 것과 비슷한 원리다. 테라폼은 다양한 프로바이더와 조합해 다중 클라우드와 하이브리드 인프라를 지원한다.

그림 1-6 테라폼 코어와 프로바이더 호출 관계

1.5 테라폼 제공 유형

테라폼이 제공되는 유형은 세 가지 형태가 있다.

그림 1-7 테라폼이 구성되는 세 가지 형태

- **On-premise**: 일반적으로 'Terraform'이라고 불리는 형태로, 사용자의 컴퓨팅 환경에 오픈소스 바이너리 툴인 테라폼이 구성되며 가장 널리 이용
- **Hosted SaaS**: 'HCP Terraform(Terraform Cloud)'으로 불리는 서비스형 소프트웨어Software as a Service(SaaS)로 제공되는 구성 환경으로 하시코프가 관리하는 서버 환경에서 제공
- **Private Install**: 'Terraform Enterprise'라고 불리는 서버 설치형 구성 환경으로, 기업의 사내 정책에 따라(사내 네트워크만 사용이 가능하고 인터넷/외부 네트워크 사용이 불가능한 네트워크 환경) 프로비저닝과 관리가 외부 네트워크와 격리되어 이루어지는 환경

('Terraform Cloud'는 2024년 4월 'HCP Terraform'으로 리브랜딩되었다.)제공 유형별로 기능에 차이가 있다. 모든 유형에서 공통으로 지원되는 IaC 카테고리의 기능 리스트는 다음과 같다.

표 1-2 테라폼 제공 유형별 기능 리스트

Terraform Core (기본 기능)	HCP Terraform / Terraform Enterprise		
Infrastructure as Code(HCL)	[협업을 위한 기능]	[거버넌스와 정책]	[셀프서비스 인프라 기능]
워크스페이스	Remote State	코드 기반 정책 (PaC)	구성 디자이너
입력 변수	VCS 연동	비용 추정	No-code
Runs(Plan & Apply)	워크스페이스 관리	Run Task	인프라 편차 추적
State	민감 변수 저장소	Audit	Service Now 연동
리소스 종속성 관리	API		
프로바이더 사용	팀 관리		
공개된 모듈 레지스트리 사용	프라이빗 모듈 저장소		
	SAML, SSO		

1.6 테라폼과 다른 도구의 비교

IaC 도구는 테라폼 외에도 다양하다. 그중에서 잘 알려진 도구의 특징을 비교해보자.

표 1-3 대표적인 IaC 도구 비교

	Terraform	Ansible	CloudFormation	ARM Template
유형	프로비저닝	구성 관리	프로비저닝	프로비저닝
오픈소스 여부	공개	공개	비공개	비공개
적용 대상 클라우드	멀티	멀티	AWS 전용	Azure 전용
정책 설정	가능	불가능	부분적	부분적
구성 방식	이뮤터블immutable[6]	뮤터블	이뮤터블	이뮤터블
라이프사이클 관리	가능	불가능	부분적	부분적
온프레미스 지원	부분적	부분적	불가능	불가능

- **앤서블(Ansible)**: 널리 사용되는 구성 관리 도구인 앤서블은 구성 단위별로 절차적인 인프라 사항을 정의한다. 프로비저닝보다는 구성 관리에 더 큰 장점을 가지고 있고, 오픈소스 커뮤니티와 수많은 벤더 협의체에 의해 꾸준히 발전하고 있다. 테라폼으로 자원을 생성(프로비저닝)하고, 앤서블로 생성된 자원에 대한 구성 관리를 하는 방식으로 조합해 사용할 수 있다.

- **CloudFormation**: AWS[Amazon Web Services] 환경을 프로비저닝하기 위한 도구로 JSON 또는 YAML로 정의한다. AWS 전용 IaC 도구로 다른 클라우드 자원을 프로비저닝할 수는 없지만 AWS에서 완벽하게 동작한다. CloudFormation을 추상화하고 파이썬[Python]이나 타입스크립트[TypeScript] 같은 개발 언어를 사용해 더 코드적으로 자유롭게 프로비저닝이 가능한 AWS CDK[AWS Cloud Development Kit]도 있다.

- **ARM Template**: ARM[Azure Resource Manager Template]은 애저[Azure] 환경을 프로비저닝하기 위한 도구로 JSON을 사용한다. 테라폼처럼 변수와 기본 구성 파일을 분리해 관리할 수 있다. 애저 포털에서 배포 진행을 모니터링하고 이벤트를 확인하는 등의 작업을 수행할 수 있다는 점에서 애저만을 사용한다면 좋은 선택지가 될 수 있다.

IaC 도구는 테라폼 이외에도 구성 관리 도구와 프로그램 코드 기반의 도구로 다양하게 발전하고 있다. 테라폼은 특정 클라우드나 인프라에 종속적이지 않고, 동일한 워크로드를 설계할 수 있다는 것이 장점이다.

---

6 인프라스트럭처의 상태를 변경할 때, 기존 상태에서 수정하거나 업데이트하는 것이 아니라 새로운 인프라스트럭처를 생성하여 이전 상태의 인프라스트럭처를 교체하는 방식을 의미한다.

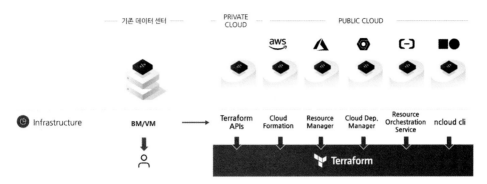

그림 1-8 클라우드별 전용 프로비저닝 도구와 테라폼을 통해 추상화된 프로비저닝 모습 예시

1.7 테라폼 사용 목적과 과제

테라폼은 인프라와 서비스의 일관된 관리 및 자동화와 더불어 다음과 같은 기대 효과가 있다.

워크플로

인프라와 서비스 구성 및 변경 작업인 프로비저닝을 위해 체계화된 워크플로를 제공한다. 테라폼과 같은 IaC 도구 이전 작업은 프로비저닝 작업이 그래픽 사용자 인터페이스graphical user interface(GUI)나 명령줄 인터페이스command-line interface(CLI)를 통해 수동으로 수행되었다. 수동 작업은 사용자의 숙련도와 기반 지식에 따라 다른 결과를 발생시키므로 일관된 품질과 결과를 기대하기 어려웠다.

자산화

테라폼을 통해 프로비저닝 작업 일관성을 보장하고 축적된 프로비저닝 노하우를 자산화할 수 있다. 코드 형태로 되어 있어 코드 기반의 공유 도구[깃git, 지속적 통합continuous integration(CI), 지속적 배포continuous delivery(CD) 등]들과 통합되며 손쉬운 공유와 재사용이 가능하다.

표준화

작성된 테라폼 코드는 조직 내부의 표준화를 거쳐 모듈화된 상태로, 숙련자가 아니더라도 이미 작성된 코드 집합을 사용해 쉽게 재사용이 가능하다. 내부 정책과 외부 팀과의 공동 작업을 위한 정책도 정의할 수 있다.

프로비저닝 자동화

테라폼은 기존 인프라의 변경과 업데이트를 코드 워크플로 도구(깃, CI/CD, 지라^{jira} 등)와 통합할 수 있다. 테라폼은 작업 수행 전에 실행 계획을 작성하여 변경 사항을 미리 확인하므로 안전하고 빠른 프로비저닝을 수행한다.

테라폼과 같은 IaC를 도입하여 얻는 효과도 있지만, 때로는 반대에 부딪히는 경우도 있다. 주로 거론되는 반대 의견은 대부분의 시스템이 수동으로 관리되어 왔기 때문에 누가 테라폼으로 인프라를 구성할 것인가 하는 문제와 코드로 표현된 인프라는 수정과 관리가 편리하나 변경이 그만큼 잦지 않으므로 필요 없다는 주장이다.

누가 하는가?

테라폼은 적용되는 대상 인프라를 알고, 새로운 프로젝트가 생겼을 때 설계와 구축을 담당하는 사람에게 유용하다. 하지만 이후에 운영이나 유지 보수를 하려면 운영을 담당하는 작업자도 테라폼에 관한 기본적인 지식을 갖춰야 한다. 앞서 자동화의 변화에서 살펴봤듯이 인프라를 자주 생성하고 운영하는 사람일수록 자동화를 위해 다양한 방법을 사용했다. 테라폼이 갖는 재사용성과 표준화된 방식은 새로운 인프라를 빠르게 구성하고, 단기간에 고품질의 인프라를 구성하기에 좋다.

테라폼을 처음 설계하고 구성한 작업자가 이후에 다른 사람 또는 다른 팀에게 인수인계해야 하는 경우도 있다. 이때 운영 담당자는 테라폼의 구성을 이해하고 변경 요청에 대응할 만한 테라폼 지식을 갖춰야 한다.

잦은 인프라 변경

자원 효율과 사용자 요구사항에 따라 인프라는 시간이 지날수록 더 다양한 종류와 특정 목적에 맞는 서비스로 분화하고 있다. 과거에는 유지 보수성을 높이기 위해 단일 하드웨어, 동일한 OS와 소프트웨어 등으로 의사결정을 했지만 지금의 인프라, 특히 클라우드 환경은 새로운 요구에 부응해 각각의 주문형 서비스를 활용하는 데 더 가치를 두고 있다. 오픈소스가 주도하는 소프트웨어는 지속적으로 버전 변경과 업데이트가 발생한다. 때로는 소비자와 기업의 요구사항을 충족하기 위해 단기간 내에 적절한 인프라를 추가하거나 변경해야 한다. 이런 인프라 변경은 앞으로 그 빈도가 더 잦아질 것이며, 변화에 적절히 대응할 수 있는지 여부가 서비스의 지속 가능성을 결정할 것이다.

변경 제어력과 현대화

'변경 제어력'은 인프라의 변화를 자신 있게 관리할 수 있는 능력을 의미한다. AWS에서 설명하는 '현대식 애플리케이션 개발의 주요 이점'[7]에 따르면, '현대화Modernization'는 기존 환경을 최신 컴퓨팅 접근 방식으로 업데이트하는 과정으로 이는 개발 효율성, 보안, 구조적 개선 등을 위해 수행되며 마치 오래된 빌딩을 개조하는 것과 비슷하다. 기존 시스템을 완전히 폐기하거나 전면적으로 교체하는 대신 레거시 현대화는 기술 혁신을 활용하여 조직의 애플리케이션 수명을 연장하는 데 목적을 둔다.

현대화를 통해 기존 시스템에 다음과 같은 개선을 가져올 수 있다.

- **효율성**: 서비스 출시 시간을 단축하여 운영 효율성 향상
- **혁신**: 새로운 기술 도입을 통해 혁신을 촉진하고 차별화
- **안정성**: 향상된 안정성을 통해 손실을 최소화
- **비용 절감**: 비용을 절감하여 수익을 확보하고 재투자

한국지능정보사회진흥원NIA에서 발행한 '클라우드 활용 동향 – 2024년 플렉세라 리포트 분석'[8]에 따르면 클라우드 전략의 우선 순위로 운영 효율성, 비용 관리, 보안, PaaS 및 프라이빗 클라우드를 꼽고 있다. 테라폼을 이러한 현대화 과정과 변경 제어력 강화를 위한 목적으로 활용하면 다음과 같은 이점을 얻을 수 있다.

- **일관성 유지**: 인프라 구성 요소를 코드로 정의하여 일관성을 유지
- **자동화**: 자동화를 통해 반복 작업을 줄이고, 변경 사항을 효율적으로 적용
- **버전 관리**: 코드 기반 인프라의 변경 사항을 버전 관리 시스템으로 관리하여, 이전 상태로의 롤백이나 특정 시점으로의 복원이 용이
- **협업 강화**: 코드 기반으로 인프라를 관리하면 여러 팀이 동일한 인프라를 협업하여 관리
- **테스트와 검증**: 변경 사항을 사전 테스트하고 검증하여, 프로덕션 환경에서 발생 가능한 문제를 사전에 방지

----

7 https://docs.aws.amazon.com/prescriptive-guidance/latest/strategy-modernizing-applications/welcome.html
8 https://nia.or.kr/site/nia_kor/ex/bbs/View.do?cbIdx=99863&bcIdx=26778&parentSeq=26778

1.8 테라폼 라이선스

Terraform은 1.6.0 버전부터 새로운 비즈니스 소스 라이선스(BSL) 하에 배포된다. BSL은 오픈 소스 소프트웨어의 사용 및 배포를 보다 명확하게 정의하고 보호하기 위해 설계된 라이선스이며, 이 라이선스는 다음의 URL에서 자세히 확인할 수 있다.

- https://www.hashicorp.com/bsl

BSL 라이선스의 주요 내용을 기반으로 허가된 사용 및 제한된 사용 예시는 다음과 같다. 라이선스의 정의와 해석은 상황에 따라 차이가 발생할 수 있으므로 관련 내용을 하시코프 한국 지사[9]에 문의해보는 것을 권장한다.

1.8.1 허가된 사용의 예

BSL 라이선스는 비상업적 용도로는 자유롭게 사용할 수 있다. 이는 개인 사용자, 비영리 단체, 교육기관, 그리고 기업의 내부 사용을 포함한다.

- **예시 1** : 개인 사용자가 자신의 개인 프로젝트에서 Terraform을 사용하는 경우
- **예시 2** : 대학교 수업에서 교육 목적으로 Terraform을 사용하는 경우
- **예시 3** : 비영리 단체가 인프라 관리 자동화를 위해 Terraform을 사용하는 경우
- **예시 4** : 기업이 내부 프로젝트에서 자체 인프라 관리를 위해 Terraform을 사용하는 경우

1.8.2 상업적 사용 제한

BSL 라이선스는 상업적 용도로 소프트웨어를 사용하는 경우 별도의 라이선스 계약이 필요할 수 있다. 이는 기업이 BSL 라이선스 소프트웨어를 사용하여 상업적인 이익을 얻거나 이를 기반으로 한 제품 또는 서비스를 제공하는 경우를 의미한다.

- **예시 1** : 클라우드 서비스 제공자가 Terraform을 사용하여 고객에게 인프라 자동화 서비스를 제공하는 경우
- **예시 2** : 소프트웨어 회사가 Terraform을 사용하여 상용 소프트웨어 제품을 개발하는 경우

---

9 하시코프 한국 지사 솔루션 문의 메일 주소 – korea@hashicorp.com

1장에서는 IaC 도구인 테라폼이 출현한 배경과 사용 목적에 대해 알아보았다. 2장에서는 간단한 실습을 통해 동작 원리를 이해해보자.

## CHAPTER 2

실행 환경 구성

테라폼은 코드적으로 구성, 테스트, 실행하는 동작의 특성상 작업자 환경에서 실행하도록 설계되었다. 원격 실행 환경을 지원하는 HCP Terraform(HCP TF)과 Terraform Enterprise(TFE)도 있지만 작업자 환경에서 데모 코드를 구성하고 향후 유지 보수를 위해 로컬 작업 환경부터 구성하는 방법을 안내한다.

2.1 테라폼 환경 구성

테라폼 실행 환경을 구성하는 방법은 크게 세 가지로 나뉜다.

- 미리 빌드된 바이너리(실행) 파일 다운로드
- 테라폼 소스 코드를 다운로드 후 빌드
- OS 패키지 관리자 활용

2.1.1 테라폼 설치

테라폼은 오픈소스 프로젝트이고, 코드가 공개되어 있다. 멀티 플랫폼 환경을 지원하는 Go 언어로 작성되어 있어서 다양한 환경에서 Golang만 설치되어 있다면 빌드해 사용할 수 있다. 사용자 편의상 대중적으로 사용되는 리눅스Linux, macOS, 윈도우Windows에 대해서는 미리 빌드된 실행 파일을 공개해두었다. 또한 macOS는 홈브루[Homebrew], 윈도우는 초콜리티[Chocolatey], 리눅스는 yum, apt, dnf 같은 패키지 관리자를 통해 설치와 관리가 가능하다. 각 방식은 하시코프에서 제공하는 가이드[1]를 통해 상세한 설명을 확인할 수 있으니 다음 과정을 진행하기 전에 미리 확인해보는 것을 권장한다.

여기서는 미리 빌드된 바이너리를 내려받아 사용하는 방식을 안내한다. 보통 테라폼 공식 홈페이지인 *terraform.io*에서 최신 버전 및 사용자 환경을 감지해 다운로드를 안내하는 버튼을 이용하기도 한다.

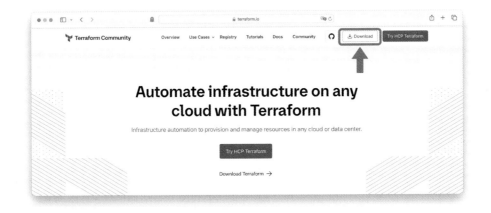

그림 2-1 테라폼 홈페이지(terraform.io)와 상단의 다운로드 버튼

하지만 여기서는 공식 홈페이지 대신 하시코프에서 공식적으로 관리하고 있는 릴리스 사이트인 *releases.hashicorp.com*을 통해 다운로드할 것이다. 사이트에 접속하면 하시코프사에서 빌드한 공식 바이너리 목록을 확인할 수 있다. 그중에서 'terraform'을 선택하면 과거 0.1.0 버전부터 최신 릴리스 버전까지 확인할 수 있다. 버전마다 일부 기능에서 차이가 있을 수 있으므로 더 안정적인 운영을 위해 버전 정합성을 유지하려 하거나 팀 또는 조직의 표준 버전을 지정해 관리한다면, 이곳에서 버전을 선택할 수 있다. 원하는 버전을 선택하면 미리 빌드된 운영체제와 CPU 아키텍처에 따라 구분되어 있으니 실행 환경에 맞게 다운로드한다.

---

1 테라폼 설치 안내 – *https://developer.hashicorp.com/terraform/tutorials/aws-get-started/install-cli*

이 책을 쓴 시점과 독자가 읽는 시점에 차이가 있을 수 있지만, 최신 버전이 하위 버전을 호환하고 오픈소스 특성상 주기적으로 기능 개선과 버그 수정이 이루어지므로 읽는 시점에서 선택할 수 있는 가장 최신 버전을 활용하기를 권장한다.

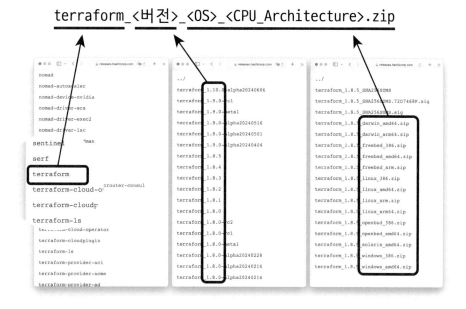

그림 2-2 테라폼 바이너리 네이밍 규칙(위), 테라폼의 빌드된 바이너리가 등록된 releases.hashicorp.com(아래)

빌드된 바이너리는 버전과 더불어 운영체제와 CPU 아키텍처가 포함된 압축 파일 형태이며, 사용자는 실행 환경에 맞는 파일을 다운로드해야 한다.

표 2-1 빌드된 바이너리 파일 이름 규칙

		CPU 아키텍처			
		386	amd64	arm	arm64
운영체제	리눅스	linux_386	linux_amd64	linux_arm	linux_arm64
	다윈 (Darwin)		darwin_amd64 (Intel)		darwin_arm64 (Apple Silicon)
	윈도우	windows_386	windows_amd64		
	*BSD	*bsd_386	*bsd_amd64	*bsd_arm	
	솔라리스 (Solaris)		solaria_amd64		

다운로드한 파일의 압축을 풀고 실행 환경에서 바이너리를 관리하는 위치 또는 별도 디렉터리 (폴더)를 생성해 복사한다. 예를 들면 리눅스에서는 /usr/bin이 될 수도 있고, 별도 생성한다면 윈도우에서는 C:\my_app\terraform 폴더를 생성해 그 안에 위치할 수도 있다. 시스템 PATH로 이미 등록되어 있는 위치(예: /usr/bin, C:\windows\system32)일 때 테라폼 바이너리만 복사하면 바로 모든 위치에서 사용 가능하지만 사용자가 임의로 정의한 위치에 두었다면 해당 경로를 PATH에 추가해야 한다.

2.1.2 리눅스와 macOS 사용자 환경 구성

리눅스와 macOS의 경우 사용자 홈 디렉터리의 ~/.profile, Bash 셸[bash] 사용자라면 ~/.bash_profile, Z 셸[zsh] 사용자라면 ~/.zshenv 같은 곳에 PATH 설정을 추가할 수 있다. 다양한 방법이 있으므로 사용자가 선호하는 방법으로 적용한다.

구성 PATH 적용 예

```
# This is .bash_profile ¦ .bashrc ¦ .zshenv ¦ .zshrc ¦ .profile
# Terraform 바이너리는 /this/is/terraform/dir 디렉터리 안에 있다.
<생략>
export PATH=$PATH:/this/is/terraform/dir
```

PATH에 추가된 변경 사항을 적용하려면 소스 파일을 다시 적용하거나, 추가한 export 구문을 터미널에 입력하여 terraform 명령어를 사용할 수 있다.

```
$ source ~/.bash_profile
또는
$ export PATH=$PATH:/this/is/terraform/dir

$ terraform
Usage: terraform [-version] [-help] <command> [args]
```

커맨드 리눅스 및 macOS의 PATH에 적용된 terraform 커맨드

2.1.3 윈도우 사용자 환경 구성

윈도우 사용자는 커맨드 창에서 커맨드로 등록하거나 시스템 환경 변수 등록 메뉴를 통해 등록할 수 있다. 시스템 환경 변수 메뉴로 접근 가능한 많은 방법 중에서 [Windows 키] + [R] 단축키로 실행 창을 띄우고 'sysdm.cpl ,3'을 입력하면 시스템 속성 창이 열린다. 여기서 USER에 대한 사용자 변수의 Path를 선택하고 [편집(E)...] 버튼을 클릭해 추가할 경로를 목록에 추가한다.

[Windows키 + R]

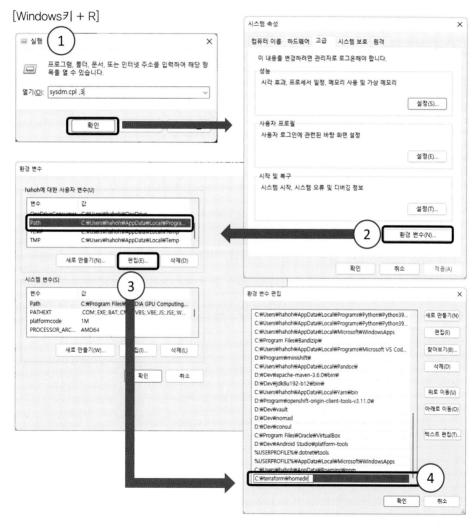

그림 2-3 환경 변수 편집 창에서 경로 추가하기

작업 환경의 PATH에 테라폼 바이너리가 포함된 경로가 추가되면 아무 위치에서나 테라폼 커맨드를 사용할 수 있다.

```
> terraform
Usage: terraform [-version] [-help] <command> [args]
```

커맨드 윈도우 시스템 PATH에 적용된 terraform 커맨드

2.2 IDE 구성

대부분의 개발 언어가 그렇듯 테라폼도 바이너리와 vi, Vim, 메모장과 같은 기본 텍스트 편집기만 있어도 시작할 수 있다. 코드 양이 많아지거나, 여러 도구와 함께 사용 가능한 환경을 구성한다면 통합 개발 환경$^{integrated development environment}$(IDE)이 더 나은 개발 환경을 제공한다. 온오프라인, 유무료 버전의 다양한 툴이 있지만 이 책에서는 비주얼 스튜디오 코드$^{Visual Studio Code}$(VS Code)를 사용한다. VS Code의 공식 홈페이지[2]에 접속해 작업 환경에 맞도록 설치한다.

설치가 완료되면 프로세스 진행을 위해 별도 작업 공간 디렉터리를 생성한다(예를 들어 적절한 위치에 workspaces라고 디렉터리를 생성한다). VS Code를 실행한 뒤 [파일] 메뉴에서 [폴더 열기]를 통해 미리 준비한 작업 공간 디렉터리를 연다. VS Code에는 테라폼을 위한 다양한 확장 도구가 제공된다. 여기서는 좌측 [Extentions(확장)] 아이콘을 클릭해 하시코프에서 릴리스한 'HashiCorp Terraform'을 검색 후 설치한다.

---

2 비주얼 스튜디오 코드 공식 홈페이지 – *https://code.visualstudio.com*

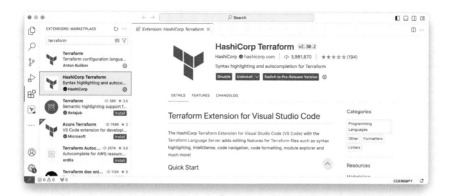

그림 2-4 VS Code와 HashiCorp Terraform 확장 기능 설치 화면

VS Code에서는 별도 커맨드 창을 열지 않고 해당 IDE에서 함께 커맨드를 실행할 수 있는 터미널 환경을 제공한다. [터미널] 메뉴의 [새로운 터미널]을 클릭해 터미널 창을 추가한다([Ctrl] 키와 키보드 [`](백쿼트[3]) 단축키로 새로운 터미널을 추가할 수 있다).

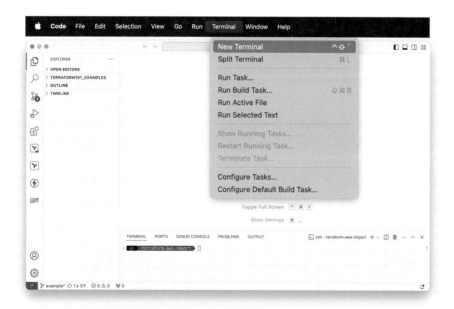

그림 2-5 VS Code에서 터미널 윈도우 여는 방법

----

3 백쿼트 키는 일반적으로 키보드의 상단 숫자 '1'의 왼쪽에 있다.

IDE의 왼쪽 [Explorer] 탭을 통해 쉽게 디렉터리와 파일을 관리할 수 있고, 작성된 테라폼 구성 파일의 내용을 확인할 수 있으므로 기본 텍스트 편집 툴보다는 IDE를 사용하는 것이 생산성과 편의성을 높여준다. 개인적으로 선호하는 IDE와 터미널을 사용해도 무방하다. 여기서는 일관된 설명을 위해 VS Code를 기준으로 안내한다.

2.3 CLI 구성 파일

테라폼을 실행하는 사용자를 위한 CLI 동작 설정이 가능하다. 호스트의 운영체제에 따라 다음 위치를 참조하며, 작업자가 파일을 추가하여 설정한다.

- **윈도우**: 사용자의 %APPDATA% 디렉터리의 terraform.rc 파일
- **유닉스/리눅스/macOS**: 사용자 홈 디렉터리의 .terraformrc 파일

파일 내에서 사용 가능한 설정 값[4]은 다음과 같다.

- **credentials**: HCP TF 또는 TFE와 연동을 위한 인증 정보 설정
- **credentials_helper**: 테라폼에서 HCP TF / TFE를 위한 자격증명을 얻기 위해 사용자 지정 방식을 사용하도록 선언(예를 들어 macOS의 키체인에 저장)
- **disable_checkpoint**: true로 설정하면 하시코프의 네트워크 서비스에서 업그레이드 및 보안 검사를 비활성화
- **disable_checkpoint_signature**: true인 경우 하시코프의 네트워크 서비스에서 업그레이드 및 보안 검사는 수행하지만, 경고 메시지 중복 제거에 사용되는 익명 ID 사용을 비활성화
- **plugin_cache_dir**: terraform init 수행 시 다운로드하는 플러그인의 캐싱을 활성화하고 지정된 디렉터리를 캐시 위치로 지정
- **provider_installation**: 프로바이더 플러그인을 설치하는 terraform init 수행 시 동작을 재정의

plugin_cache_dir를 활용하면 프로바이더의 다운로드 시간과 디스크 공간을 줄일 수 있고, provider_installation을 활용하면 인터넷이 단절된 환경에서 프로바이더에 대한 로컬 위치를 지정할 수 있다.

---

4 CLI Configuration File – *https://developer.hashicorp.com/terraform/cli/config/config-file*

## CHAPTER 3

기본 사용법

테라폼을 시작하는 방법을 알아보자. AWS 리소스 생성하기, 쿠버네티스 구성하기, Active Directory 계정 생성 등의 예제를 구현해보면서 사용법과 개념을 익혀보자. 이 과정은 상향식bottom-up 방식을 채택하고 있으므로 바로 원하는 프로비저닝을 구성해보기에 앞서 테라폼이 IaC를 구현하는 '코드'적인 속성과 환경을 이해하는 방향으로 진행한다.

한글이나 영어 같은 언어와 달리 프로그래밍 언어는 사용(쓰기)하는 데만 목적을 두고 보는(읽기) 것은 소홀히 하게 된다. 의사소통보다는 필요에 의해서 실질적인 결과를 얻는 데 목적을 두기 때문이다. 하지만 실제 프로그래머로서 일을 하다 보면 읽는 활동에 시간을 더 쓰게 된다. 실현하려는 예제를 확인하고, 다른 사람이 작성한 코드를 리뷰하는 데 많은 시간을 소모한다. 프로그래밍 언어를 배울 때도 표준 라이브러리, 공식 문서를 참고하라는 이야기를 많이 듣게 된다. 해당 언어가 그 언어답게 쓰이기 위한 각각의 고유한 스타일과 철학이 있기 때문이다. 테라폼을 비롯한 IaC 도구들도 각자 고유한 모범 사례best practice(BP)가 있고 그 사례는 모두 다르다.

테라폼은 필요에 의해 특정 인프라를 구성하기 위한 목적으로 처음 접하는 경우가 많다. 따라서 이 책에서는 이제 막 테라폼을 시작하려는 독자가 기초를 단단히 다지고, 빠르게 테라폼 사용법을 익히도록 안내한다. 만약 이미 테라폼을 이용해본 사용자라도 놓치고 있는 사용법과 주의해야 할 사항을 확인해볼 수 있다. 이후 테라폼의 범용적인 환경에서 다수의 사용자가 서로의 코드를 리뷰하고, 더 나은 작성법을 탐구하기 위해서 알아야 할 기본기를 습득하는 데 목적을 둔다.

3.1 주요 커맨드

2장을 통해 테라폼 커맨드를 입력할 준비가 되었다면 terraform을 실행하는 것만으로도 기본
도움말이 표기된다. 테라폼 버전이 변경되면서 추가되거나 삭제될 수 있으므로 커맨드 목록을
확인하고 사용법을 익히는 것이 좋다. 이후에 진행되는 과정을 통해 커맨드별 상세를 확인할
수 있다. 여기서는 코드 작성에 앞서 테라폼의 주요 커맨드를 간단히 익히고 진행하도록 한다.

```
$ terraform
Usage: terraform [global options] <subcommand> [args]

The available commands for execution are listed below.
The primary workflow commands are given first, followed by
less common or more advanced commands.

Main commands:
  init          Prepare your working directory for other commands
  validate      Check whether the configuration is valid
  plan          Show changes required by the current configuration
  apply         Create or update infrastructure
  destroy       Destroy previously-created infrastructure

All other commands:
  console       Try Terraform expressions at an interactive command prompt
  fmt           Reformat your configuration in the standard style
  force-unlock  Release a stuck lock on the current workspace
  get           Install or upgrade remote Terraform modules
  graph         Generate a Graphviz graph of the steps in an operation
  import        Associate existing infrastructure with a Terraform resource
  login         Obtain and save credentials for a remote host
  logout        Remove locally-stored credentials for a remote host
  metadata      Metadata related commands
  output        Show output values from your root module
  providers     Show the providers required for this configuration
  refresh       Update the state to match remote systems
  show          Show the current state or a saved plan
  state         Advanced state management
  taint         Mark a resource instance as not fully functional
  test          Execute integration tests for Terraform modules
  untaint       Remove the 'tainted' state from a resource instance
  version       Show the current Terraform version
```

```
workspace       Workspace management

Global options (use these before the subcommand, if any):
  -chdir=DIR    Switch to a different working directory before executing the
                given subcommand.
  -help         Show this help output, or the help for a specified subcommand.
  -version      An alias for the "version" subcommand.
```

커맨드 terraform 커맨드 실행 시 기본 출력 내용

커맨드 사용 방법을 익히기 위해 **03.start** 디렉터리를 생성하고 **main.tf** 파일을 하나 생성한다. 앞서 IDE 구성에서 **workspaces** 디렉터리를 생성하고 VS Code를 열어두었다면 왼쪽 [Explorer]의 공간에서 우클릭하여 폴더와 파일 생성 항목을 확인할 수 있다. **main.tf** 파일 내용은 다음과 같이 작성한다.

- "local_file"은 테라폼의 local 프로바이더로 파일을 프로비저닝하는 데 사용된다.
- ${path.module}은 실행되는 테라폼 모듈의 파일 시스템 경로이며, 예제에서는 03.start 디렉터리 경로다.

코드 3-1 main.tf에 작성한 실습 코드

```
resource "local_file" "abc" {
content  = "abc!"
filename = "${path.module}/abc.txt"
}
```

VS Code에서는 다음과 같이 진행한다. 만약 작성한 코드에 스타일(색상 및 lint 체크)이 적용되지 않고 단색으로만 표기된다면 하단의 언어 모드^{Language Mode}를 Terraform으로 변경한다.

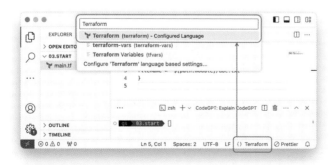

그림 3-1 VS Code로 진행 시 레이아웃의 예

3.1.1 커맨드 사용법과 help 옵션

기본적인 사용법은 terraform 커맨드만 입력하면 출력된다.

```
$ terraform
Usage: terraform [-version] [-help] <command> [args]
```

커맨드 terraform 커맨드 입력 시 사용 방법 안내

terraform 명령으로 시작하면 여러 가지 인수와 추가 커맨드가 구성된다. 보조 명령에 대해 사용 가능한 인수 값을 더 확인하고 싶다면 서브커맨드와 함께 -help를 입력해 사용한다. 예를 들면 다음과 같이 관련 커맨드에 대한 설명과 option 위치에 추가 가능한 옵션과 설명을 보여준다.

```
$ terraform console -help
Usage: terraform [global options] console [options]

  Starts an interactive console for experimenting with Terraform
  interpolations.

  This will open an interactive console that you can use to type
  interpolations into and inspect their values. This command loads the
  current state. This lets you explore and test interpolations before
  using them in future configurations.

  This command will never modify your state.

Options:

  -state=path     Legacy option for the local backend only. See the local
                  backend's documentation for more information.

  -var 'foo=bar'  Set a variable in the Terraform configuration. This
                  flag can be set multiple times.

  -var-file=foo   Set variables in the Terraform configuration from
                  a file. If "terraform.tfvars" or any ".auto.tfvars"
                  files are present, they will be automatically loaded.
```

커맨드 terraform 커맨드에 -help로 도움말 확인

3.1.2 init

| 기본 사용법: terraform [global options] init [options]

terraform init 명령은 테라폼 구성 파일이 있는 작업 디렉터리를 초기화하는 데 사용된다. 이 작업을 실행하는 디렉터리를 루트 모듈[1]이라 부른다. 테라폼을 시작하는 데 사용되는 첫 번째 명령어로 테라폼에서 사용되는 프로바이더, 모듈 등의 지정된 버전에 맞춰 루트 모듈을 구성하는 역할을 수행한다. 자동화 구성을 위한 파이프라인 설계 시 테라폼을 실행하는 시점에 필수적으로 요청되는 명령어이기도 하다. 자바의 pom.xml, Node.js의 package.json, 파이썬의 requirements.txt처럼 구성에서 필요한 의존성 정의를 읽고, 최초 실행 시 실행에 필요한 아티팩트나 라이브러리를 다운로드하고 준비시키는 역할과 비슷하다.

이번 장의 실습을 위해 준비된 03.start 디렉터리에서 실행 계획 확인을 위해 terraform plan을 실행해보면 다음과 같은 에러가 출력되는 것을 확인할 수 있다.

```
$ terraform plan
Error: Inconsistent dependency lock file
The following dependency selections recorded in the lock file are inconsistent with
the current
configuration:
  - provider registry.terraform.io/hashicorp/local: required by this configuration
but no version is selected
To make the initial dependency selections that will initialize the dependency lock
file, run:
    terraform init
```

커맨드 terraform init을 실행하지 않은 상태에서 실행 계획 생성 시 오류 메시지 확인

이 오류 메시지는 작성한 코드에서 local이라는 종속성에 대한 구성을 요구했지만 초기화되지 않아 문제가 발생했다는 내용이며, terraform init을 실행하라고 안내한다. 이어서 terraform init 명령을 실행해보고 어떤 결과가 나오는지 확인한다.

----

1 테라폼이 실행되는 디렉터리를 모듈이라고 부른다. 모듈에는 테라폼 코드 정의를 위한 tf 또는 tf.json 확장자의 파일과 tfvars 같은 변수를 정의하는 파일이 포함된다. 일반적으로 기본 작업 디렉터리의 정의된 파일 집합을 '루트 모듈'이라고 한다. 루트 모듈은 다른 모듈을 호출해 해당 루트 모듈이 구성하는 리소스 구성을 포함시킬 수 있고, 이렇게 호출되는 모듈을 '자식 모듈'이라고 한다.

```
$ terraform init

Initializing the backend...

Initializing provider plugins...
- Finding latest version of hashicorp/local...
- Installing hashicorp/local v2.2.3...
- Installed hashicorp/local v2.2.3 (signed by HashiCorp)

Terraform has created a lock file .terraform.lock.hcl² to record the provider
selections it made above. Include this file in your version control repository
so that Terraform can guarantee to make the same selections by default when
you run "terraform init" in the future.

Terraform has been successfully initialized!

...생략...
```

커맨드 terraform init 실행 결과

테라폼 코드에서 사용된 구문을 기반으로 필요한 프로바이더 플러그인을 찾고 설치하는 과정이 실행되었다. 추가로 프로바이더, 모듈, 백엔드 구성이 설정되고 변경되는 경우에도 이 명령을 수행해야 한다고 알려준다.

–upgrade

0.14 버전 이후부터 프로바이더 종속성을 고정시키는 .terraform.lock.hcl이 추가된다. 작업자가 로컬에서 init으로 받은 프로바이더, 모듈 버전으로 수행한 이후 다른 작업자나 리모트 환경에서 init을 수행하는 경우, 지속적으로 업그레이드되는 각 프로바이더와 모듈로 인해 변경된 버전으로 설치될 가능성이 있다. 따라서 작업 당시의 버전 정보를 기입하고, .terraform.lock.hcl 파일이 있으면 해당 파일에 명시된 버전으로 init을 수행한다. 이후 작업자가 의도적으로 버전을 변경하거나 코드에 명시한 다른 버전으로 변경하려면 terraform init -upgrade를 수행해야 한다.

3.1.3 validate

| 기본 사용법: terraform [global options] validate [options]

커맨드 단어 의미대로 디렉터리에 있는 테라폼 구성 파일의 유효성을 확인한다. 이때 대상이 되는 인프라와 서비스의 상태를 확인하기 위한 원격 작업이나 API 작업은 발생하지 않고, 코드적인 유효성만 검토한다. API 작업이 발생하는 테라폼 Plan 동작과 달리 작성된 구성의 문법, 종속성, 속성 이름이나 연결된 값의 정확성 확인을 수행한다.

03.start 디렉터리의 main.tf 파일 filename 앞에 #을 추가해보자.

코드 3-2 필수 인수 값을 주석 처리한 예제

```
resource "local_file" "abc" {
content  = "abc!"
# filename = "${path.module}/abc.txt"
}
```

디렉터리에서 terraform validate을 실행해보면 다음과 같은 에러 출력을 확인할 수 있다.

```
$ terraform validate

Error: Missing required argument

  on main.tf line 1, in resource "local_file" "abc":
   1: resource "local_file" "abc" {

The argument "filename" is required, but no definition was found.
```

커맨드 테라폼 구성의 유효성 확인

local_file 리소스 정의에는 filename이 필수 인수이지만 주석 처리되었기 때문에 해당 정의가 없다는 메시지가 출력된다. 다음 과정을 위해 다시 주석을 제거하고 저장한다. 유효성 검사 명령과 함께 사용하기에 좋은 추가 옵션은 다음과 같다.

-no-color

이 옵션은 대부분의 명령어와 함께 사용할 수 있다. 로컬이 아닌 외부 실행 환경(젠킨스Jenkins, HCP Terraform, Terraform Enterprise, Github Action 등)을 사용하는 경우 ←[0m←[1m 와 같은 색상 표기 문자가 표기될 수 있다. 이 경우 -no-color 옵션을 추가하면 색상 표기 문자 없이 출력한다.

```
$ terraform validate -no-color
Error: Invalid character
on main.tf line 2, in resource "local_file" "abc":
...
```

커맨드 -no-color 옵션을 추가해 출력의 색 표기를 제거

-json

서브커맨드 옵션 중에 -json 옵션을 사용할 수 있는 명령어는 실행 결과를 JSON 형식으로 출력할 수 있다. 프로비저닝 파이프라인을 설계하는 경우 결과에 대한 쿼리가 필요할 수 있다. 이때 JSON 형태의 출력 데이터를 이용하면 프로비저닝 과정의 조건 및 데이터로 사용 가능하다.

```
$ terraform validate -json
{
"format_version": "1.0",
"valid": false,
"error_count": 1,
"warning_count": 0,
"diagnostics": [
...

$ terraform validate -json | jq -r .valid
false
```

커맨드 jq 도구를 사용하여 -json 옵션을 추가해 JSON으로 출력된 테라폼 결과를 조회하는 예

3.1.4 plan & apply

| plan 기본 사용법: terraform [global options] plan [options]

| apply 기본 사용법: terraform [global options] apply [options] [PLAN]

terraform plan 명령은 테라폼으로 적용할 인프라의 변경 사항에 관한 실행 계획을 생성하는 동작이다. 또한 출력되는 결과를 확인하여 어떤 변경이 적용될지 사용자가 미리 검토하고 이해하는 데 도움을 준다. terraform apply는 계획을 기반으로 작업을 실행한다. 두 명령어를 함께 설명하는 이유는 작업을 계획하고 적용하는 것이 테라폼 사용의 주요 목적이며, 두 명령어가 밀접한 연관성이 있기 때문이다.

plan 명령은 변경 사항을 실제로 적용하지는 않으므로, 적용 전에 예상한 구성이 맞는지 검토하는 데 주로 이용된다.

- 테라폼 실행 이전의 상태와 비교해 현재 상태가 최신화되었는지 확인한다.
- 적용하고자 하는 구성을 현재 상태와 비교하고 변경점을 확인한다.
- 구성이 적용되는 경우 대상이 테라폼 구성에 어떻게 반영되는지 확인한다.

apply 명령은 plan에서 작성된 적용 내용을 토대로 작업을 실행한다. terraform plan 명령으로 생성되는 실행 계획이 필요하지만, 만약 없다면 새 실행 계획을 자동으로 생성하고 해당 계획을 승인할 것인지 묻는 메시지가 표시된다.

동작을 확인하기 위해 기존 03.start 디렉터리의 main.tf 파일을 처음과 같이 #을 제거한 상태에서 시작한다.

코드 3-3 검증을 위한 main.tf 내용

```
resource "local_file" "abc" {
content  = "abc!"
filename = "${path.module}/abc.txt"
}
```

terraform plan 명령을 실행한다.

```
$ terraform plan

Terraform used the selected providers to generate the following execution plan.
Resource actions are indicated with the following
symbols:
  + create

Terraform will perform the following actions:
```

```
# local_file.abc will be created
+ resource "local_file" "abc" {
    + content               = "abc!"
    + content_base64sha256  = (known after apply)
    + content_base64sha512  = (known after apply)
    + content_md5           = (known after apply)
    + content_sha1          = (known after apply)
    + content_sha256        = (known after apply)
    + content_sha512        = (known after apply)
    + directory_permission  = "0777"
    + file_permission       = "0777"
    + filename              = "./abc.txt"
    + id                    = (known after apply)
  }

Plan: 1 to add, 0 to change, 0 to destroy.
```

커맨드 terraform plan의 결과로 출력된 실행 계획

위 커맨드 결과처럼 terraform plan 명령을 실행하면 처음 출력된 로그에서 심볼이 가진 의미를 설명해준다. 현재는 기존에 생성된 리소스가 없으므로 앞선 구성 파일 내용을 바탕으로 새로 생성해야 하기 때문에 + 기호만 나타난다. 그 아래에는 테라폼 구성 내용을 바탕으로 어떤 리소스가 생성되는지 상세 내역을 보여준다. 실행 계획을 살펴보면 코드 구성에서는 local_file 리소스를 정의할 때 필수 요소인 content와 filename만 선언했지만, 리소스에 정의 가능한 다른 옵션의 내용과 기본값이 자동 입력되어 적용되는 것을 확인할 수 있다. 이를 통해 해당 구성이 특정 리소스에 대해 생성될 때 어떤 값이 기본값으로 설정되는지 확인할 수 있다. 마지막 Plan: 1 to add, 0 to change, 0 to destroy. 결과는 이 구성을 적용할 경우 하나의 리소스가 추가되고, 변경되거나 삭제되는 것은 없다고 알려준다.

-detailed-exitcode

실행 계획 생성 명령과 함께 사용하기에 좋은 추가 옵션으로, 파이프라인 설계에서 활용할 수 있는 -detailed-exitcode를 추가해 실행해보자. 옵션이 없던 때와 결과는 같지만 exitcode가 환경 변수로 구성된다. 다음 페이지의 출력 결과 코드로 이를 확인해보자.

```
$ terraform plan -detailed-exitcode
...
$ echo $?
2
```

커맨드 리눅스 및 macOS에서 terraform plan의 결과를 시스템 코드로 출력

```
> terraform plan -detailed-exitcode
...
CMD> echo %errorlevel%
2
PowerShell> echo $LASTEXITCODE
2
```

커맨드 윈도우에서 terraform plan의 결과를 시스템 코드로 출력

exitcode 또는 errorlevel은 동작의 결과를 숫자 코드로 제공한다. 각 숫자 코드는 자동화된 동작을 설계할 때 그 뒤 작업을 수행할지, 사용자에게 알릴지, 정지할지 등을 나타낸다. 각 숫자의 의미는 다음과 같다.

- 0: 변경 사항이 없는 성공
- 1: 오류가 있음
- 2: 변경 사항이 있는 성공

다음으로 동일한 작업 위치에서 terraform apply 명령을 실행해보자.

```
$ terraform apply

Terraform used the selected providers to generate the following execution
plan. Resource actions are indicated with the following symbols:
  + create

Terraform will perform the following actions:

  # local_file.abc will be created
  + resource "local_file" "abc" {
      + content              = "abc!"
      + directory_permission = "0777"
      + file_permission      = "0777"
      + filename             = "./abc.txt"
```

```
        + id                    = (known after apply)
      }

  Plan: 1 to add, 0 to change, 0 to destroy.

  Do you want to perform these actions?
    Terraform will perform the actions described above.
    Only 'yes' will be accepted to approve.

    Enter a value:
```

커맨드 terraform apply의 결과는 terraform plan과 유사한 출력을 표기

terraform plan 명령과 같이 동작의 계획을 보여준 후 적용 여부를 묻는 입력 모드가 활성화되었다. yes가 아니면 모두 취소하는 것으로 간주한다. 지금은 yes가 아닌 다른 단어(예: no)를 입력해 적용하지 않는다.

이번에는 실행 계획 파일을 별도 작성하여 terraform apply 명령을 실행해보도록 하겠다. terraform plan 명령 뒤에 -out=tfplan을 추가해 실행한다.

```
$ terraform plan -out=tfplan
...
Saved the plan to: tfplan

To perform exactly these actions, run the following command to apply:
    terraform apply "tfplan"
```

커맨드 -out=tfplan 옵션을 추가한 terraform plan 실행 결과

-out=<파일명> 형식으로 파일 이름이 정해져 terraform plan으로 생성되는 실행 계획이 파일로 생성된다. 바이너리 형태이기 때문에 내용을 확인할 수는 없다. tfplan이라는 이름은 정해진 것은 아니며 다른 이름으로 대체할 수 있다. 이때 다른 파일과 혼동할 수 있는 별도의 확장자는 붙이지 않는 것이 좋다.

생성된 파일을 terraform apply 명령에 붙여 실행한다.

```
$ terraform apply tfplan
local_file.abc: Creating...
local_file.abc: Creation complete after 0s [id=5f30576af23a25b7f44fa7f5fdf70325
ee389155]

Apply complete! Resources: 1 added, 0 changed, 0 destroyed.
```

커맨드 terraform apply 실행에 미리 작성된 실행 계획 파일 지정

앞서 실행 계획 없이 `terraform apply`를 실행했을 때는 `terraform plan`과 동일한 동작을 먼저 실행하고 해당 실행 계획을 적용할 것인지 묻는 과정이 있었다. 하지만 지금은 실행 계획이 있으므로, 즉시 적용하는 것을 확인할 수 있다. 적용이 완료된 상태에서 다시 `terraform apply`를 실행해보자.

```
$ terraform apply
local_file.abc: Refreshing state... [id=5f30576af23a25b7f44fa7f5fdf70325ee389155]

No changes. Your infrastructure matches the configuration.

Terraform has compared your real infrastructure against your configuration
and found no differences, so no changes are needed.

Apply complete! Resources: 0 added, 0 changed, 0 destroyed.
```

커맨드 프로비저닝이 완료된 이후 terraform apply 실행 시 작성되는 실행 계획이 없음

앞서 `apply` 기본 수행에서 `plan` 이후 변경 내용을 확인하고 적용하려는 동작을 확인했다. 테라폼은 선언적 구성 관리를 제공하는 언어로 멱등성idempotence을 갖고, 이후에 추가로 설명될 상태를 관리하기 때문에 동일한 구성에 대해서는 다시 실행하거나 변경하는 작업을 수행하지 않는다. 따라서 변경 없는 구성에서는 `plan` 단계에서 변경 사항이 없기 때문에 출력되는 메시지 내용(`No changes. Your infrastructure matches the configuration.`)처럼 프로비저닝 동작이 발생하지 않는다.

이번에는 기존 `main.tf`에 새로운 `resource "local_file" "def"{}` 항목을 추가하고 `terraform apply`를 실행해본다.

코드 3-4 새로운 구성이 추가된 main.tf

```
resource "local_file" "abc" {
content  = "abc!"
filename = "${path.module}/abc.txt"
}

resource "local_file" "def" {
content  = "def!"
filename = "${path.module}/def.txt"
}
```

```
$ terraform apply
local_file.abc: Refreshing state... [id=5f30576af23a25b7f44fa7f5fdf70325ee389155]
...생략...
  # local_file.def will be created
  + resource "local_file" "def" {
      + content              = "def!"
      + directory_permission = "0777"
      + file_permission      = "0777"
      + filename             = "./def.txt"
      + id                   = (known after apply)
    }

Plan: 1 to add, 0 to change, 0 to destroy.
...생략...

  Enter a value: yes

local_file.def: Creating...
local_file.def: Creation complete after 0s [id=5f30576af23a25b7f44fa7f5fdf70325
ee389155]

Apply complete! Resources: 1 added, 0 changed, 0 destroyed.
```

커맨드 추가된 테라폼 구성에 의해 실행 계획이 변경되어 실행된 terraform apply

이미 프로비저닝된 구성인 resource "local_file" "abc" {}에 대해서는 변경이 없지만 새로 추가된 리소스 resource "local_file" "def" {}에 대해서는 새로 생성하겠다는 실행 계획을 보여준다. 이번에는 'yes'를 입력해 적용을 완료해본다. 디렉터리에 def.txt가 생성되었는지 확인한다.

```
$ tree
.
├── abc.txt
├── def.txt
├── main.tf
├── terraform.tfstate
├── terraform.tfstate.backup
└── tfplan
```

커맨드 tree 명령어로 확인한 테라폼이 생성한 파일 목록

이전에 생성한 tfplan은 abc.txt만을 생성하는 구성이었다. 다시 apply 동작에 tfplan 파일을 적용해 실행해본다.

```
$ terraform apply tfplan
Error: Saved plan is stale

The given plan file can no longer be applied because the state was changed by
another operation
after the plan was created.
```

커맨드 변경 이전의 실행 계획 적용 시 에러

tfplan이 생성된 이후에 변경이 발생했으므로 기존에 작성된 실행 계획은 더는 적용될 수 없다. 추가한 resource "local_file" "def"{} 항목을 테라폼 코드에서 삭제하고 다시 terraform apply를 실행한다.

```
$ terraform apply
local_file.abc: Refreshing state... [id=5f30576af23a25b7f44fa7f5fdf70325ee389155]
local_file.def: Refreshing state... [id=5f30576af23a25b7f44fa7f5fdf70325ee389155]

Terraform used the selected providers to generate the following execution plan.
Resource actions
are indicated with the following symbols:
  - destroy

Terraform will perform the following actions:

  # local_file.def will be destroyed
  # (because local_file.def is not in configuration)
```

```
    - resource "local_file" "def" {
        - content               = "def!" -> null
        - directory_permission   = "0777" -> null
        - file_permission        = "0777" -> null
        - filename               = "./def.txt" -> null
        - id                     = "5f30576af23a25b7f44fa7f5fdf70325ee389155" -> null
      }

  Plan: 0 to add, 0 to change, 1 to destroy.

  Do you want to perform these actions?
    Terraform will perform the actions described above.
    Only 'yes' will be accepted to approve.

    Enter a value: yes

  local_file.def: Destroying... [id=5f30576af23a25b7f44fa7f5fdf70325ee389155]
  local_file.def: Destruction complete after 0s

  Apply complete! Resources: 0 added, 0 changed, 1 destroyed.
```

커맨드 테라폼 구성에 변경이 발생한 이후 terraform apply 실행 결과

테라폼은 선언적으로 동작하기 때문에 현재의 코드 상태와 적용할 상태를 비교해 일치시키는 동작을 수행한다. 따라서 제거된 정의는 삭제하는 동작을 수행한다. 'yes'를 입력해 실행을 완료한다.

terraform plan과 terraform apply는 생성 예정인 리소스의 생성 계획과 실행을 수행한다는 점에서 주로 같이 사용된다. 일반적으로 로컬 환경에서 사용자 혼자 테스트하고 실행할 때 terraform plan은 코드 작성 중 검증의 용도로 주로 활용되지만, terraform apply 명령으로만 리소스를 생성하는 경우가 주를 이룬다. 하지만 인프라에 대한 외부 실행 환경 구성 시 앞서 확인한 terraform validate와 terraform plan을 먼저 실행해 변경 사항 적용 전에 검증하고 승인하는 단계를 추가할 수 있으므로 두 동작을 분리해 사용하기를 권장한다.

–replace

프로비저닝이 완료된 이후 terraform plan과 terraform apply 실행 시 코드 변경이 없다면 실행 계획에 프로비저닝할 대상이 없지만, 사용자가 필요에 의해 특정 리소스를 다시 생성해야

하는 경우 -replace 옵션으로 대상 리소스 주소를 지정하면 대상을 삭제 후 생성하는 실행 계획이 발생한다.

```
$ terraform apply -replace=local_file.abc
local_file.abc: Refreshing state... [id=5f30576af23a25b7f44fa7f5fdf70325ee389155]

Terraform used the selected providers to generate the following execution plan.
Resource actions
are indicated with the following symbols:
-/+ destroy and then create replacement

Terraform will perform the following actions:

  # local_file.abc will be replaced, as requested
-/+ resource "local_file" "abc" {
    ~ id                    = "5f30576af23a25b7f44fa7f5fdf70325ee389155" -> (known
after apply)
        # (4 unchanged attributes hidden)
    }


Plan: 1 to add, 0 to change, 1 to destroy.

...생략...
```

커맨드 -replace가 추가된 실행 결과

terraform plan과 terraform apply 모두 적용 가능하고, 여러 번 적용 가능한 옵션이다. 이전에는 terraform taint <리소스 주소> 명령으로 재생성 대상을 지정하는 방식을 우선 적용하는 방식이었으나 테라폼 0.15.2 버전부터 향후 사용되지 않을 명령으로 구분되었다.

3.1.5 destroy

| 기본 사용법: terraform [global options] destroy [options]

terraform destroy는 테라폼 구성에서 관리하는 모든 개체를 제거하는 명령어다. 테라폼 코드로 구성된 리소스의 일부만 제거하기 위해서는 테라폼의 선언적 특성에 따라 삭제하려는 항

목을 코드에서 제거하고, 다시 terraform apply를 실행하는 방안이 있다. 하지만 모든 개체를 제거하는 게 목적이라면 terraform destroy를 수행하면 된다. 해당 명령은 terraform apply -destroy와 같은 명령이다. 따라서 destroy도 앞서 plan과 apply의 관계처럼 실행 계획이 필요하며 terraform destroy를 위한 실행 계획 생성은 terraform plan -destroy와 같다. terraform plan으로 실행 계획을 미리 바이너리 형태의 파일로 작성하고 terraform apply 를 실행했던 것처럼 단계를 나누어 실행하는 것도 가능하다. terraform destroy 명령을 실행 해보자.

```
$ terraform destroy
local_file.abc: Refreshing state... [id=5f30576af23a25b7f44fa7f5fdf70325ee389155]

Terraform used the selected providers to generate the following execution plan.
Resource actions
are indicated with the following symbols:
  - destroy

Terraform will perform the following actions:

  # local_file.abc will be destroyed
  - resource "local_file" "abc" {
      - content              = "abc!" -> null
      - directory_permission = "0777" -> null
      - file_permission      = "0777" -> null
      - filename             = "./abc.txt" -> null
      - id                   = "5f30576af23a25b7f44fa7f5fdf70325ee389155" -> null
    }

Plan: 0 to add, 0 to change, 1 to destroy.

Do you really want to destroy all resources?
  Terraform will destroy all your managed infrastructure, as shown above.
  There is no undo. Only 'yes' will be accepted to confirm.

  Enter a value:
```

커맨드 terraform destroy 실행 결과

terraform apply 동작과 마찬가지로 실행 계획을 보여준 후 이번에는 삭제할지 여부를 묻는 입력이 활성화되었다. 'yes'가 아니면 생성된 계획을 취소하는 것으로 간주한다. 지금은 'yes'가 아닌 아무 단어(예: no)를 입력해 적용하지 않는다. 출력된 실행 계획은 아래처럼 terraform plan -destroy를 실행한 결과와 같다.

```
$ terraform plan -destroy
local_file.abc: Refreshing state... [id=5f30576af23a25b7f44fa7f5fdf70325ee389155]

Terraform used the selected providers to generate the following execution plan.
Resource actions
are indicated with the following symbols:
  - destroy

Terraform will perform the following actions:

  # local_file.abc will be destroyed
  - resource "local_file" "abc" {
      - content              = "abc!" -> null
      - directory_permission = "0777" -> null
      - file_permission      = "0777" -> null
      - filename             = "./abc.txt" -> null
      - id                   = "5f30576af23a25b7f44fa7f5fdf70325ee389155" -> null
    }


Plan: 0 to add, 0 to change, 1 to destroy.

────────────────────────────────────────────────


Note: You didn't use the -out option to save this plan, so Terraform can't guarantee
to take
exactly these actions if you run "terraform apply" now.
```

커맨드 terraform plan 명령에 -destroy 옵션을 추가한 실행 계획

앞서 실행 계획을 파일로 미리 생성하고 적용하는 과정을 살펴봤다. terraform destroy 작업도 terraform plan -destroy -out=tfplan처럼 미리 실행 계획을 만들고 terraform apply로 해당 계획을 실행할 수 있다. 이 또한 실행을 위한 파이프라인 구성 시 활용할 수 있는 방안이다.

–auto-approve

자동 승인 기능을 부여하는 옵션이다. `terraform apply`와 `destroy` 작업은 사전 실행 계획이 없으면 실행 계획을 작성하고 사용자에게 승인을 요청한다.

```
$ terraform destory

...생략...
Plan: 0 to add, 0 to change, 1 to destroy.

Do you really want to destroy all resources?
  Terraform will destroy all your managed infrastructure, as shown above.
  There is no undo. Only 'yes' will be accepted to confirm.

Enter a value:

$ terraform destory -auto-approve

...생략...
Plan: 0 to add, 0 to change, 1 to destroy.
local_file.def: Destroying... [id=5f30576af23a25b7f44fa7f5fdf70325ee389155]local_
file.def: Destruction complete after 0s
```

커맨드 사용자 승인을 기다리는 terraform destroy 동작과 -auto-approve 옵션을 사용해 자동 승인되어 실행되는 동작 비교

작업자가 즉시 생성될 실행 계획을 예상할 수 있어서 승인 절차 없이 실행하고자 할 때 -auto-approve 옵션을 추가하여 승인 동작을 생략할 수 있다. 여기서 주의해야 할 것은 작업자는 결과를 완벽히 예상해야 한다는 점이다.

3.1.6 fmt

| 기본 사용법: `terraform fmt [options] [DIR]`

format의 줄임 표기인 fmt 명령어는 테라폼 구성 파일을 표준 형식과 표준 스타일로 적용하는 데 사용한다. 주로 구성 파일에 작성된 테라폼 코드의 가독성을 높이는 작업에 사용되는데, 이를테면 코드 협업 과정에서 각 작업자별로 코드 작성에 쓰인 정렬, 빈칸, 내려쓰기 등의 규칙이 다른 경우에 유용하다. 최종적으로 코드를 공유하는 시스템에 업로드하기 전에 이 커맨드를

수행하면 코드 자체의 변경이 아닌 스타일의 차이로 생긴 코드 중복 처리가 가능해 업데이트를 최소화할 수 있다. 작업 중인 03.start 디렉터리 위치에서 terraform fmt 명령을 실행해보자.

```
$ terraform fmt
main.tf
```

커맨드 terraform fmt 명령 실행 후 적용된 파일 표기

적용된 대상 파일이 목록에 표시된다. 파일을 열면 코드 내의 띄어쓰기, 인수와 등호 인수값을 손쉽게 정렬한 결과를 확인할 수 있다.

표 3-1 terraform fmt 적용 전후 비교

적용 전	적용 후

resource "local_file" "abc" {
content = "abc!"
filename = "${path.module}/abc.txt"
}
	resource "local_file" "abc" {
	  content = "abc!"
	  filename = "${path.module}/abc.txt"
	}

함께 많이 사용하는 보조 옵션으로 '재귀적'이라는 의미의 –recursive 옵션이 있는데, 이것은 하위 디렉터리의 테라폼 구성 파일을 모두 포함해 적용한다.

살펴본 커맨드 외에 테라폼 코드 작성 시 기능 및 문법을 간단히 확인할 수 있는 console, 상태 관리를 위한 state, 작업 공간 관리를 위한 workspace, 테라폼 코드로 생성되지 않은 리소스를 관리하기 위해 상태를 가져오는 import, HCP Terraform 또는 Terraform Enteprise의 인증 정보를 관리하는 login, logout 등의 커맨드가 있다. 각 커맨드는 이후 과정에서 추가로 설명한다.

3.2 HCL

HCL^{HashiCorp configuration language}은 하시코프사에서 IaC와 구성 정보를 명시하기 위해 개발된 오픈 소스 도구다. 공개된 소스 코드는 *https://github.com/hashicorp/hcl*에서 확인할 수 있다.

Infrastructure as Code는 수동 프로세스가 아닌 코드를 통해 인프라를 관리하고 프로비저닝하는 것을 말한다. IaC 이전에는 UI 클릭이나 개별적인 스크립트를 사용해 프로비저닝하는 방식을 사용하여 자동화하기 어렵고, 수행 시 작업자의 숙달 여부나 컨디션에 따라 실수가 발생할 수 있었다. 그리고 스크립트 방식은 작업자가 일하는 순서대로 정의되지만 순차적 수행 방식이기 때문에 실행 중 오류가 나면 다시 돌이키기 힘들었다.

테라폼은 이전의 프로비저닝 방식을 개선하고 코드적인 동작 메커니즘과 IaC의 핵심인 코드를 잘 만들고 관리할 수 있는 도구를 제공한다. 테라폼에서는 HCL이 코드의 영역을 담당한다. HCL은 쉽게 읽을 수 있고 빠르게 배울 수 있는 언어의 특성을 가진다. 인프라가 코드로 표현되고, 이 코드는 곧 인프라이기 때문에 선언적 특성을 갖게 되고 튜링 완전한^{Turing-complete} 언어적 특성을 갖는다. 즉, 일반적인 프로그래밍 언어의 조건문 처리 같은 동작이 가능하다는 것이다. 이렇게 코드화된 인프라는 주된 목적인 자동화와 더불어, 쉽게 버저닝^{versioning}해 히스토리를 관리하고 함께 작업할 수 있는 기반을 제공하게 된다.

3.2.1 HCL을 사용하는 이유

다수의 프로비저닝 대상 인프라와 서비스는 JSON과 YAML 방식의 기계 친화적인 언어로 소통한다. 따라서 HCL에 대한 첫 번째 질문은 '왜 JSON이나 YAML 같은 방식이 아닌가'일 것이다. 하시코프에서는 HCL 이전에 Ruby 같은 여타 프로그래밍 언어를 사용해 JSON 같은 구조를 만들어내기 위해 노력했다.[2] 관련 작업이 진행되면서 파악한 것은 어떤 사용자는 사람에게 친화적인 언어를 원하고, 또 어떤 사용자는 기계 친화적인 언어를 원한다는 것이다. JSON은 이러한 두 개 요구에 다 잘 맞지만, 구문이 상당히 길어지고 주석이 지원되지 않는다는 단점이 있다. 또한 YAML의 경우는 처음 접하는 사용자가 실제 구조를 만들어내고 익숙해지는 데 어려움을 겪을 뿐 아니라, 관리 대상이 많아지고 구성이 복잡해질 경우 리소스 구성을 파악하기가 어렵다. 더불어 일반적인 프로그래밍 언어를 사용하게 되면 프로비저닝 목적 이상의 많은 기능을 내장하고 있는 데서 문제가 생기고, 작업자들이 모두 선호하는 언어를 골라 정하기도 쉽지 않다.

---

2 초기 하시코프의 Vagrant는 Ruby, Packer는 JSON으로 구성했다.

표 3-2 HCL 형식의 내용을 JSON과 비교

HCL을 이용한 테라폼 구성	JSON으로 표현된 테라폼 구성
```resource "local_file" "abc" { content = "abc!" filename = "${path.module}/abc.txt" }```	```{ "resource": { "local_file": { "abc": { "content": "abc!", "filename": "${path. module}/abc. txt" } } } }```

HCL에서 변수와 문자열 값을 함께 사용하는 인터폴레이션^{interpolation} 표현 방식을, JSON을 사용하는 다른 IaC 도구와 비교하면 [표 3-3]과 같다. 만약 쉘 스크립트나 파이썬 같은 언어를 사용해본 경험이 있다면 HCL 표현 방식이 친숙할 것이다. HCL을 사용하면 동일한 내용을 JSON으로 표현하는 것보다 50~70퍼센트 더 간결하고 읽기 쉽게 작성할 수 있다.

표 3-3 HCL 형식과 JSON 형식에서 변수를 취급하는 방식 비교

HCL을 이용한 테라폼 구성	JSON을 이용한 CloudFormation 구성
name = "${var.PilotServerName}-vm"	"name":"{"Fn::Join":["-",[PilotServerName,vm]]}"

3.2.2 HCL 표현식

HCL로 작성되는 테라폼 코드 표현식의 예는 다음과 같다.

코드 3-5 HCL 표현식 예시

```
// 한줄 주석 방법1
# 한줄 주석 방법2

/*
라인
주석
```

```
*/

locals {
  key1 =        "value1"  # = 를 기준으로 키와 값이 구분되며
  myStr = "TF ♡ UTF-8"  # UTF-8 문자를 지원한다.
  multiStr = <<EOF      # Linux/macOS 에서는 EOF 같은 여러줄의 문자열을 지원한다.
  Multi
  Line
  String
  with anytext
EOF                     # 여러 줄의 스트링은 앞과 끝 문자만 같으면 된다.

  boolean1 = true       # boolean true
  boolean2 = false      # boolean false를 지원한다.

  deciaml = 123         # 기본적으로 숫자는 10진수,
  octal = 0123          # 0으로 시작하는 숫자는 8진수,
  hexadecimal = "0xD5"  # 0x 값을 포함하는 스트링은 16진수,
  scientific = 1e10     # 과학표기 법도 지원한다.

  # funtion 호출 예
  myprojectname = format("%s is myproject name", var.project)

  # 3항 연산자 조건문을 지원한다.
  credentials = var.credentials == "" ? file(var.credentials_file): var.credentials
}
```

HCL 표현식에서는 일반적으로 코드에서 사용되는 주석 표기부터 변수 정의 등을 포함하고 프로그래밍적인 연산과 구성 편의성을 높이기 위한 function[3]도 제공한다. 테라폼으로 인프라를 구성하기 위한 선언 블록도 다음과 같이 다수 존재한다.

- terraform 블록
- resource 블록
- data 블록
- variable 블록
- local 블록
- output 블록

----

3 테라폼 Fuction list — *https://www.terraform.io/language/functions*

3.3 테라폼 블록

테라폼의 구성을 명시하는 데 사용된다. 테라폼 버전이나 프로바이더 버전과 같은 값들은 자동으로 설정되지만 다른 사람과 함께 작업할 때는 버전을 명시적으로 선언하고 필요한 조건을 입력하여 실행 오류를 최소화할 것을 권장한다. 또한 협업을 위한 관점으로 확장할 경우 다른 사람이 실행하는 경우에 대비해 테라폼의 구성 정보를 명확하게 정의해야 오류를 방지할 수 있다.

코드 3-6 테라폼 설정 블록의 구조

```
terraform {
  required_version = "~> 1.8.0"        # 테라폼 버전

  required_providers {                 # 프로바이더 버전을 나열
    random = {
      version = ">= 3.0.0, < 3.6.0"
    }
    aws = {
      version = "~> 5.0"
    }
  }

  cloud {                              # HCP/Enterprise 같은 원격 실행을 위한 정보
    organization = "<MY_ORG_NAME>"

    workspaces {
      name = "my-first-workspace"
    }
  }

  backend "local" {                    # state를 보관하는 위치를 지정
    path = "relative/path/to/terraform.tfstate"
  }
}
```

항목을 설명하기에 앞서 미리 버전 표기에 대해 알아보자. 테라폼 내에서 버전이 명시되는 terraform, module에서 사용 가능하며 버전에 대한 제약을 둠으로써 테라폼, 프로바이더, 모듈이 항상 의도한 정의대로 실행되는 것을 목적으로 한다. 버전 체계는 시맨틱 버전 관리Semantic Versioning 방식을 따른다.

```
# version = Major.Minor.Patch
version = 1.8.5
```

시맨틱 버전 관리 방식을 이해하면 테라폼과 프로바이더의 버전 업그레이드 시 영향도를 추측해볼 수 있고, 이것을 모듈화의 결과물을 공유하는 방식에도 적용할 수 있다.

- **Major 버전**: 내부 동작의 API가 변경 또는 삭제되거나 하위 호환이 되지 않는 버전
- **Minor 버전**: 신규 기능이 추가되거나 개선되고 하위 호환이 가능한 버전
- **Patch 버전**: 버그 및 일부 기능이 개선된 하위 호환이 가능한 버전

버전 제약 구문은 다른 프로그램 언어에서의 종속성 관리 시스템과 흡사하다. 각 연산자에 대한 설명은 다음과 같다.

표 3-4 버전 제약 구문 연산자

연산자	설명
= 또는 연산자 없음	지정된 버전만을 허용하고 다른 조건과 병기할 수 없다.
!=	지정된 버전을 제외한다.
>, >=, <, <=	지정한 버전과 비교해 조건에 맞는 경우 허용한다.
~>	지정한 버전에서 가장 자릿수가 낮은 구성 요소만 증가하는 것을 허용한다. ~> x.y인 경우 y 버전에 대해서만, ~> x.y.z인 경우 z 버전에 대해서만 보다 큰 버전을 허용한다.

[표 3-5]는 테라폼 버전을 선언하는 각 경우에 대한 비교이다.

표 3-5 테라폼 버전 관리로 비유된 선언 방식의 의미

선언된 버전	의미	고려 사항
1.0.0	테라폼 v1.0.0만을 허용한다.	테라폼을 업그레이드하기 위해서는 선언된 버전을 변경해야만 한다.
>= 1.0.0	테라폼 v1.0.0 이상의 모든 버전을 허용한다.	v1.0.0 버전을 포함해 그 이상의 모든 버전을 허용해 실행된다.
~> 1.0.0	테라폼 v1.0.0을 포함한 v1.0.x 버전을 허용하고 v1.x는 허용하지 않는다.	부버전에 대한 업데이트는 무중단으로 이루어진다.
>= 1.0, < 2.0.0	테라폼 v1.0.0 이상 v2.0.0 미만인 버전을 허용한다.	주버전에 대한 업데이트를 방지한다.

3.3.1 테라폼 버전

required_version으로 정의되는 테라폼 버전은 지정된 조건과 일치하지 않는 경우 오류를 출력하고 이후 동작을 수행하지 않는다. 협업 환경에서 테라폼의 버전 관련 조건을 사용해 모든 구성원이 특정 테라폼 버전을 사용하고, 최소 요구 버전에 대해 명시할 수 있다. 테라폼 버전에 대한 변경 내역과 기존 버전들은 깃허브^{GitHub}의 테라폼 공식 레지스트리의 Changelog[4]를 통해 확인 가능하다.

required_version으로 제어되는 버전 제한을 확인해보기 위해 기존 main.tf에 terraform 블록과 관련 값을 추가해본다. 의도적으로 버전을 제한하는 테스트이기 때문에 현재 실행되는 테라폼의 버전보다 낮게 설정한다. 우선 사용자의 테라폼 버전을 확인한다.

```
$ terraform version
Terraform v1.8.5
```

커맨드 테라폼 버전 확인

실습을 위해 앞서 작성한 main.tf에 terraform 블록을 추가하고 앞서 확인한 버전보다 낮은 조건으로 선언해본다.

코드 3-8 테라폼 블록에 지정된 테라폼 버전 조건

```
terraform {
  required_version = "< 1.0.0"
}

resource "local_file" "abc" {
  content  = "123!"
  filename = "${path.module}/abc.txt"
}
```

terraform init 명령을 수행해 어떤 결과가 발생하는지 확인한다.

---

4 테라폼 Changelog – *https://github.com/hashicorp/terraform/blob/main/CHANGELOG.md*

```
$ terraform init

Error: Unsupported Terraform Core version

  on main.tf line 2, in terraform:
   2:   required_version = "< 1.0.0"

This configuration does not support Terraform version 1.0.0. To proceed, either
choose
another supported Terraform version or update this version constraint. Version
constraints are normally set for good reason, so updating the constraint may lead to
other errors or unexpected behavior.
```

커맨드 테라폼 버전 조건에 맞지 않아 에러 발생

작성된 코드에서는 지원되지 않는 테라폼 버전이라는 메시지가 출력된다. 실행 환경에 맞게 버전에 대한 조건을 변경하고 terraform init을 다시 실행해본다(앞서 init을 수행했다면 .terraform.lock.hcl으로 인해 기존에 다운로드된 버전의 프로바이더를 재사용하게 된다).

코드 3-9 테라폼 블록에 지정된 테라폼 버전 조건 변경

```
terraform {
  required_version = ">= 1.0.0"
}

resource "local_file" "abc" { ...생략... }
```

```
$ terraform init

Initializing the backend...

Initializing provider plugins...
- Reusing previous version of hashicorp/local from the dependency lock file
- Using previously-installed hashicorp/local v2.1.0

Terraform has been successfully initialized!
...생략...
```

커맨드 테라폼 버전 조건 통과

3.3.2 프로바이더 버전

테라폼 0.13 버전 이전에는 provider 블록에 함께 버전을 명시했지만 해당 버전 이후 프로바이더의 버전은 terraform 블록에서 required_providers에 정의한다.

표 3-6 테라폼 버전에 따른 프로바이더 버전 정의 방식

v0.13 이전	v0.13부터 적용
| ```
provider "aws" {
  version = "~> 4.2.0"
  region  = "us-east-1"
}

provider "azurerm" {
  version = ">= 2.99.0"
  features {}
}
``` | ```
terraform {
  required_providers {
    aws = {
      source  = "hashicorp/aws"
      version = "~> 4.2.0"
    }
    azurerm = {
      source  = "hashicorp/azurerm"
      version = ">= 2.99.0"
    }
  }
}
``` |

각 프로바이더의 이름에 소스 경로와 버전을 명시하며, 테라폼 레지스트리[5] 공식 페이지에서 원하는 프로바이더를 선택한 다음 화면에서 우측 상단의 [USE PROVIDER]를 클릭하면 테라폼 코드에 해당 버전을 사용하는 샘플 코드가 표기된다.

---

5 테라폼 레지스트리 – *https://registry.terraform.io/browse/providers*

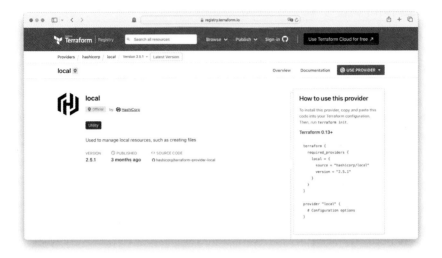

그림 3-2 테라폼 레지스트리에서 local 프로바이더 확인

프로바이더 버전이 동작하는 것을 확인하기 위해 terraform 블록에 required_providers 값을 추가해본다. 의도적으로 프로바이더의 버전을 제한하는 테스트이기 때문에 현재 실행되는 프로바이더 버전보다 과하게 높게 설정해본다.

코드 3-10 프로바이더 버전 명시와 유효성 범위 밖의 버전 선언

```
terraform {
  required_version = ">= 1.0.0"
  required_providers {
    local = {
      source  = "hashicorp/local"
      version = ">= 10000.0.0"
    }
  }
}

resource "local_file" "abc" { ...생략... }
```

terraform init -upgrade 명령을 수행해 어떤 결과가 발생하는지 확인한다.

```
$ terraform init -upgrade

Initializing the backend...

Initializing provider plugins...
- Finding hashicorp/local versions matching "> 10000.0.0"...

Error: Failed to query available provider packages

Could not retrieve the list of available versions for provider hashicorp/local: no
available releases match the given constraints > 10000.0.0
```

커맨드 프로바이더 버전 검증 및 실패 출력

실제 가용한 버전의 프로바이더가 없으므로 init은 실패한다. 올바른 버전 제한을 선언하기 위해 local 프로바이더 버전을 >= 2.0.0으로 수정하고 terraform init -upgrade를 실행하여 init이 성공하는지 확인한다.

```
$ terraform init -upgrade

Initializing the backend...

Initializing provider plugins...
- Finding hashicorp/local versions matching ">= 2.0.0"
- Using previously-installed hashicorp/local v2.5.1

Terraform has been successfully initialized!
...생략...
```

커맨드 프로바이더 버전 검증 성공 및 업그레이드된 버전 결과

3.3.3 cloud 블록

HCP Terraform, Terraform Enterprise는 CLI, VCS, API 기반의 실행 방식을 지원하고 cloud 블록으로 선언한다. cloud 블록은 1.1 버전에 추가된 선언으로 기존에는 State 저장소를 의미하는 backend의 remote 항목으로 설정했다. hostname은 기본값이 app.terraform.io를 가리키며, 해당 주소는 HCP Terraform의 URL이다. 동작에 대한 확인은 7장에서 다룬다.

표 3-7 테라폼 버전에 따른 HCP Terraform, Terraform Enterprise 연동 정의 차이

v1.1 이전	v1.1 이후
```terraform { backend "remote" { hostname = "app.terraform.io" organization = "my-org" workspaces { name = "my-app-prod" } } } ```	```terraform { cloud { hostname = "app.terraform.io" organization = "my-org" workspaces { name = "my-app-prod" } } } ```

3.3.4 백엔드 블록

백엔드 블록의 구성은 테라폼 실행 시 저장되는 State(상태 파일)의 저장 위치를 선언한다. 주의할 점은 **하나의 백엔드만 허용**한다는 점이다. 테라폼은 State의 데이터를 사용해 코드로 관리된 리소스를 탐색하고 추적한다. 또한 작업자 간의 협업을 고려한다면 테라폼으로 생성한 리소스의 상태 저장 파일을 공유할 수 있는 외부 백엔드 저장소가 필요하다. 그리고 State에는 외부로 노출되면 안 되는 패스워드 또는 인증서 정보 같은 민감한 데이터들이 포함될 수 있으므로 State의 접근 제어가 필요하다.

State 잠금 동작

기본적으로 활성화되는 백엔드는 local이다. 상태를 작업자의 로컬 환경에 저장하고 관리하는 방식이다. 이 밖의 다른 백엔드 구성은 동시에 여러 작업자가 접근해 사용할 수 있도록 공유 스토리지 같은 개념을 갖는다. 공유되는 백엔드에 State가 관리되면 테라폼이 실행되는 동안 .terraform.tfstate.lock.info 파일이 생성되면서 해당 State를 동시에 사용하지 못하도록 잠금 처리를 한다. 파일 생성을 확인하고 싶다면 terraform apply를 실행하고 생성되는 잠금 파일을 확인해보자. 잠금 파일 내의 정보는 다음과 같다.

```
{
  "ID": "2b7ed721-7d54-a677-a08e-47fc91eacf0f",
  "Operation": "OperationTypeApply", # 어떤 동작으로 인해 해당 잠금 파일이 생성되
었는지 명기
  "Info": "",
  "Who": "terraform@terraform-C02CT3ZFML85",        # 작업자 정보
  "Version": "1.1.7",                # 실행한 테라폼 버전
  "Created": "2022-03-16T23:10:52.972788Z",
  "Path": "terraform.tfstate"        # 잠긴 state 파일의 위치
}
```

잠금 파일이 테라폼 실행에 어떤 영향을 주는지 확인해보고자 한다. 기존에 작성된 main.tf의
선언된 content 내용을 수정한다.

코드 3-11 실행 계획 생성을 위한 구성 변경

```
resource "local_file" "abc" {
  content  = "123456!" # apply 동작 수행을 위해 content 내용을 수정한다.
  filename = "${path.module}/abc.txt"
}
```

테라폼 실행을 위해 두 개의 명령 창을 준비한다. VS Code를 사용 중이라면 [터미널] 메뉴
의 [터미널 나누기(Split Terminal)]를 선택해 두 개의 창을 띄울 수 있다. (윈도우 단축키 :
[Ctrl + Shift + 5], macOS 단축키 : [Command + \])

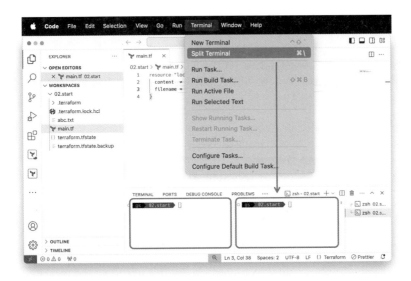

그림 3-3 VS Code에서 터미널을 나누어 두 개의 창을 확인

테라폼 코드가 있는 위치로 이동해 첫 번째 창에서 `terraform apply`를 실행만 하고 'yes'는 입력하지 않은 상태로 대기한다. 두 번째 창에서도 `terraform apply`를 실행한다.

```
$ terraform apply

Error: Error acquiring the state lock

Error message: resource temporarily unavailable
Lock Info:
    ID:        a3f876a3-d5e0-4d73-ecb9-0743a6496068
    Path:      terraform.tfstate
    Operation: OperationTypeApply
    Who:       gs@gs-C02CT3ZFML85
    Version:   1.1.7
    Created:   2022-03-16 23:27:29.020781 +0000 UTC
    Info:

Terraform acquires a state lock to protect the state from being written
by multiple users at the same time. Please resolve the issue above and try
again. For most commands, you can disable locking with the "-lock=false"
flag, but this is not recommended.
```

커맨드 두 번째로 실행한 `terraform apply`에서 다른 테라폼 실행으로 State가 잠겼음을 표시 동시에 동일한 State에 접근이 발생했으므로 잠금 파일의 내용이 표기되면서 에러가 발생한 것을 확인할 수 있다. 안내되는 메시지처럼 -lock=false 옵션을 추가해 잠금을 무시할 수도 있지만 정상적인 경우라면 다른 작업이 수행 중일 수 있으므로 주의해 사용한다.

백엔드 설정 변경

백엔드가 설정되면 다시 init 명령을 수행해 State의 위치를 재설정해야 한다. 백엔드 블록에 local을 정의해 terraform init을 수행해본다. main.tf에는 다음과 같이 정의한다.

코드 3-12 백엔드 블록 설정

```
terraform {
  backend "local" {
    path = "state/terraform.tfstate"
  }
}

resource "local_file" "abc" { ...생략... }
```

기존에 이미 한 번이라도 State가 생성된 테라폼 코드인 경우 terraform init을 수행할 때 백엔드 설정이 변경됨에 따라 다음과 같은 메시지를 확인할 수 있다.

```
$ terraform init

Initializing the backend...
Do you want to copy existing state to the new backend?
  Pre-existing state was found while migrating the previous "local" backend to the
  newly configured "local" backend. No existing state was found in the newly
  configured "local" backend. Do you want to copy this state to the new "local"
  backend? Enter "yes" to copy and "no" to start with an empty state.

  Enter a value:.
```

커맨드 백엔드 변경에 따른 마이그레이션 안내

이것은 백엔드 정보를 테라폼이 내부 메타데이터에 기록한다는 것을 의미한다. 새로운 백엔드로의 전환을 위해 두 가지 조건이 제공된다.

- **이전 구성 유지**: -migrate-state는 terraform.tfstate의 이전 구성에서 최신의 state 스냅샷을 읽고 기록된 정보를 새 구성으로 전환한다.
- **새로 초기화**: -reconfigure는 init을 실행하기 전에 terraform.tfstate 파일을 삭제해 테라폼을 처음 사용할 때처럼 이 작업 공간(디렉터리)을 초기화하는 동작이다.

기본 동작은 -migrate-state 옵션을 추가해 동작한 것과 같은 결과를 보여준다. 위 입력 상태를 취소하고 다시 -migrate-state 옵션을 추가해 초기화를 진행하면 옵션이 없을 때와 같은 메시지를 확인할 수 있다.

```
$ terraform init -migrate-state

Initializing the backend...
Backend configuration changed!

Terraform has detected that the configuration specified for the backend
has changed. Terraform will now check for existing state in the backends.

Do you want to copy existing state to the new backend?
  Pre-existing state was found while migrating the previous "local" backend to the
  newly configured "local" backend. No existing state was found in the newly
  configured "local" backend. Do you want to copy this state to the new "local"
  backend? Enter "yes" to copy and "no" to start with an empty state.

  Enter a value: yes

Successfully configured the backend "local"! Terraform will automatically use this
backend unless the backend configuration changes.
```

커맨드 -migrate-state 옵션을 적용한 State 재선언

백엔드 구성에서 **path**에 새로운 경로가 추가되었으므로 새로운 디렉터리가 생성되는 것을 확인할 수 있다. 그리고 기존 State가 있고 새로 지정한 백엔드에서는 State를 발견할 수 없으므로 새로운 백엔드로의 복사 여부를 물어본다. 'yes'를 입력하고 진행하면 기존 State 파일을 새로운 경로의 파일로 복제한다('no'를 입력했다면 State는 복사되지 않고, 사용자가 추후 새로 지정한 백엔드에 현재의 State를 복사하지 않는다면 테라폼은 현재 상태와 무관하게 다시 동작을 수행할 것이다).

만약 -reconfigure로 실행하는 경우라면 terraform.tfstate를 재구성하므로 -migrate-state 옵션과는 달리 백엔드 구성이 변경되었다는 로그를 발견할 수 없다.

```
$ terraform init -reconfigure

Initializing the backend...
Do you want to copy existing state to the new backend?
  Pre-existing state was found while migrating the previous "local" backend to the
  newly configured "local" backend. No existing state was found in the newly
  configured "local" backend. Do you want to copy this state to the new "local"
  backend? Enter "yes" to copy and "no" to start with an empty state.

  Enter a value:
```

커맨드 -reconfigure 옵션을 적용한 State 재선언

백엔드를 전환하는 것은 State 관리가 되는 저장소를 선택하는 것과 같다. 백엔드를 다중으로 선택할 수는 없기 때문에 만약 State의 안전한 보관을 고려한다면 대상 백엔드 저장소가 고가용성과 백업이 지원되는 대상을 고려할 수 있다. 앞서 살펴본 local 백엔드와 더불어 HCP Terraform 및 Terraform Enterprise를 대상으로 하는 cloud, 하시코프의 Key-Value 저장소를 제공하는 Consul, 대표적인 클라우드 제공 업체들의 스토리지 서비스(Amazon s3, Azure azurerm, Google Cloud Storages, Alibaba Cloud Object Storage Service) 등이 지원된다. 각 백엔드 구성에 대한 설명은 테라폼 문서[6]를 참고한다. 또한 이 책의 7장에 HCP Terraform을 백엔드로 다루는 내용을 실었다.

3.4 리소스

리소스resource는 테라폼이 프로비저닝 도구라는 측면에서 가장 중요한 요소다. 리소스 블록은 선언된 항목을 생성하는 동작을 수행한다. 앞서 선언한 local_file을 통해 새로운 파일이 생성되는 것을 확인했다. 여기서는 리소스 블록의 설명, 동작 방식, 메타데이터를 확인해본다.

---

6 테라폼 백엔드 – *https://www.terraform.io/language/settings/backends*

3.4.1 리소스 구성

리소스 블록은 resource로 시작한다. 이후 리소스 블록이 생성할 '리소스 유형'을 정의한다.

- 리소스 이름은 첫 번째 언더스코어인 _를 기준으로 앞은 프로바이더 이름, 뒤는 프로바이더에서 제공하는 리소스 유형을 의미한다. 이전 예제의 local_file의 경우 local 프로바이더에 속한 리소스 유형이다. 따라서 해당 리소스의 유형이 어떤 프로바이더가 제공하는 것인지는 앞의 이름으로 확인할 수 있다.
- 리소스 유형이 선언되면 뒤에는 고유한 이름을 붙인다. 이름은 동일한 유형에 대해 식별자 역할을 하기 때문에, 유형이 같은 경우에는 같은 이름을 사용할 수 없다.
- 이름 뒤에는 리소스 유형에 대한 구성 인수들이 중괄호 내에 선언된다. 유형에 인수가 필요하지 않은 경우도 있지만, 그 경우에도 중괄호는 입력한다.

코드 3-13 리소스 선언 방식

```
resource "<리소스 유형>" "<이름>" {
  <인수> = <값>
}

resource "local_file" "abc" {
  content  = "123!"
  filename = "${path.module}/abc.txt"
}
```

리소스에서 사용되는 유형들은 프로바이더에 종속성을 갖는다. 특정 프로바이더의 유형만 추가해도 terraform init을 수행하면 해당 프로바이더를 설치한다. 기존 main.tf에 아래와 같이 aws_instance 유형을 추가하고 terraform init을 수행한다.

코드 3-14 aws_instance 리소스를 추가한 main.tf

```
resource "local_file" "abc" {
  content  = "123!"
  filename = "${path.module}/abc.txt"
}

resource "aws_instance" "web" {
  ami           = "ami-a1b2c3d4"
  instance_type = "t3.micro"
}
```

```
$ terraform init

Initializing the backend...

Initializing provider plugins...
- Reusing previous version of hashicorp/local from the dependency lock file
- Finding latest version of hashicorp/aws...
- Using previously-installed hashicorp/local v2.2.2
- Installing hashicorp/aws v4.5.0...
- Installed hashicorp/aws v4.5.0 (signed by HashiCorp)
```

커맨드 AWS 프로바이더 선언 없이도 리소스 추가로 자동 인식된 프로바이더 요구사항과 초기화

AWS 프로바이더가 설치되는 것을 확인할 수 있다. 프로바이더에 따라 접속 정보나 필수 인수를 선언해야 하는 경우가 있으므로 일반적으로는 프로바이더 구성과 함께 사용해야 한다. 프로바이더별 구성과 리소스 유형 안내는 테라폼 레지스트리 페이지에서 확인할 수 있으며 이 책의 4장에서 다룬다. 리소스는 동작을 보조하기 위한 추가 메타인수를 정의할 수 있다. `timeouts`를 제외하고 모든 리소스 정의에 추가 가능하다. 각 요소는 뒤에서 자세히 설명한다.

- **depends_on**: 종속성을 선언하며, 선언된 구성 요소와의 생성 시점에 대해 정의
- **count**: 선언된 개수에 따라 여러 리소스를 생성
- **for_each**: map 또는 set 타입의 데이터 배열의 값을 기준으로 여러 리소스를 생성
- **provider**: 동일한 프로바이더가 다수 정의되어 있는 경우 지정
- **lifecycle**: 리소스의 수명주기 관리
- **provisioner**: 리소스 생성 후 추가 작업 정의
- **timeouts**: 프로바이더에서 정의한 일부 리소스 유형에서는 create, update, delete에 대한 허용 시간을 정의 가능

3.4.2 종속성

테라폼의 종속성은 `resource`, `module` 선언으로 프로비저닝되는 각 요소의 생성 순서를 구분 짓는다. 기본적으로 다른 리소스에서 값을 참조해 불러올 경우 생성 선후 관계에 따라 작업자가 의도하지는 않았지만 자동으로 연관 관계가 정의되는 암시적 종속성을 갖게 되고, 강제로 리소스 간 명시적 종속성을 부여할 경우에는 메타인수인 **depends_on**을 활용한다. 기존에 선언된 내용은 삭제하고 `main.tf`에 다음과 같이 두 개의 요소를 선언한다.

코드 3-15 두 개의 리소스 요소 선언

```
resource "local_file" "abc" {
  content  = "123!"
  filename = "${path.module}/abc.txt"
}

resource "local_file" "def" {
  content  = "456!"
  filename = "${path.module}/def.txt"
}
```

두 리소스 구성 요소는 서로 선후 관계가 없는 동일한 수준이므로 테라폼의 병렬 실행 방식에 따라 terraform apply를 수행하면 동시에 수행된다.

```
$ terraform apply
...생략...
local_file.def: Creating...
local_file.abc: Creating...
local_file.def: Creation complete after 0s [id=b9fbde4d33ab9c450a7ce303fb4788c9d2db9
aed]
local_file.abc: Creation complete after 0s [id=5f30576af23a25b7f44fa7f5fdf70325
ee389155]
```

커맨드 동시에 생성되는 리소스

종속성의 동작을 확인하기 위해 terraform destroy 후 다음과 같이 리소스 속성을 다른 리소스에 주입해보고 다시 terraform apply를 실행한다.

코드 3-16 리소스 참조값을 설정해 두 개의 리소스 간 암시적 종속성 부여

```
resource "local_file" "abc" {
  content  = "123!"
  filename = "${path.module}/abc.txt"
}

resource "local_file" "def" {
  content  = local_file.abc.content # <-- local_file.abc의 속성 값을 대신 넣어줌
  filename = "${path.module}/def.txt"
}
```

```
$ terraform apply
...생략...
local_file.abc: Creating...
local_file.abc: Creation complete after 0s [id=5f30576af23a25b7f44fa7f5fdf70325
ee389155]
local_file.def: Creating...
local_file.def: Creation complete after 0s [id=b9fbde4d33ab9c450a7ce303fb4788c9d2db9
aed]
```

커맨드 생성에 순서가 발생한 종속성 있는 두 개의 리소스

결과를 보면 리소스 간 종속성이 없는 동일 수준의 구성 요소를 실행하는 경우 동시에 생성되었지만 특정 리소스의 속성 값이 필요한 경우 해당 리소스가 우선 생성되어야 하므로 생성에 대한 종속성이 생겨 프로비저닝의 순서가 발생한다. `terraform graph` 명령을 통해 테라폼이 수행되는 단계의 정의를 확인해본다.

```
$ terraform graph
digraph {
        compound = "true"
        newrank = "true"
        subgraph "root" {
                ...생략...
                "[root] local_file.def (expand)" -> "[root] local_file.abc (expand)"
                ...생략...
        }
}
```

커맨드 리소스 연관 관계를 확인하는 terraform graph 명령어

두 리소스 구성에 종속성이 없는 경우에는 프로바이더에 대한 종속성만이 존재하지만, `local_file.def`는 `local_file.abc`의 값을 참조해야 하므로 순서에 대해 종속이 발생함을 확인할 수 있다. 참고로, 종속성에 대한 시각화를 위해 VS Code에서 `Graphviz (dot) language support for Visual Studio Code` 확장을 추가하면 graph의 결과를 시각화해 확인할 수 있다.

그림 3-4 VS Code 확장에서 `graphviz`로 검색한 결과

graph 실행 결과를 복사하여 **graph.dot** 파일로 저장하고 우측 상단의 [doc] 버튼, 또는 상단 입력창에 ' 〉 dot'을 입력하여 목록의 "Graphviz Interactive: Preview Graphgviz / Dot (beside)"를 선택하면 테라폼의 작업 순서 내역을 그림으로 확인할 수 있다.

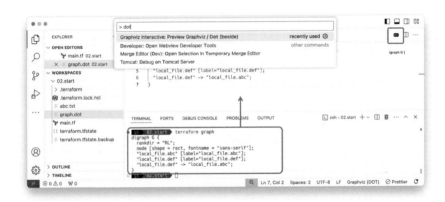

그림 3-5 테라폼의 graph 결과를 붙여넣고 미리보기를 생성하는 과정

앞서 종속성이 없던 두 리소스와 종속성이 발생한 두 리소스의 graph를 `Graphviz`를 이용해 확인하면 [그림 3-6]과 같이 시각화한 결과를 볼 수 있다.

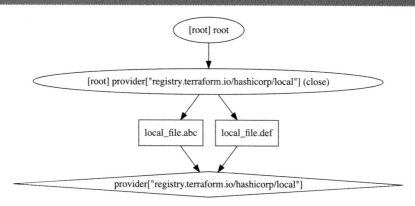

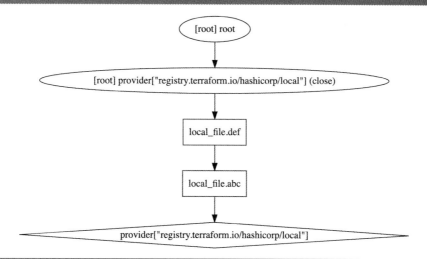

그림 3-6 Graphviz 도구로 확인하는 테라폼 리소스 생성 그래프

테라폼으로 인프라와 서비스를 프로비저닝하다 보면 리소스의 속성을 주입하지 않아도 두 리소스 간에 종속성이 필요한 경우가 있다. 앞서 종속성이 없던 코드 예제를 main.tf에 다시 구성하고 depends_on을 선언해 종속성을 강제로 적용해보고 확인한다.

코드 3-17 리소스 참조값이 아닌 depends_on 메타값을 설정해 명시적 종속성을 부여

```
resource "local_file" "abc" {
  content  = "123!"
```

```
    filename = "${path.module}/abc.txt"
}

resource "local_file" "def" {
  depends_on = [
    local_file.abc         # local_file.abc에 대한 종속성을 명시
  ]

  content  = "456!"
  filename = "${path.module}/def.txt"
}
```

3.4.3 리소스 속성 참조

리소스 구성에서 참조 가능한 값은 인수와 속성이다.

- **인수**: 리소스 생성 시 사용자가 선언하는 값
- **속성**: 사용자가 설정하는 것은 불가능하지만 리소스 생성 이후 획득 가능한 리소스 고유 값

리소스의 인수와 속성은 다음과 같이 접근할 수 있다.

코드 3-18 리소스 인수의 선언과 참조 가능한 인수 및 속성 패턴

```
# Terraform Code
resource "<리소스 유형>" "<이름>" {
  <인수> = <값>
}

# 리소스 참조
<리소스 유형>.<이름>.<인수>
<리소스 유형>.<이름>.<속성>
```

다음 페이지의 [코드 3-19]는 쿠버네티스[Kubernetes] 프로바이더의 Namespace 리소스를 생성하고 그 이후 Secret을 해당 Namespace에 생성하는 종속성을 리소스 인수 값으로 생성하는 예이다. 이 예시를 통해 확인하려는 바는 Namespace의 이름만 변경해도, 해당 Namespace를 참조하는 모든 리소스가 업데이트되어 영향을 받는다는 참조의 효과다.

코드 3-19 리소스 인수 참조 활용의 예

```
resource "kubernetes_namespace" "example" {
  metadata {
    annotations = {
      name = "example-annotation"
    }
    name = "terraform-example-namespace"
  }
}

resource "kubernetes_secret" "example" {
  metadata {
    namespace = kubernetes_namespace.example.metadata.0.name    # namespace 리소스 인
수 참조
    name = "terraform-example"
  }
  data = {
    password = "P4ssw0rd"
  }
}
```

리소스가 생성될 때, 사용자가 입력한 '인수'를 받아 실제 리소스가 생성되면 일부 리소스는 자동으로 기본값이나 추가되는 '속성'이 부여된다. 각 리소스마다 문서를 확인해보면 인수는 Arguments로 표현되어 있으며 리소스 생성 후 추가되는 속성 값으로 Attributes에 안내되어 있다. 리소스 속성을 참조하는 다른 리소스 또는 구성 요소에서는 생성 후의 속성 값들도 인수로 가져올 수 있다.

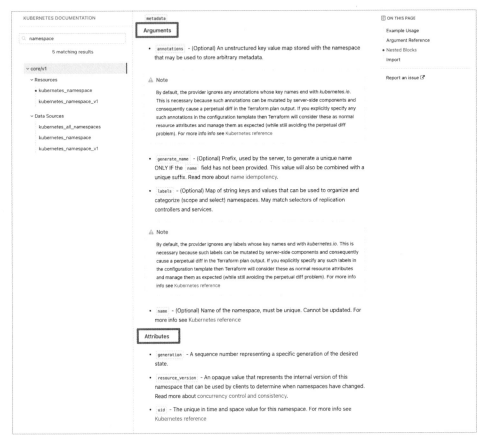

그림 3-7 kubernetes_namespace 리소스 문서에 표기된 인수와 속성 내용

3.4.4 수명주기

lifecycle은 리소스의 기본 수명주기를 작업자가 의도적으로 변경하는 메타인수다. 해당 메타인수 내에는 다음의 선언이 가능하다.

- **create_before_destroy (bool)**: 리소스 수정 시 신규 리소스를 우선 생성하고 기존 리소스를 삭제
- **prevent_destroy (bool)**: 해당 리소스를 삭제(Destroy)하려 할 때 명시적으로 거부
- **ignore_changes (list)**: 리소스 요소에 선언된 인수의 변경 사항을 테라폼 실행 시 무시
- **precondition**: 리소스 요소에 선언된 인수의 조건을 검증
- **postcondition**: Plan과 Apply 이후의 결과를 속성 값으로 검증

create_before_destroy

리소스 요소 특성에 따라 선언한 특정 인수 값을 수정하고 프로비저닝을 수행하면 대상을 삭제하고 다시 생성해야 하는 경우가 있다. 대표적으로 클라우드 자원의 image가 변경되는 경우에는 해당 VM 리소스를 삭제하고 다시 생성된다. 테라폼의 기본 수명주기는 삭제 후 생성이기 때문에 작업자가 의도적으로 수정된 리소스를 먼저 생성하기를 원할 수 있다. 예를 들어 작업자는 VM에서 동작하는 애플리케이션이 순차적으로 배포되기를 원할 수 있다. 이 경우 create_before_destroy가 true로 선언되면 의도한 생성을 실행한 후 삭제로 동작한다. 하지만 생성되는 리소스가 기존 리소스로 인해 생성이 실패되거나 삭제 시 함께 삭제될 수 있으니 주의해야 한다.

- **잘못된 사례 1**: 리소스의 명시적 구분이 사용자가 지정한 특정 이름이나 ID인 경우 기존 리소스에 할당되어 있기 때문에 생성 실패
- **잘못된 사례 2**: 생성 후 삭제 시 동일한 리소스에 대한 삭제 명령이 수행되어 리소스가 모두 삭제

예제를 통해서 '잘못된 사례 2'를 확인해보겠다. main.tf의 내용을 다음과 같이 정의하고 terraform apply를 실행한다.

코드 3-20 create_before_destroy 선언

```
resource "local_file" "abc" {
  content  = "lifecycle - step 1"
  filename = "${path.module}/abc.txt"

  lifecycle {
    create_before_destroy = false
  }
}
```

create_before_destroy의 기본값이 false이므로 작업자가 변경한 내용으로 작성된 파일을 확인할 수 있다. content의 내용을 수정하고 create_before_destroy를 true로 선언해 다시 terraform apply를 실행한다. 기존 '-/+' 표기와 달리 변경 대상이 되는 리소스 요소에 '+/-'가 표시된 후 삭제된다는 로그를 확인할 수 있다.

코드 3-21 create_before_destroy 선언을 true로 설정

```
resource "local_file" "abc" {
  content  = "lifecycle - step 2"        # 수정
  filename = "${path.module}/abc.txt"

  lifecycle {
    create_before_destroy = true         # 생성 후 삭제
  }
}
```

```
$ terraform apply
...생략...
+/- create replacement and then destroy

Terraform will perform the following actions:

  # local_file.abc must be replaced
+/- resource "local_file" "abc" {
    ~ content                = "lifecycle - step 1" -> "lifecycle - step 2" # forces
replacement
    ~ id                     = "1f33c594eb908309d139dd6b8ab10b6fa723ea6e" -> (known
after apply)
      # (3 unchanged attributes hidden)
  }

Plan: 1 to add, 0 to change, 1 to destroy.
...생략...
```

커맨드 생성 후 삭제로 조정된 리소스 라이프사이클

테라폼 구성에서 'content'가 변경되는 동일한 파일 이름을 지정했으므로 ①파일 내용은 수정되지만, ②최종적으로 삭제 시 동일한 파일을 삭제하게 되어 ③파일이 삭제된다. create_before_destroy를 활성화하는 경우 작업자는 리소스의 특성을 파악해 리소스 생성과 삭제를 설계해야 한다.

prevent_destroy

작업자가 의도적으로 특정 리소스의 삭제를 방지하고 싶은 경우에 사용한다. 다음으로 기존 main.tf의 content의 내용을 수정하고 prevent_destroy를 true로 선언해 다시 terraform apply를 실행한다.

코드 3-22 prevent_destroy 선언을 true로 설정

```
resource "local_file" "abc" {
  content  = "lifecycle - step 3"       # 수정
  filename = "${path.module}/abc.txt"

  lifecycle {
    prevent_destroy = true               # 삭제 방지
  }
}
```

```
$ terraform apply
local_file.abc: Refreshing state... [id=2e7969e31b9534e07e03cde46dd52586d3f2f701]

Error: Instance cannot be destroyed

  on main.tf line 1:
   1: resource "local_file" "abc" {

Resource local_file.abc has lifecycle.prevent_destroy set, but the plan calls for
this resource to be destroyed. To avoid this error and continue with the plan,
either disable lifecycle.prevent_destroy or reduce the scope of the plan using the
-target flag.
```

커맨드 실행 계획 작성 시 삭제 대상인 경우 에러 발생

테라폼 수명주기(삭제 → 생성)에 따라 수행되는 리소스에 prevent_destroy가 활성화되어 있어 삭제가 일어나지 않고 실패하게 된다.

ignore_changes

ignore_changes는 리소스 요소의 인수를 지정해 수정 계획에 변경 사항이 반영되지 않도록 하는 것이다. 확인을 위해 main.tf 내용을 다음과 같이 작성하고 terraform apply를 실행한다. content의 내용이 변경되었기 때문에 테라폼 실행 시 변경 계획에는 해당 인수 변경 사항이 반영된다.

코드 3-23 ignore_changes에 대상이 없는 경우의 예

```
resource "local_file" "abc" {
  content  = "lifecycle test - step 4"       # 수정
```

```
  filename = "${path.module}/abc.txt"

  lifecycle {
    ignore_changes = []
  }
}
```

다음으로는 ignore_changes에 리소스 구성 요소를 선언한다. 대상인 content의 값도 변경하고 terraform apply를 실행한다.

코드 3-24 ignore_changes에 content를 추가

```
resource "local_file" "abc" {
  content  = "lifecycle test - step 5"        # 수정
  filename = "${path.module}/abc.txt"

  lifecycle {
    ignore_changes = [
      content
    ]
  }
}
```

```
$ terraform apply
local_file.abc: Refreshing state... [id=26940739b10f669ae16e273cabe468c4e85033ca]

No changes. Your infrastructure matches the configuration.

Terraform has compared your real infrastructure against your configuration and found
no differences, so no changes are
needed.

Apply complete! Resources: 0 added, 0 changed, 0 destroyed.
```
커맨드 변경에 대해 실행 계획에 반영되지 않는 결과

리소스 속성에 변경이 있었지만 ignore_changes의 대상이므로 실행 계획에 변경 사항이 포함되지 않아 아무런 변경이 발생하지 않는다. 모든 변경 사항을 무시하고 싶다면 ignore_changes = all로 설정할 수 있다.

precondition

리소스 생성 이전에 입력된 인수 값을 검증하는 데 사용해 프로비저닝 이전에 미리 약속된 값 이외의 값 또는 필수로 명시해야 하는 인수 값을 검증할 수 있다. `main.tf`의 내용을 다음과 같이 작성하고 `terraform plan`을 실행한다.

코드 3-25 precondition에 리소스 생성 이전의 조건을 부여

```
variable "file_name" {
  default = "step0.txt"
}

resource "local_file" "step6" {
  content  = "lifecycle - step 6"
  filename = "${path.module}/${var.file_name}"

  lifecycle {
    precondition {
      condition     = var.file_name == "step6.txt"
      error_message = "file name is not \"step6.txt\""
    }
  }
}
```

```
$ terraform plan
Error: Resource precondition failed

  on main.tf line 11, in resource "local_file" "step6":
  11:       condition     = var.file_name == "step6.txt"
     ├──────────────
     │ var.file_name is "step0.txt"

file name is not "step6.txt"
```

커맨드 precondition 조건에 맞지 않는 경우 에러 발생

precondition은 프로비저닝해야 하는 클라우드 인프라의 VM을 생성할 때 내부적으로 검증된 이미지 아이디를 사용하는지, 스토리지의 암호화 설정이 되어 있는지 등과 같은 구성을 미리 확인하고 사전에 잘못된 프로비저닝을 실행할 수 없도록 구성할 수 있다.

postcondition

프로비저닝 변경 이후 결과를 검증함과 동시에 의존성을 갖는 다른 구성의 변경을 막는 효과가 있다. main.tf의 내용을 다음과 같이 작성하고 terraform apply를 실행한다.

코드 3-26 postcondition에 리소스 생성 이후의 조건을 부여

```
resource "local_file" "step7" {
  content  = ""
  filename = "${path.module}/step7.txt"

  lifecycle {
    postcondition {
      condition     = self.content != ""
      error_message = "content cannot empty"
    }
  }
}

output "step7_content" {
  value = local_file.step7.id
}
```

```
$ terraform apply
Error: Resource postcondition failed

  on main.tf line 23, in resource "local_file" "step7":
  23:       condition     = self.content != ""
    ├────────────────
    │ self.content is ""

content cannot empty
```

커맨드 postcondition 조건에 맞지 않는 경우 에러 발생

종속성을 갖는 여러 리소스를 구성하는 경우, 리소스의 데이터가 다른 리소스 생성 시 활용될 때 원하는 속성이 정의되어야 하는 경우를 확인할 수 있다. 특히, 프로비저닝 이후에 생성되는 속성 값이 있으므로 영향을 받는 다른 리소스가 생성되기 전에 예상되지 않은 프로비저닝 작업을 방지할 수 있다.

3.5 데이터 소스

데이터 소스는 테라폼으로 정의되지 않은 외부 리소스 또는 저장된 정보를 테라폼 내에서 참조할 때 사용한다.

3.5.1 데이터 소스 구성

데이터 소스 블록은 data로 시작된다. 이후 '데이터 소스 유형'을 정의한다. Resource 블록 정의와 유사하다.

코드 3-27 데이터 소스 인수의 선언과 정의의 예

```
data "local_file" "abc" {
  filename = "${path.module}/abc.txt"
}
```

- 데이터 소스 유형은 첫 번째 언더스코어인 _를 기준으로 앞은 프로바이더 이름, 뒤는 프로바이더에서 제공하는 리소스 유형을 의미한다.
- 데이터 소스 유형을 선언한 뒤에는 고유한 이름을 붙인다. 리소스의 이름과 마찬가지로 이름은 동일한 유형에 대해 식별자 역할을 하므로 중복될 수 없다.
- 이름 뒤에는 데이터 소스 유형에 대한 구성 인수들은 { } 안에 선언한다. 인수가 필요하지 않은 유형도 있지만, 그때에도 { }는 입력한다.

데이터 소스를 정의할 때 사용 가능한 메타인수는 다음과 같다.

- **depends_on**: 종속성을 선언하며, 선언된 구성 요소와의 생성 시점에 대해 정의
- **count**: 선언된 개수에 따라 여러 데이터 소스를 선언
- **for_each**: map 또는 set 타입의 데이터 배열의 값을 기준으로 여러 리소스를 생성
- **provider**: 동일한 프로바이더가 다수 정의되어 있는 경우 지정
- **lifecycle**: 데이터 소스의 수명주기 관리

3.5.2 데이터 소스 속성 참조

데이터 소스로 읽은 대상을 참조하는 방식은 리소스와 구별되게 **data**가 앞에 붙는다. 속성 값은 다음과 같이 접근할 수 있다.

코드 3-28 데이터 소스 인수의 선언과 참조 방식

```
# Terraform Code
data "<리소스 유형>" "<이름>" {
  <인수> = <값>
}

# 데이터 소스 참조
data.<리소스 유형>.<이름>.<속성>
```

예로, 아래는 AWS 프로바이더의 가용영역을 작업자가 수동으로 입력하지 않고 프로바이더로 접근한 환경에서 제공되는 데이터 소스를 활용해 subnet의 가용영역 인수를 정의하는 예이다. 데이터 소스를 활용해 AWS 프로바이더에 구성된 리전region 내에서 사용 가능한 가용영역 목록을 읽을 수 있다.

코드 3-29 리전 내에서 사용 가능한 가용영역 목록 가져오기

```
# Declare the data source
data "aws_availability_zones" "available" {
  state = "available"
}

resource "aws_subnet" "primary" {
  availability_zone = data.aws_availability_zones.available.names[0]
  # e.g. ap-northeast-2a
}

resource "aws_subnet" "secondary" {
  availability_zone = data.aws_availability_zones.available.names[1]
  # e.g. ap-northeast-2b
}
```

예제에 있는 `aws_availability_zones`의 문서를 확인해보면 리소스 선언과 마찬가지로 데이터 소스로 가져오기 위한 조건인 인수는 Arguments로 표현되어 있고, 가져온 데이터 소스의 내용은 Attributes에 안내되어 있다.

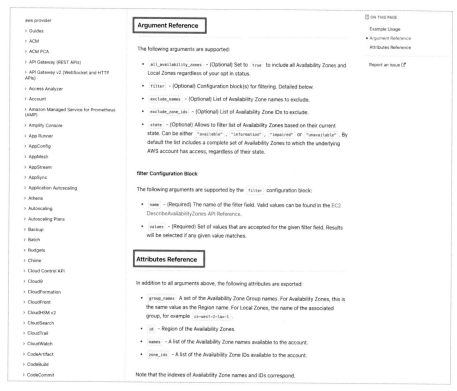

그림 3-8 aws_availability_zones 데이터 소스 문서

데이터 소스 동작 확인을 위해 `main.tf`를 다음과 같이 작성하고 `terraform apply`를 수행한다. `local_file.def`로 생성된 리소스의 `def.txt` 파일 내용이 `abc.txt`의 내용과 같은지 확인한다.

코드 3-30 데이터 소스 활용의 예

```
resource "local_file" "abc" {
  content  = "123!"
  filename = "${path.module}/abc.txt"
}
```

```
data "local_file" "abc" {
  filename = local_file.abc.filename
}

resource "local_file" "def" {
  content  = data.local_file.abc.content
  filename = "${path.module}/def.txt"
}
```

리소스와 데이터 소스의 참조 방식을 확인한다. 데이터 소스 data.local_file.abc는 리소스 local_file.abc의 파일 이름을 참조해 데이터 소스를 생성한다. 데이터 소스 local_file은 읽어온 파일의 내용을 content 속성으로 참조할 수 있으므로 리소스 local_file.def에서는 data.local_file.abc.content로 읽혀진 데이터를 참조한다.

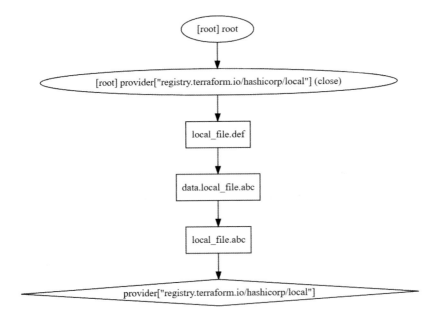

그림 3-9 리소스와 데이터 소스의 참조 그래프

3.6 입력 변수

입력 변수^{variable}는 인프라를 구성하는 데 필요한 속성 값을 정의해 코드의 변경 없이 여러 인프라를 생성하는 데 목적이 있다. 테라폼에서는 이것을 입력 변수(Input Variables)로 정의한다. 여기서 입력이라는 수식어가 붙는 이유는, 일반적인 애플리케이션 코드에서의 변수 선언 방식과 달리 테라폼은 Plan 수행 시 값을 입력하기 때문이다.

3.6.1 변수 선언 방식

변수는 `variable`로 시작되는 블록으로 구성된다. 변수 블록 뒤의 이름 값은 동일 모듈 내 모든 변수 선언에서 고유해야 하며, 이 이름으로 다른 코드 내에서 참조된다.

코드 3-31 variable 블록 선언의 예

```
variable "<이름>" {
  <인수> = <값>
}

variable "image_id" {
  type = string
}
```

테라폼 코드 구성에 미리 예약되어 있어 변수 이름으로 사용 불가능한 이름은 다음과 같다.

- source
- version
- providers
- count
- for_each
- lifecycle
- depends_on
- locals

변수 정의 시 사용 가능한 메타인수는 다음과 같다.

- **default**: 변수에 할당되는 기본값 정의
- **type**: 변수에 허용되는 값 유형 정의
- **description**: 입력 변수의 설명
- **validation**: 변수 선언의 제약조건을 추가해 유효성 검사 규칙을 정의
- **sensitive**: 민감한 변수 값임을 알리고 테라폼의 출력문에서 값 노출을 제한
- **nullable**: 변수에 값이 없어도 됨을 지정

3.6.2 변수 유형

지원되는 변수의 범주와 형태는 다음과 같다.

- 기본 유형
    - **string**: 글자 유형
    - **number**: 숫자 유형
    - **bool**: true 또는 false
    - **any**: 명시적으로 모든 유형이 허용됨을 표시
- 집합 유형
    - **list**(〈유형〉): 인덱스 기반 집합
    - **map**(〈유형〉): 값 = 속성 기반 집합이며 키값 기준 정렬
    - **set**(〈유형〉): 값 기반 집합이며 정렬 키값 기준 정렬
    - **object**({〈인수 이름〉 = 〈유형〉, … })
    - **tuple**([〈유형〉, …])

각 유형의 예는 다음과 같다. list와 set은 선언하는 형태가 비슷하지만 참조 방식이 인덱스와 키로 각각 차이가 있고 map과 set의 경우 선언된 값이 정렬되는 특징을 기억해야 한다.

코드 3-32 변수 유형별 선언 방식의 예

```
variable "string" {
    type        = string
    description = "var String"
    default     = "myString"
}

variable "number" {
```

```
    type    = number
    default = 123
}

variable "boolean" {
    default = true
}

variable "list" {
    default = [
        "google",
        "vmware",
        "amazon",
        "microsoft"
    ]
}

output "list_index_0" {
  value = var.list.0
}

output "list_all" {
  value = [
    for name in var.list :
        upper(name)
  ]
}

variable "map" {  # Sorting
    default = {
        aws  = "amazon",
        azure = "microsoft",
        gcp  = "google"
    }
}

variable "set" {  # Sorting
    type = set(string)
    default = [
        "google",
        "vmware",
        "amazon",
        "microsoft"
    ]
```

```
}

variable "object" {
    type = object({name=string, age=number})
    default = {
        name = "abc"
        age    = 12
    }
}

variable "tuple" {
    type = tuple([string, number, bool])
    default = ["abc", 123, true]
}

variable "ingress_rules" {  # optional ( >= terraform 1.3.0)
  type = list(object({
    port = number,
    description = optional(string),
    protocol = optional(string, "tcp"),
  }))
  default = [
    { port = 80, description = "web" },
    { port = 53, protocol = "udp" }
  ]
}
```

3.6.3 유효성 검사

입력되는 변수 타입 지정 외에 테라폼 0.13.0 버전부터 사용자 지정 유효성 검사가 가능하다. 변수 블록 내에 validation 블록에서 조건인 condition에 지정되는 규칙이 true 또는 false를 반환해야 하며, error_message는 condition 값의 결과가 false인 경우 출력되는 메시지를 정의한다. regex 함수는 대상의 문자열에 정규식을 적용하고 일치하는 문자열을 반환하는데, 여기에 can 함수를 함께 사용하면 정규식에 일치하지 않는 경우의 오류를 검출한다. validation 블록은 중복으로 선언할 수 있다.

코드 3-33 variable 유효성 검사의 예

```
variable "image_id" {
  type        = string
  description = "The id of the machine image (AMI) to use for the server."

  validation {
    condition     = length(var.image_id) > 4
    error_message = "The image_id value must exceed 4."
  }

  validation {
    # regex(...) fails if it cannot find a match
    condition     = can(regex("^ami-", var.image_id))
    error_message = "The image_id value must starting with \"ami-\"."
  }
}
```

테라폼 1.9 버전부터는 조건에 대상이 되는 입력 변수 블록 외부의 값 또한 조건으로 사용 가능하여 부분적인 실행 완료 상황을 개선할 수 있다. 사용 가능한 참조 값은 다음과 같다.

- 입력 변수
- 로컬 변수
- 데이터 소스

예를 들어 유효성 검사가 필요한 입력 변수가 인수로 적용되는 리소스가 다른 입력 변수의 true/false 유무에 따라 동작해야 하는 경우를 가정한다면 다음과 같이 적용할 수 있다.

코드 3-34 외부 입력 변수의 조건에 따른 유효성 검사의 예

```
resource "local_file" "maybe" {
  count    = var.file_create ? 1 : 0
  content  = var.content
  filename = "maybe.txt"
}

variable "file_create" {
  type    = bool
  default = true
}
```

```
variable "content" {
  description = "파일이 생성되는 경우에 내용이 비어있는지 확인합니다."
  type        = string

  validation {
    condition     = var.file_create == true ? length(var.content) > 0 : true
    error_message = "파일 내용이 비어있을 수 없습니다."
  }
}
```

실행 시 `file_create` 값이 `true`로 설정된 경우 입력 변수 content의 유효성 검사가 동작하게 되고, 값이 비어있는 경우 다음과 같은 유효성 검사 오류 출력을 확인할 수 있다.

```
$ terraform plan

var.content
  파일이 생성되는 경우에 내용이 비어있는지 확인합니다.

  Enter a value: <enter>

Planning failed. Terraform encountered an error while generating this plan.

|
| Error: Invalid value for variable
|   on main.tf line 12:
|   12: variable "content" {
|       ├──────────────
|       │ var.content is ""
|       │ var.file_create is true
|
| 파일 내용이 비어있을 수 없습니다.
| This was checked by the validation rule at main.tf:16,3-13.
```

커맨드 외부 입력 변수에 영향을 받는 유효성 검사 결과

또한 데이터 소스를 조건으로 활용한다면 사용자가 수동으로 입력하지 않고 프로비저닝 대상이 제공하는 정보를 기반으로 유효성 검사절을 생성할 수 있다. 테라폼 1.9의 릴리스를 발표한 블로그[7]에서 다음과 같은 예시를 확인할 수 있다.

....

7 Terraform 1.9 enhances input variable validations – *https://www.hashicorp.com/blog/terraform-1-9-enhances-input-variable-validations*

코드 3-35 허용된 인스턴스 타입 목록을 데이터 소스로부터 제공받는 경우

```
data "aws_ec2_instance_types" "valid" {
  filter {
    name   = "current-generation"
    values = ["true"]
  }

  filter {
    name   = "processor-info.supported-architecture"
    values = ["arm64"]
  }
}

variable "instance_type" {
  description = "The EC2 instance type to provision."
  type        = string

  validation {
    condition     = contains(data.aws_ec2_instance_types.valid.instance_types, var.
instance_type)
    error_message = "You must select a current-generation ARM64 instance type."
  }
}
```

3.6.4 변수 참조

variable은 코드 내에서 var.<이름>으로 참조된다. 앞서 작성한 main.tf에 다음과 같이 변수 선언을 추가하고 terraform plan을 수행한다.

코드 3-36 variable의 값 참조의 예

```
variable "my_password" {}

resource "local_file" "abc" {
  content  = var.my_password
  filename = "${path.module}/abc.txt"
}
```

선언된 variable에 정의된 값이 없으므로 terraform plan 또는 terraform apply 실행 후 변수 값을 입력하라는 항목을 확인할 수 있다. 해당 변수에 값을 입력하면 입력받은 값으로 실행 계획을 생성하고 수행한다. local_file 리소스의 content에 변수로 선언한 값이 참조되어 파일 내에 값이 추가되는 실행 계획과 결과를 확인할 수 있다.

```
$ terraform plan
var.my_password
  Enter a value: hello
...생략...
  # local_file.abc must be replaced
-/+ resource "local_file" "abc" {
      ~ content                  = "123!" -> "hello" # forces replacement
      ~ id                       = "5baa61e4c9b93f3f0682250b6cf8331b7ee68fd8" -> (known
after apply)
        # (3 unchanged attributes hidden)
    }

Plan: 1 to add, 0 to change, 1 to destroy.
```

커맨드 variable에 지정된 값이 없는 경우 실행 시점에 입력

3.6.5 민감한 변수 취급

민감한 입력 변수를 위해 테라폼 0.14.0 버전부터 입력 변수의 민감 여부를 선언할 수 있다. 앞서 작성한 main.tf에 다음과 같이 변수 선언에 sensitive를 추가하고 terraform apply를 수행한다.

코드 3-37 sensitive가 선언된 입력 변수

```
variable "my_password" {
  default   = "password"
  sensitive = true
}

resource "local_file" "abc" {
  content  = var.my_password
  filename = "${path.module}/abc.txt"
}
```

기본값이 추가되어 입력받는 항목은 발생하지 않지만 테라폼의 계획 출력에서 참조되는 변수 값이 '(sensitive)'로 감춰지는 것을 확인할 수 있다. 프로비저닝을 완료한 경우 출력에서는 값이 표현되지 않았지만 실제 생성되는 리소스 결과물에서는 지정한 값이 입력된 것을 확인할 수 있다. 민감한 변수로 지정해도 `terraform.tfstate` 파일에는 결과물이 평문으로 기록되므로 State 파일의 보안에 유의해야 한다.

```
$ terraform apply
...생략...
Terraform will perform the following actions:

  # local_file.abc will be updated in-place
  ~ resource "local_file" "abc" {
      # Warning: this attribute value will be marked as sensitive and will not
      # display in UI output after applying this change. The value is unchanged.
      ~ content                = (sensitive)
        id                     = "5baa61e4c9b93f3f0682250b6cf8331b7ee68fd8"
        # (3 unchanged attributes hidden)
    }

Plan: 0 to add, 1 to change, 0 to destroy.
```

커맨드 민감한 변수 선언으로 실행 계획에서 감춰진 변수 값

3.6.6 변수 입력 방식과 우선순위

`variable`의 목적은 코드 내용을 수정하지 않고 테라폼의 모듈적 특성을 통해 입력되는 변수로 재사용성을 높이는 데 있다. 특히 **입력 변수**라는 명칭에 맞게 사용자는 프로비저닝 실행 시에 원하는 값으로 변수에 정의할 수 있다. 선언되는 방식에 따라 변수의 우선순위가 있으므로, 이를 적절히 사용해 로컬 환경과 빌드 서버 환경에서의 정의를 다르게 하거나, 프로비저닝 파이프라인을 구성하는 경우 외부 값을 변수에 지정할 수 있다. 변수 우선순위와 확인을 위한 `main.tf`를 다음과 같이 작성한다.

코드 3-38 입력 변수의 우선순위를 파악하기 위한 기본 코드

```
variable "my_var" {}

resource "local_file" "abc" {
```

```
    content  = var.my_var
    filename = "${path.module}/abc.txt"
  }
```

데모 코드를 기준으로 우선순위를 확인해본다. 명확한 확인을 위해 기존 리소스는 terraform destroy 명령을 수행해 정리한다. 적용되는 변수는 resource.local_file.abc의 content 인수의 결과로 확인 가능하다. [우선순위 수준]의 숫자가 작을수록 우선순위도 낮다.

[우선순위 수준 1] 실행 후 입력(변수에 값이 선언되지 않아 CLI에서 입력):

Variable 블록에 선언된 기본값이 없는 채로 terraform plan 또는 terraform apply를 수행하면 실행 계획 작성에 필요한 변수 값이 없으므로, 값을 입력받는다.

```
$ terraform plan
terraform plan
var.my_var
  Enter a value: var1

...생략...
    + content              = "var1"
...생략...
```

커맨드 입력 변수를 인라인으로 입력받음

[우선순위 수준 2] variable 블록의 default 값:

main.tf의 variable 블록에 default 값을 추가한다. 실행 계획의 content의 내용을 확인한다.

코드 3-39 입력 변수에 기본값 부여

```
variable "my_var" {
  default = "var2"
}
...생략...
```

```
$ terraform plan
...생략...
    + content              = "var2"
...생략...
```

커맨드 입력 변수 기본값이 적용

[우선순위 수준 3] 환경 변수(TF_VAR_변수 이름):

시스템 환경 변수의 접두사에 **TF_VAR_**가 포함되면 그 뒤의 문자열을 변수 이름으로 인식한다. 앞서 `default`로 추가한 코드의 내용을 그대로 두고 어떤 방식이 우선순위가 높은지 확인해 본다.

```
# Unix/Linux/macOS
$ export TF_VAR_my_var=var3
$ terraform plan
...생략...
    + content              = "var3"
...생략...
```

커맨드 유닉스, 리눅스, macOS 환경 변수에 선언된 값이 입력 변수 값으로 적용

```
# Windows Powershell
> $Env:TF_VAR_my_var = "var3"
> terraform plan
...생략...
    + content              = "var3"
...생략...
```

커맨드 윈도우 환경 변수에 선언된 값이 입력 변수 기본값으로 적용

[우선순위 수준 4] terraform.tfvars에 정의된 변수 선언:

루트 모듈의 `main.tf` 파일과 같은 위치에 `terraform.tfvars` 파일을 생성해 변수에 대한 값을 추가하고 앞서 선언한 변수 선언과 비교해 우선순위를 확인한다.

코드 3-40 terraform.tfvars 파일에서 변수의 값 지정

```
my_var = "var4"
```

```
$ terraform plan
...생략...
    + content               = "var4"
...생략...
```

커맨드 terraform.tfvars 파일에 선언된 입력 변수 값이 적용

[우선순위 수준 5] *.auto.tfvars에 정의된 변수 선언:

앞서 terraform.tfvars와 같은 위치에 a.auto.tfvars 파일을 생성한 뒤 변수 값을 추가하고 앞서 선언한 변수 선언과 비교해 우선순위를 확인한다.

코드 3-41 a.auto.tfvars 파일에서 변수의 값 지정

```
my_var = "var5_a"
```

```
$ terraform plan
...생략...
    + content               = "var5_a"
...생략...
```

커맨드 a.auto.tfvars 파일에 선언된 입력 변수 값이 적용

뒤이어 b.auto.tfvars 파일을 생성하여 변수에 대한 값을 추가하고 앞서 선언한 변수와 비교해 우선순위를 확인한다. 파일명의 정렬에 따라 우선순위가 적용된다.

코드 3-42 b.auto.tfvars 파일에서 변수 값 지정

```
my_var = "var5_b"
```

```
$ terraform plan
...생략...
    + content               = "var5_b"
...생략...
```

커맨드 b.auto.tfvars 파일에 선언된 입력 변수 값이 적용

[우선순위 수준 6] `*.auto.tfvars.json`에 정의된 변수 선언:

뒤이어 **c.auto.tfvars.json** 파일을 생성 후 변수에 대한 값을 추가하고 앞서 선언한 변수와 비교해 우선순위를 확인한다.

코드 3-43 `a.auto.tfvars.json` 파일에서 변수의 값 지정

```
my_var = "var6_a"
```

```
$ terraform plan
...생략...
      + content              = "var6_a"
...생략...
```
커맨드 `a.auto.tfvars.json` 파일에 선언된 입력 변수 값이 적용

`*.auto.tfvars`와 같이 파일명의 정렬에 따라 우선순위가 적용된다.

[우선순위 수준 7] CLI 실행 시 `-var` 인수에 지정 또는 `-var-file`로 파일 지정:

앞서 생성한 변수 선언 파일을 유지한 상태에서 변수 값을 선언해 우선순위를 확인한다. 여러 인수가 선언되는 경우 나중에 선언된 변수의 우선순위가 높다.

```
$ terraform plan -var=my_var=var7
...생략...
      + content             = "var7"
...생략...

$ terraform plan -var=my_var=var7 -var=my_var=var8
...생략...
      + content             = "var8"
...생략...
```
커맨드 `-var` 인수에 선언된 입력 변수 값이 적용

`*.tfvars`와 같은 형식의 내용을 가진 파일이라면 `-var-file`로 지정할 수 있다. var9.txt 파일을 생성하고 파일을 변수 값에 대한 인수로 지정해 실행한다.

코드 3-44 var9.txt 파일에서 변수의 값 지정

```
my_var = "var9"
```

```
$ terraform plan -var=my_var=var7 -var-file="var9.txt"
...생략...
    + content                = "var9"
...생략...
```

커맨드 -var-file로 지정된 파일에 선언된 입력 변수 값이 적용

다양한 방식으로 입력 변수를 정의하고, 각 방식마다 우선순위가 있음을 확인했다. 선언 방식이 다양한 이유는 테라폼 실행 환경, 실행 방식에 따라 입력 변수 값을 선언하도록 해 동일한 코드로 다수의 프로비저닝을 수행하도록 디자인하기 위함이다.

.tfvars 확장자로 생성된 파일에 변수를 미리 기입하면 실행 시 입력해야 하는 변수 값을 하나의 파일에서 관리할 수 있다는 장점이 있다. HCP Terraform에서는 워크스페이스 메뉴에서 Variables로 변수를 정의할 수 있는데, 이때 자동으로 생성되는 파일이 terraform.tfvars이다. 따라서 로컬 작업 환경에서 동일한 파일을 사용하면 덮어쓰여져 의도한 입력 변수 값이 선언되지 않으므로 *.auto.tfvars 형태의 파일을 지원해 사용자가 의도한 변수의 우선순위가 높아지게 구성해야 한다.

3.7 local

코드 내에서 사용자가 지정한 값 또는 속성 값을 가공해 참조 가능한 local(지역 값)은 외부에서 입력되지 않고, 코드 내에서만 가공되어 동작하는 값을 선언한다. 'local'은 입력 변수와 달리 선언된 모듈 내에서만 접근 가능하고, 변수처럼 실행 시에 입력받을 수 없다.

로컬[8]은 사용자가 테라폼 코드를 구현할 때 값이나 표현식을 반복적으로 사용할 수 있는 편의를 제공한다. 하지만 빈번하게 여러 곳에서 사용되는 경우 실제 값에 대한 추적이 어려워져 유지 관리 측면에서 부담이 발생할 수 있으므로 주의해야 한다.

---

8 테라폼 사용자 간에 로컬 또는 로컬 값으로 소통하는 것에 착안하여 지역 값 대신 로컬로 표기한다.

3.7.1 local 선언

로컬이 선언되는 블록은 locals로 시작한다. 선언되는 인수에 표현되는 값은 상수만이 아닌 리소스의 속성, 변수의 값들도 조합해 정의할 수 있다. 동일한 tf 파일 내에서 여러 번 선언하는 것도 가능하고 여러 파일에 걸쳐 만드는 것도 가능하다. 다만 locals에 선언한 로컬 변수 이름 은 전체 루트 모듈 내에서 유일해야 한다. 정의되는 속성 값은 지정된 값의 형태에 따라 다양한 유형으로 정의할 수 있다.

코드 3-45 local 값 선언 방식의 예

```
variable "prefix" {
  default = "hello"
}

locals {
  name    = "terraform"
  content = "${var.prefix} ${local.name}"
  my_info = {
    age    = 20
    region = "KR"
  }
  my_nums = [1, 2, 3, 4, 5]
}

locals {
  content = "centent2" # 중복 선언되었으므로 오류가 발생한다.
}
```

3.7.2 local 참조

선언된 local 값은 local.<이름>으로 참조할 수 있다. 테라폼 구성 파일을 여러 개 생성해 작 업하는 경우 서로 다른 파일에 선언되어 있더라도 다른 파일에서 참조할 수 있다. main.tf와 sub.tf 파일을 다음과 같이 작성하고 terraform plan을 실행해 로컬 값을 참조하는 동작을 확인한다.

코드 3-46 main.tf에 작성하는 테라폼 구성

```
variable "prefix" {
  default = "hello"
}

locals {
  name    = "terraform"
}

resource "local_file" "abc" {
  content  = local.content              # sub.tf에서 정의된 local값
  filename = "${path.module}/abc.txt"
}
```

코드 3-47 sub.tf에 작성하는 테라폼 구성

```
locals {
  content = "${var.prefix} ${local.name}"
}
```

```
$ terraform plan
...생략...
    + content               = "hello terraform"
...생략...
```

커맨드 local 값 참조의 결과

terraform plan을 실행해 결과를 확인하면 main.tf의 content 내용 값으로 local.content 를 참조하며, 해당 값은 다른 테라폼 구성 파일에 있지만 실행 시점에는 마치 하나의 구성 파일 처럼 올바로 표기되는 것을 확인할 수 있다. 이 예제에서는 서로 다른 테라폼 구성 파일에서도 로컬 값을 참조할 수 있다는 가능성을 확인할 수 있지만, 관리 측면에서는 서로 참조하는 로컬 값이 파편화되어 유지 보수가 어려워질 수 있으므로 주의가 필요하다.

3.8 출력

출력output 값은 주로 테라폼 코드의 프로비저닝 수행 후의 결과 속성 값을 확인하는 용도로 사

용된다. 또한 프로그래밍 언어에서 코드 내 요소 간에 제한된 노출을 지원하듯 테라폼 모듈 간, 워크스페이스 간 데이터 접근 요소로도 활용할 수 있다. 예를 들면 자바의 getter와 비슷한 역할이다. 출력 값의 용도는 다음과 같이 정의할 수 있다.

- 루트 모듈에서 사용자가 확인하고자 하는 특정 속성 출력
- 자식 모듈의 특정 값을 정의하고 루트 모듈에서 결과를 참조
- 서로 다른 루트 모듈의 결과를 원격으로 읽기 위한 접근 요소

출력 값을 작성하면 단순한 디버깅을 넘어 속성 값을 노출하고 접근할 수 있으며, 이는 다수 작업자 또는 다수 팀 간 협업에 유용하다.

3.8.1 output 선언

모듈 내에서 생성되는 속성 값들은 output 블록에 정의된다.

코드 3-48 output 블록 작성의 예

```
output "instance_ip_addr" {
  value = "http://${aws_instance.server.private_ip}"
}
```

출력되는 값은 value의 값이며 테라폼이 제공하는 조합과 프로그래밍적인 기능들에 의해 원하는 값을 출력할 수 있다. 주의할 점은 output 결과에서 리소스 생성 후 결정되는 속성 값은 프로비저닝이 완료되어야 최종적으로 결과를 확인할 수 있고 terraform plan 단계에서는 적용될 값을 출력하지 않는다는 것이다. output 정의 시 사용 가능한 메타인수는 다음과 같다.

- **description**: 출력 값 설명
- **sensitive**: 민감한 출력 값임을 알리고 테라폼의 출력문에서 값 노출을 제한
- **depends_on**: value에 담길 값이 특정 구성에 종속성이 있는 경우 생성되는 순서를 임의로 조정
- **precondition**: 출력 전에 지정된 조건을 검증

sensitive의 경우 값이 출력되지 않으므로 디버깅 목적보다는 값을 노출시키지 않고 상위 모듈 또는 다른 모듈에서 참조하기 위한 목적에서 활용된다.

3.8.2 output 활용

main.tf 파일을 다음의 내용으로 작성하고 terraform plan을 실행한다.

코드 3-49 output 블록 동작 확인을 위한 main.tf 파일 구성

```
resource "local_file" "abc" {
  content  = "abc123"
  filename = "${path.module}/abc.txt"
}

output "file_id" {
  value = local_file.abc.id
}

output "file_abspath" {
  value = abspath⁹(local_file.abc.filename)
}
```

```
$ terraform plan
...생략...
Changes to Outputs:
  + file_abspath = "/PATH/workspaces/03.start/abc.txt"
  + file_id      = (known after apply)
```

커맨드 인수 값과 속성 값 출력 결과 차이 확인

이미 정해진 속성에 대해서는 출력을 예측하지만 아직 생성되지 않은 file_id 같은 값의 경우에는 결과를 예측할 수 없으므로 terraform apply 실행 이후에 알 수 있다고 출력된다. 다음으로 terraform apply 완료 후에는 출력 값을 확인할 수 있다.

```
$ terraform apply
...생략...
Changes to Outputs:
  + file_abspath = "/PATH/workspaces/03.start/abc.txt"
  + file_id      = "6367c48dd193d56ea7b0baad25b19455e529f5ee"
```

커맨드 프로비저닝 완료 후 확인되는 속성 값의 출력

---

9 파일 시스템 경로를 포함하는 문자열을 가져와 절대 경로로 변환하는 함수

apply 실행 이후 구성 재적용 없이 마지막 결과로 표기되는 output을 다시 확인하고 싶은 경우 terraform output 명령을 통해 확인할 수 있으며, 원하는 값만을 출력하는 것도 가능하다.

```
$ terraform output
file_abspath = "/PATH/workspaces/03.start/abc.txt"
file_id = "6367c48dd193d56ea7b0baad25b19455e529f5ee"

$ terraform output file_id
"6367c48dd193d56ea7b0baad25b19455e529f5ee"

$ terraform output -raw file_id
6367c48dd193d56ea7b0baad25b19455e529f5ee%
```

커맨드 프로비저닝 완료 후 확인되는 속성 값의 출력

3.9 반복문

list 형태의 값 목록이나 Key-Value 형태의 문자열 집합인 데이터가 있는 경우 동일한 내용에 대해 테라폼 구성 정의를 반복적으로 하지 않고 관리할 수 있다.

3.9.1 count

리소스 또는 모듈 블록에 count 값이 정수인 인수가 포함된 경우 선언된 정수 값만큼 리소스나 모듈을 생성하게 된다. count에서 생성되는 참조값은 count.index이며, 반복하는 경우 0부터 1씩 증가해 인덱스가 부여된다. main.tf를 다음과 같이 작성해 terraform apply를 실행한다.

코드 3-50 count 값이 있는 반복문 동작 확인을 위한 main.tf 파일 구성

```
resource "local_file" "abc" {
  count    = 5
  content  = "abc"
  filename = "${path.module}/abc.txt"
}
```

의도대로라면 다섯 개의 파일이 생성되어야 하지만 파일명에는 변함이 없기 때문에 결과적으로 하나의 파일만 존재하게 된다. count를 사용하는 경우 반복되는 정의로 인해 문제되는 값이 있는지 주의해야 한다. main.tf 파일에서 다음과 같이 count.index 값을 추가해 다시 terraform apply를 수행한다. 수행 결과로 다수의 파일이 생성되는 것을 볼 수 있다.

코드 3-51 참조값 count.index를 활용한 main.tf 파일 구성

```
resource "local_file" "abc" {
  count    = 5
  content  = "abc"
  filename = "${path.module}/abc${count.index}.txt"
}
```

때때로 여러 리소스나 모듈의 count로 지정되는 수량이 동일해야 하는 상황이 있다. 이 경우 count에 부여되는 정수 값을 외부 변수에 식별되도록 구성할 수 있다. main.tf를 다음과 같이 변경하고 다시 terraform apply를 수행한다.

코드 3-52 list 형태의 배열을 활용한 반복문 동작 구성

```
variable "names" {
  type = list(string)
  default = ["a","b","c"]
}

resource "local_file" "abc" {
  count = length(var.names)
  content  = "abc"
  # 변수 인덱스에 직접 접근
  filename = "${path.module}/abc-${var.names[count.index]}.txt"
}

resource "local_file" "def" {
  count = length(var.names)
  content  = local_file.abc[count.index].content
  # element function 활용
  filename = "${path.module}/def-${element[10](var.names, count.index)}.txt"
}
```

---

10 list 형태의 목록에서 인덱스를 사용하여 단일 요소를 검색하는 함수

local_file.abc와 local_file.def는 var.names에 선언되는 값에 영향을 받아 동일한 개수만큼 생성하게 된다. local_file.def의 경우 local_file.abc와 개수가 같아야 content에 선언되는 인수 값에 오류가 없을 것이므로 서로 참조되는 리소스와 모듈의 반복정의에 대해 공통의 영향을 주는 변수로 관리할 수 있다.

count로 생성되는 리소스의 경우 <리소스 타입>.<이름>[<인덱스 번호>], 모듈의 경우 module.<모듈 이름>[<인덱스 번호>]로 해당 리소스의 값을 참조한다.

단, 모듈 내에 count 적용이 불가능한 선언이 있으므로 주의해야 한다. 예를 들어 provider 블록 선언부가 포함되어 있는 경우에는 count 적용이 불가능하다. 또한 외부 변수가 list 타입인 경우 중간에 값이 삭제되면 인덱스가 줄어들어 의도했던 중간 값에 대한 리소스만 삭제되는 것이 아니라 이후의 정의된 리소스들도 삭제되고 재생성된다. 앞서 main.tf의 변수를 다음과 같이 변경하고 terraform plan을 수행하면 인덱스 번호 1과 2에 해당하는 리소스 네 개가 삭제되고 두 개를 새로 만드는 결과를 확인할 수 있다.

코드 3-53 list 형태의 값 변경

```
variable "names" {
  type = list(string)
  default = ["a","c"]   # index 1 자리의 "b"를 삭제
}

...생략...
```

```
$ terraform plan
...생략...
Plan: 2 to add, 0 to change, 4 to destroy.
```

커맨드 list 형태의 배열 중간 값 하나의 삭제로 두 개의 리소스가 영향을 받는 결과

3.9.2 for_each

리소스 또는 모듈 블록에서 for_each에 입력된 데이터 형태가 map 또는 set이면, 선언된 key 값 개수만큼 리소스를 생성하게 된다. main.tf를 다음과 같이 작성해 terraform apply를 실행한다.

코드 3-54 for_each 값이 있는 반복문 동작 확인을 위한 main.tf 파일 구성

```
resource "local_file" "abc" {
  for_each = {
    a = "content a"
    b = "content b"
  }
  content  = each.value
  filename = "${path.module}/${each.key}.txt"
}
```

for_each가 설정된 블록에서는 each 속성을 사용해 구성을 수정할 수 있다.

- **each.key**: 이 인스턴스에 해당하는 map 타입의 key 값
- **each.value**: 이 인스턴스에 해당하는 map의 value 값

생성되는 리소스의 경우 <리소스 타입>.<이름>[<key>], 모듈의 경우 module.<모듈 이름>
[<key>]로 해당 리소스의 값을 참조한다. 이 참조 방식을 통해 리소스 간 종속성을 정의하기
도 하고 변수로 다른 리소스에서 사용하거나 출력을 위한 결과 값으로 사용한다. main.tf를 다
음과 같이 작성해 terraform apply를 실행한다. local_file.abc는 변수의 map 형태의 값을
참조하고, local_file.def의 경우 local_file.abc 또한 결과가 map으로 반환되므로 다시
for_each 구문을 사용할 수 있다.

코드 3-55 반복 참조하는 for_each 예시가 적용된 main.tf

```
variable "names" {
  default = {
    a = "content a"
    b = "content b"
    c = "content c"
  }
}

resource "local_file" "abc" {
  for_each = var.names
  content  = each.value
  filename = "${path.module}/abc-${each.key}.txt"
}

resource "local_file" "def" {
```

```
    for_each = local_file.abc
    content  = each.value.content
    filename = "${path.module}/def-${each.key}.txt"
  }
```

key 값은 count의 index와는 달리 고유하므로 중간에 값을 삭제한 후 다시 적용해도 삭제한 값에 대해서만 리소스를 삭제한다. main.tf를 다음과 같이 변경하고 다시 terraform apply를 수행한다.

코드 3-56 중간 값을 삭제한 입력 변수를 적용한 main.tf

```
variable "names" {
  default = {
    a = "content a"
    c = "content c"
  }
}
...생략...
```

```
$ terraform apply
...생략...
Apply complete! Resources: 0 added, 0 changed, 2 destroyed.
```

커맨드 map 형태의 중간 값의 삭제로 local_file.abc와 local_file.def 리소스에 각 한 개씩 영향받는 결과

key에 해당하는 리소스만 영향을 받아 삭제된다. 인덱스에 영향을 받지 않도록 구성한다면 list 대신 set을 활용해 작성함으로써 중간 값의 삭제로 인해 다른 리소스가 삭제되는 것을 방지할 수 있다.

코드 3-57 list 대신 set을 활용해 for_each를 적용한 main.tf

```
resource "local_file" "abc" {
  for_each = toset(["a","b","c"])
  content  = "abc"
  filename = "${path.module}/abc-${each.key}.txt"
}
```

3.9.3 for

for 문은 복합 형식 값의 형태를 변환하는 데 사용된다. 예를 들어 list 값의 포맷을 변경하거나 특정 접두사prefix를 추가할 수도 있고, output에 원하는 형태로 반복적인 결과를 표현할 수도 있다.

- list 타입의 경우 값 또는 인덱스와 값을 반환
- map 타입의 경우 키 또는 키와 값에 대해 반환
- set 타입의 경우 키 값에 대해 반환

main.tf에 다음과 같이 list의 내용을 파일에 담는 리소스를 생성한다. var.name의 내용이 결과 파일에 content로 기록된다.

코드 3-58 테스트를 위한 기본 구성

```
variable "names" {
  default = ["a","b","c"]
}

resource "local_file" "abc" {
  content  = jsonencode(var.names)              # 결과: ["a","b","c"]
  filename = "${path.module}/abc.txt"
}
```

다음은 var.name의 값을 일괄적으로 대문자로 변환한다. 다음과 같이 content의 값 정의에 for 구문을 사용하면 내부 값을 일괄적으로 변경할 수 있다.

코드 3-59 for 구문으로 동적으로 변경한 입력 변수 값

```
variable "names" {
  default = ["a","b","c"]
}

resource "local_file" "abc" {
  content  = jsonencode([for s in var.names: upper(s)])     # 결과: ["A","B","C"]
  filename = "${path.module}/abc.txt"
}
```

for 구문을 사용하는 몇 가지 규칙은 다음과 같다.

- list 유형의 경우 반환 받는 값이 하나로 되어 있으면 값을, 두 개인 경우 앞의 인수가 인덱스를 반환하고 뒤의 인수가 값을 반환(관용적으로 인덱스는 i, 값은 v로 표현)
- map 유형의 경우 반환 받는 값이 하나로 되어 있으면 키를, 두 개인 경우 앞의 인수가 키를 반환하고 뒤의 인수가 값을 반환(관용적으로 키는 k, 값은 v로 표현)
- 결과 값은 for 문을 묶는 기호가 [ ]인 경우 tuple로 반환되고 { }인 경우 object 형태로 반환
- object 형태의 경우 키와 값에 대한 쌍은 => 기호로 구분
- { } 형식을 사용해 object 형태로 결과를 반환하는 경우 키 값은 고유해야 하므로 값 뒤에 그룹화 모드 심볼(...)를 붙여서 키의 중복을 방지(SQL의 group by 문 또는 Java의 MultiValueMap과 같은 개념)
- if 구문을 추가해 조건 부여 가능

list 유형에 대한 for 구문 처리의 몇 가지 예를 확인하기 위해 다음과 같이 main.tf를 작성하고 output을 확인한다.

코드 3-60 for 구문 규칙 검증을 위한 구성

```
variable "names" {
  type = list(string)
  default = ["a","b"]
}

output "A_upper_value" {
  value = [for v in var.names: upper(v)]
}

output "B_index_and_value" {
  value = [for i, v in var.names: "${i} is ${v}"]
}

output "C_make_object" {
  value = {for v in var.names: v => upper(v)}
}

output "D_with_filter" {
  value = [for v in var.names: upper(v) if v != "a"]
}
```

```
$ terraform apply
...생략...
Outputs:
```

```
  A_upper_value = [
    "A",
    "B",
  ]
  B_index_and_value = [
    "0 is a",
    "1 is b",
  ]
  C_make_tuple = {
    "a" = "A"
    "b" = "B"
  }
  D_with_filter = [
    "B",
  ]
```

커맨드 for 구문 규칙 적용 결과 확인

map 유형에 대한 for 구문 처리의 몇 가지 예를 확인하기 위해 다음과 같이 main.tf를 작성하고 output을 확인한다.

코드 3-61 map 유형의 for 구문 규칙 검증을 위한 구성

```
variable "members" {
  type = map(object({
    role = string
  }))
  default = {
    ab = { role = "member", group = "dev" }
    cd = { role = "admin", group = "dev" }
    ef = { role = "member", group = "ops" }
  }
}

output "A_to_tuple" {
  value = [for k, v in var.members: "${k} is ${v.role}"]
}

output "B_get_only_role" {
  value = {
    for name, user in var.members: name => user.role
    if user.role == "admin"
```

```
    }
  }

output "C_group" {
  value = {
    for name, user in var.members: user.role => name...
  }
}
```

```
$ terraform apply
...생략...
Outputs:

A_to_tuple = [
  "ab is member",
  "cd is admin",
  "ef is member",
]
B_get_only_role = {
  "cd" = "admin"
}
C_group = {
  "admin" = [
    "cd",
  ]
  "member" = [
    "ab",
    "ef",
  ]
}
```

커맨드 map 유형의 for 구문 규칙 적용 결과 확인

3.9.4 dynamic

리소스 같은 테라폼 구성을 작성하다 보면 count나 for_each 구문을 사용한 리소스 전체를 여러 개 생성하는 것 외에도 리소스 내에 선언되는 구성 블록을 다중으로 작성해야 하는 경우가 있다. 한 가지 예를 들면 AWS의 Security Group 리소스 구성에 ingress, egress 요소가 리소스 선언 내부에서 블록 형태로 여러 번 정의되는 경우다.

코드 3-62 aws_security_group 리소스 내에 선언되는 구성 블록

```
resource "aws_security_group" "allow_tls" {
  name        = "allow_tls"
  description = "Allow TLS inbound traffic"
  vpc_id      = aws_vpc.main.id

  ingress {
    description      = "TLS from VPC"
    from_port        = 443
    to_port          = 443
    protocol         = "tcp"
    cidr_blocks      = [aws_vpc.main.cidr_block]
    ipv6_cidr_blocks = [aws_vpc.main.ipv6_cidr_block]
  }

  ingress {
    description      = "HTTP"
    from_port        = 8080
    to_port          = 8080
    protocol         = "tcp"
    cidr_blocks      = [aws_vpc.main.cidr_block]
    ipv6_cidr_blocks = [aws_vpc.main.ipv6_cidr_block]
  }

  egress {
    from_port        = 0
    to_port          = 0
    protocol         = "-1"
    cidr_blocks      = ["0.0.0.0/0"]
    ipv6_cidr_blocks = ["::/0"]
  }

  tags = {
    Name = "allow_tls"
  }
}
```

리소스 내의 블록 속성(Attributes as Blocks)은 리소스 자체의 반복 선언이 아닌 내부 속성 요소 중 블록으로 표현되는 부분에 대해서만 반복 구문을 사용해야 하므로, 이때 dynamic 블록을 사용해 동적인 블록을 생성할 수 있다.

dynamic 블록을 작성하려면, 기존 블록의 속성 이름을 dynamic 블록의 이름으로 선언하고 기존 블록 속성에 정의되는 내용을 content 블록에 작성한다. 반복 선언에 사용되는 반복문 구문은 for_each를 사용한다. 기존 for_each 적용 시 each 속성에 key, value가 적용되었다면, dynamic에서는 dynamic에 지정한 이름에 대해 속성이 부여된다.

표 **3-8** dynamic 블록 활용 예

일반적인 블록 속성 반복 적용 시	dynamic 블록 적용 시

``resource "provider_resource" "name" {
name = "some_resource"
 	
  some_setting {
    key = a_value
}
 	
  some_setting {
    key = b_value
}
 	
  some_setting {
    key = c_value
}
 	
  some_setting {
    key = d_value
  }
}```
	``resource "provider_resource" "name" {
	name = "some_resource"
	
	  dynamic "some_setting" {
	    for_each = {
	      a_key = a_value
	      b_key = b_value
	      c_key = c_value
	      d_key = d_value
	    }
	
	    content {
	      key = some_setting.value
	    }
	  }
	}```

아래와 같이 main.tf를 작성해 archive 프로바이더의 archive_file에 source 블록 선언을 반복하는 경우 terraform apply를 수행해 확인해본다. 새로운 프로바이더가 추가되는 경우 terraform init 명령이 필요하다.

코드 3-63 리소스 내에 반복적으로 선언되는 구성 블록

```
data "archive_file" "dotfiles" {
  type        = "zip"
  output_path = "${path.module}/dotfiles.zip"

  source {
    content  = "hello a"
    filename = "${path.module}/a.txt"
```

```
    }

    source {
      content  = "hello b"
      filename = "${path.module}/b.txt"
    }

    source {
      content  = "hello c"
      filename = "${path.module}/c.txt"
    }
  }
```

생성된 dotfiles.zip의 압축을 풀고 생성된 파일의 내용이 정의한 source 블록 속성의 정의와 맞는지 확인해본다. 다음으로는 선언된 블록을 dynamic 블록으로 선언하고 다시 terraform apply를 수행한다. 동일한 결과가 기대되므로 변경 사항이 없는 것을 확인할 수 있다.

코드 3-64 리소스 내에 반복적으로 선언되는 구성을 dynamic 블록으로 재구성

```
variable "names" {
  default = {
    a = "hello a"
    b = "hello b"
    c = "hello c"
  }
}

data "archive_file" "dotfiles" {
  type        = "zip"
  output_path = "${path.module}/dotfiles.zip"

  dynamic "source" {
    for_each = var.names
    content {
      content  = source.value
      filename = "${path.module}/${source.key}.txt"
    }
  }
}
```

3.10 조건식

테라폼에서의 조건식은 3항 연산자 형태를 갖는다. 조건은 true 또는 false로 확인되는 모든 표현식을 사용할 수 있다. 일반적으로 비교, 논리 연산자를 사용해 조건을 확인한다. 조건식은 ? 기호를 기준으로 왼쪽은 조건이며, 오른쪽은 : 기호를 기준으로 왼쪽이 조건에 대해 true가 반환되는 경우이고 오른쪽이 false가 반환되는 경우다. 다음의 예에서 var.a가 빈 문자열이 아니라면 var.a를 나타내지만, 비어있을 때는 "default-a"를 반환한다.

코드 3-65 조건식 형태와 예

```
# <조건 정의> ? <옳은 경우> : <틀린 경우>
var.a != "" ? var.a : "default-a"
```

조건식의 각 조건은 비교 대상의 형태가 다르면 테라폼 실행 시 조건 비교를 위해 형태를 추론하여 자동으로 변환하는데, 이때 협업하는 작업자 사이에 의미 전달이 명확하지 않아 혼란을 겪을 수 있으므로 명시적인 형태로 작성하기를 권장한다.

코드 3-66 조건식 형태 권장사항

```
var.example ? 12 : "hello"          # 비권장
var.example ? "12" : "hello"        # 권장
var.example ? tostring(12) : "hello" # 권장
```

조건식은 단순히 특정 속성에 대한 정의, 로컬 변수에 대한 재정의, 출력 값에 대한 조건 정의 뿐만 아니라 리소스 생성 여부에 응용할 수 있다. count에 조건식을 결합한 경우 다음과 같이 특정 조건에 따라 리소스 생성 여부를 선택할 수 있다.

코드 3-67 조건식과 count를 조합해 리소스 생성 여부 결정에 활용하는 예

```
variable "enable_file" {
  default = true
}

resource "local_file" "foo" {
  count = var.enable_file ? 1 : 0
  content  = "foo!"
  filename = "${path.module}/foo.bar"
```

```
  }

output "content" {
  value = var.enable_file ? local_file.foo[0].content: ""
}
```

3.11 함수

테라폼은 프로그래밍 언어적인 특성을 갖추고 있는데, 값의 유형을 변경하거나 조합할 수 있는 내장 함수[11]들이 그 예다. 단, 내장된 함수 외에 사용자가 구현하는 별도의 사용자 정의 함수를 지원하지는 않는다. 함수 종류에는 숫자, 문자열, 컬렉션, 인코딩, 파일 시스템, 날짜/시간, 해시/암호화, IP 네트워크, 유형 변환이 있다.

테라폼 코드에 함수를 적용하면 변수, 리소스 속성, 데이터 소스 속성, 출력 값 표현 시 작업을 동적이고 효과적으로 수행할 수 있다. `main.tf` 파일을 작성해 upper 함수의 동작을 terraform plan으로 확인한다.

코드 3-68 함수 사용 예

```
resource "local_file" "foo" {
  content  = upper("foo!")
  filename = "${path.module}/foo.bar"
}
```

```
 $ terraform plan
 ...생략...
       + content = "FOO!"
 ...생략...
```

커맨드 함수 적용 결과

함수 사용의 결과를 확인하기 위해 매번 코드를 작성하고 terraform plan 또는 terraform apply를 수행해 결과를 확인하는 것은 비효율적일 수 있다. 이 경우 terraform console 커맨

---

11 자세한 사용법과 내용은 테라폼의 함수 설명을 참고한다. − *https://www.terraform.io/language/functions*

드를 사용해 테라폼에서 함수를 적용했을 때 어떤 결과가 나오는지 확인할 수 있다. terraform console을 실행하면 입력을 받을 수 있는 > 표시가 나오며, 여기에 함수와 함께 원하는 값을 넣어 테스트할 수 있다. terraform apply를 수행해 terraform.tfstate 파일이 생성된 상태에서는 해당 상태 파일의 값을 이용해 참조 값을 활용하는 것도 가능하다. 종료하려면 [Ctrl+C] 키 또는 'exit'를 입력하면 된다.

```
$ terraform console
> upper("foo!")
"FOO!"
> max(5, 12, 9)
12
> lower(local_file.foo.content)
"foo!"
> help
The Terraform console allows you to experiment with Terraform interpolations.
You may access resources in the state (if you have one) just as you would
from a configuration. For example: "aws_instance.foo.id" would evaluate
to the ID of "aws_instance.foo" if it exists in your state.

Type in the interpolation to test and hit <enter> to see the result.

To exit the console, type "exit" and hit <enter>, or use Control-C or
Control-D.
> exit
```

커맨드 terraform console 커맨드를 사용해 테라폼에서 함수 적용 결과 확인

간단한 예시로 설명했지만 함수는 인자값, 결과, 출력이 정형화되어 코드를 작성할 때 사용하면 사용자의 실수를 방지하고, 코드의 재사용성을 높이며, 유지 보수를 용이하게 한다. Terraform에서 함수를 사용하는 장점은 다음과 같다.

- **정확성**: 함수는 특정 작업을 수행하는 코드 블록을 여러 번 재사용할 수 있어 동일한 작업을 반복적으로 작성하는 과정에서 발생 가능한 실수를 줄일 수 있다.
- **효율성**: 함수는 코드의 재사용성을 높여 동일한 기능을 여러 곳에서 필요로 할 때 함수를 호출하기만 하면 되므로 개발 시간이 절약된다.
- **가독성**: 함수는 코드의 구조를 체계적으로 만들어주어 코드의 가독성을 높이고 유지 보수를 용이하게 한다.

실무에 활용되는 함수에 대한 자세한 설명과 활용 방법을 이해하고 싶다면, 유튜브에서 '테라폼으로 시작하는 IaC - 보충설명'[12]을 검색하여 참고할 수 있다.

3.12 프로비저너

프로비저너는 프로바이더와 비슷하게 '제공자'로 해석되나, 프로바이더로 실행되지 않는 커맨드와 파일 복사 같은 역할을 수행한다. 예를 들어 클라우드에 리눅스 VM을 생성하는 것에 더해 특정 패키지를 설치해야 하거나 파일을 생성해야 하는 경우, 이것들은 테라폼의 구성과 별개로 동작해야 한다. 프로비저너로 실행된 결과는 테라폼의 상태 파일과 동기화되지 않으므로 프로비저닝에 대한 결과가 항상 같다고 보장할 수 없다. 따라서 프로비저너 사용을 최소화하는 것이 좋다. 프로비저너의 종류에는 파일 복사와 명령어 실행을 위한 `file`, `local-exec`, `remote-exec`가 있다.

3.12.1 프로비저너 사용 방법

프로비저너의 경우 리소스 프로비저닝 이후 동작하도록 구성할 수 있다. 예를 들어 AWS의 EC2 인스턴스를 생성하고 난 후 CLI를 통해 별도 작업을 수행하는 상황을 가정할 수 있다. `main.tf`를 작성해 프로비저너의 기본적인 사용 방식을 확인한다.

코드 3-69 local_file 리소스 내 provisioner 블록 선언의 예

```
variable "sensitive_content" {
  default = "secret"
  sensitive = true
}

resource "local_file" "foo" {
  content  = upper(var.sensitive_content)
  filename = "${path.module}/foo.bar"

  provisioner "local-exec" {
    command  = "echo The content is ${self.content}"
```

---

12 *https://www.youtube.com/playlist?list=PLQUXE_kb6KOjUdhva880Ve2z51IzU1MYX*

```
  }

  provisioner "local-exec" {
    command = "abc"
    on_failure = continue
  }

  provisioner "local-exec" {
    when    = destroy
    command = "echo The deleting filename is ${self.filename}"
  }
}
```

프로비저너는 선언된 리소스 블록의 작업이 종료되고 나서 지정한 동작을 수행한다. 작성된 예제에서와 같이 다수의 프로비저너를 반복적으로 선언할 수 있다. 그리고 이 값들은 순서대로 처리된다.

프로비저너에서는 **self** 값에 대한 참조가 가능하다. 이것은 리소스 프로비저닝 작업 후 해당 속성 값들을 참조한다. 예제에서는 content 값을 가져오도록 처리했다. 하지만 프로비저너의 동작은 실행 계획만으로는 그 결과를 유추할 수 없다. 실제 terraform plan을 수행해보면 프로비저너와 관련한 메시지는 보이지 않는 것을 확인할 수 있다. terraform apply를 수행해 프로비저너의 동작을 확인해본다.

```
$ terraform apply
...생략...
local_file.foo: Creating...
local_file.foo: Provisioning with 'local-exec'...
local_file.foo (local-exec): (output suppressed due to sensitive value in config)
local_file.foo (local-exec): (output suppressed due to sensitive value in config)
local_file.foo: Provisioning with 'local-exec'...
local_file.foo (local-exec): Executing: ["/bin/sh" "-c" "abc"]
local_file.foo (local-exec): /bin/sh: abc: command not found
local_file.foo: Creation complete after 0s [id=3c3b274d119ff5a5ec6c1e215c1cb794d9973
ac1]

Apply complete! Resources: 1 added, 0 changed, 0 destroyed.
```

커맨드 local-exec가 수행된 결과

프로비저너 선언 순서에 따라 첫 번째 Provisioning with 'local-exec'... 메시지는 content를 출력하려는 의도다. 하지만 output suppressed due to sensitive value in config 메시지와 함께 원하는 출력이 보이지 않는다. 이것은 local_file의 content에 지정한 var.sensitive_content 변수의 속성이 민감하다고 선언되어 있기 때문이다. 따라서 테라폼은 연관된 프로비저너에서의 출력 또한 민감하다고 판단해 화면에 출력하지 않는다.

두 번째 프로비저너에서는 abc라는 커맨드를 수행한다. 대부분의 작업 환경에서 이러한 커맨드는 없을 것이므로 이 단계에서 Apply 동작은 실패해야 한다. 하지만 on_failure = continue 선언이 있으므로 실패 시에도 다음 단계로 넘어간다. 해당 속성에 대해 주석 처리, 또는 기본값인 on_failure = fail을 설정하고 실행하는 경우에는 관련 커맨드를 찾을 수 없으므로 실패한다.

코드 3-70 on_failure 옵션을 주석 처리해 기본값 적용

```
...생략...
  provisioner "local-exec" {
    command = "abc"
    # on_failure = continue
  }
...생략...
```

```
$ terraform apply
...생략...
local_file.foo (local-exec): Executing: ["/bin/sh" "-c" "abc"]
local_file.foo (local-exec): /bin/sh: abc: command not found

Error: local-exec provisioner error

  with local_file.foo,
  on main.tf line 14, in resource "local_file" "foo":
  14:    provisioner "local-exec" {

Error running command 'abc': exit status 127. Output: /bin/sh: abc: command not
found
```

커맨드 커맨드를 찾을 수 없으므로 에러 발생

세 번째 프로비저너에 대해서는 terraform apply를 실행했을 때 관련 출력을 찾을 수 없다.

when = destroy 속성이 추가된 프로비저너는 terraform destroy를 수행할 때에만 정보를 출력한다. terraform destroy 명령을 실행해 메시지를 확인한다.

```
$ terraform destroy
...생략...
local_file.foo: Destroying... [id=3c3b274d119ff5a5ec6c1e215c1cb794d9973ac1]
local_file.foo: Provisioning with 'local-exec'...
local_file.foo (local-exec): Executing: ["/bin/sh" "-c" "echo The deleting filename
is ./foo.bar"]
local_file.foo (local-exec): The deleting filename is ./foo.bar
local_file.foo: Destruction complete after 0s

Destroy complete! Resources: 1 destroyed.
```

커맨드 terraform destroy 수행 조건에 따른 local-exec 동작 확인

의도한 프로비저너의 결과가 표기되는 것을 확인할 수 있다. 일부 작업에서 리소스 제거에 대한 처리가 필요한 경우 terraform destroy를 실행했을 때 동작하는 프로비저너를 활용할 수 있다.

3.12.2 local-exec 프로비저너

local-exec는 테라폼이 실행되는 환경에서 수행할 커맨드를 정의한다. 이때 리눅스나 윈도우 등 테라폼을 실행하는 환경에 맞게 설정 커맨드를 정의해야 한다. 사용하는 인수 값은 다음과 같다.

- **command(필수)**: 실행할 명령줄을 입력하며 << 연산자를 통해 여러 줄의 커맨드 입력 가능
- **working_dir(선택)**: command의 명령을 실행할 디렉터리를 지정해야 하고 상대/절대 경로로 설정
- **interpreter(선택)**: 명령을 실행하는 데 필요한 인터프리터를 지정하며, 첫 번째 인수는 인터프리터 이름이고 두 번째부터는 인터프리터 인수 값
- **environment(선택)**: 실행 시 환경 변수는 실행 환경의 값을 상속받으며, 추가 또는 재할당하려는 경우 해당 인수에 key = value 형태로 설정

각 인수 값을 활용한 테라폼 구성을 main.tf에 작성해 확인한다.

표 3-9 작업 환경에 따라 각 인수 값을 활용한 테라폼 구성을 적용한 `main.tf`

Unix/Linux/macOS	Windows

<pre>resource "null_resource" "example1" {
provisioner "local-exec" {
 	
    command   = <<EOF
      echo Hello!! > file.txt
      echo $ENV >> file.txt
      EOF
 	
    interpreter = ["bash", "-c"]
 	
    working_dir = "/tmp"
 	
    environment = {
      ENV = "world!!"
    }
 	
  }
}</pre>
	<pre>resource "null_resource" "example1" {
	  provisioner "local-exec" {
	    command = <<EOF
	"Hello!!" > file.txt
	Get-ChildItem Env:ENV >> file.txt
	EOF
	    interpreter = ["PowerShell",
	"-Command"]
	    working_dir = "C:\\windows\\temp"
	    environment = {
	      ENV = "world!!"
	    }
	  }
	}</pre>

command의 << 연산자를 통해 다중 라인의 명령을 수행하며 각 환경에 맞는 인터프리터를 지정해 해당 명령을 수행한다. Apply 수행 시 이 명령의 실행 위치를 working_dir를 사용해 지정하고 command에서 사용하는 환경 변수에 대해 environment에서 지정한다. Apply를 수행하면 working_dir 위치의 file.txt에 기록된 내용을 확인할 수 있다.

3.12.3 원격지 연결

remote-exec와 file 프로비저너를 사용하기 위해서는 원격지에 연결할 SSH, WinRM 연결 정의가 필요하다.

코드 3-71 connection 블록으로 원격지 연결 정의

```
resource "null_resource" "example1" {

  connection {
    type       = "ssh"
```

```
      user     = "root"
      password = var.root_password
      host     = var.host
    }

    provisioner "file" {
      source      = "conf/myapp.conf"
      destination = "/etc/myapp.conf"
    }

    provisioner "file" {
      source      = "conf/myapp.conf"
      destination = "C:/App/myapp.conf"

      connection {
        type     = "winrm"
        user     = "Administrator"
        password = var.admin_password
        host     = var.host
      }
    }
  }
```

[코드 3-71]처럼 connection 블록은 리소스에 선언되는 경우 해당 리소스 내에 구성된 프로비저너에 대해 공통으로 선언되고, 프로비저너 내에 선언되는 경우 해당 프로비저너에만 적용된다. 적용되는 인수와 설명은 다음과 같다.

표 3-10 connection 적용 인수와 설명

인수	연결 타입	설명	기본값
type	SSH/WinRM	연결 유형으로 ssh 또는 winrm	ssh
user	SSH/WinRM	연결에 사용되는 사용자	ssh: root winrm: Administrator
password	SSH/WinRM	연결에 사용되는 비밀번호	
host	SSH/WinRM	(필수) 연결 대상 주소	
port	SSH/WinRM	연결 대상의 타입별 사용 포트	ssh: 22 winrm: 5985
timeout	SSH/WinRM	연결 시도에 대한 대기 값	5m
script_path	SSH/WinRM	스크립트 복제 시 생성되는 경로	(별도 설명)

private_key	SSH	연결 시 사용할 SSH key를 지정하며, password 인수보다 우선함	
certificate	SSH	서명된 CA 인증서로 사용 시 private_key 와 함께 사용	
agent	SSH	ssh-agent를 사용해 인증하지 않는 경우 false로 설정하며 Windows의 경우 Pageant만 사용 가능	
agent_identity	SSH	인증을 위한 ssh-agent의 기본 사용자	
host_key	SSH	원격 호스트 또는 서명된 CA의 연결을 확인하는 데 사용되는 공개키	
target_platform	SSH	연결 대상 플랫폼으로 windows 또는 unix	unix
https	WinRM	true인 경우 HTTPS로 연결	false
insecure	WinRM	true인 경우 HTTPS 유효성 무시	false
use_ntlm	WinRM	true인 경우 NTLM 인증을 사용	false
cacert	WinRM	유효성 검증을 위한 CA 인증서	

원격 연결이 요구되는 프로비저너의 경우 스크립트 파일을 원격 시스템에 업로드해 해당 시스템의 기본 쉘에서 실행하도록 하므로 script_path의 경우 적절한 위치를 지정하도록 한다. 경로는 난수인 %RAND% 경로가 포함되어 생성된다.

- **Unix/Linux/macOS**: /tmp/terraform_%RAND%.sh
- **windows(cmd)**: C:/windows/temp/terraform_%RAND%.cmd
- **windows(PowerShell)**: c:/windows/temp/terraform_%RAND%.ps1

배스천bastion 호스트[13]를 통해 연결하는 경우 관련 인수를 지원한다.

표 3-11 connection 적용 시 배스천 호스트를 설정하는 인수와 설명

인수	설명	기본값
bastion_host	설정하게 되면 배스천 호스트 연결이 활성화되며, 연결 대상 호스트를 지정	
bastion_host_key	호스트 연결을 위한 공개키	
bastion_port	배스천 호스트에 연결할 포트	port 인수 값

---

13 보안을 위해 고안된 게이트웨이용 호스트로, 외부 네트워크와 내부 네트워크 사이를 이어주는 역할을 수행한다.

bastion_user	배스천 호스트에 연결할 사용자	user 인수 값
bastion_password	배스천 호스트 연결에 사용할 비밀번호	password 인수 값
bastion_private_key	배스천 호스트 연결에 사용할 SSH 키파일	private_key 인수 값
bastion_certificate	서명된 CA 인증서 내용으로 bastion_private_key와 함께 사용	

3.12.4 file 프로비저너

file 프로비저너는 테라폼을 실행하는 시스템에서 연결 대상으로 파일 또는 디렉터리를 복사하는 데 사용된다. 사용되는 인수는 다음과 같다.

- **source**: 소스 파일 또는 디렉터리로, 현재 작업 중인 디렉터리에 대한 상대 경로 또는 절대 경로로 지정할 수 있다. content와 함께 사용할 수 없다.
- **content**: 연결 대상에 복사할 내용을 정의하며 대상이 디렉터리인 경우 tf-file-content 파일이 생성되고, 파일인 경우 해당 파일에 내용이 기록된다. source와 함께 사용할 수 없다.
- **destination**: 필수 항목으로 항상 절대 경로로 지정되어야 하며, 파일 또는 디렉터리다.

destination 지정 시 주의해야 할 점은 SSH 연결의 경우 대상 디렉터리가 존재해야 하며, winrm 연결은 디렉터리가 없는 경우 자동으로 생성한다는 것이다.

디렉터리를 대상으로 한다면 source 경로 형태에 따라 동작에 차이가 생긴다. destination이 /tmp일 때 source가 디렉터리로 /foo처럼 마지막에 /가 없는 경우 대상 디렉터리에 지정한 디렉터리가 업로드되어 연결된 시스템에 /tmp/foo 디렉터리가 업로드된다. source가 디렉터리로 /foo/처럼 마지막에 /가 포함되는 경우 source 디렉터리 내의 파일만 /tmp 디렉터리에 업로드된다. file 프로비저너와 관련해 아래 몇 가지 예가 있다.

코드 3-72 file 프로비저너 구성 예

```
resource "null_resource" "foo" {

  # myapp.conf 파일이 /etc/myapp.conf 로 업로드
  provisioner "file" {
    source      = "conf/myapp.conf"
    destination = "/etc/myapp.conf"
```

```
  }

  # content의 내용이 /tmp/file.log 파일로 생성
  provisioner "file" {
    content     = "ami used: ${self.ami}"
    destination = "/tmp/file.log"
  }

  # configs.d 디렉터리가 /etc/configs.d 로 업로드
  provisioner "file" {
    source      = "conf/configs.d"
    destination = "/etc"
  }

  # apps/app1 디렉터리 내의 파일들만 D:/IIS/webapp1 디렉터리 내에 업로드
  provisioner "file" {
    source      = "apps/app1/"
    destination = "D:/IIS/webapp1"
  }
}
```

3.12.5 remote-exec 프로비저너

remote-exec는 원격지 환경에서 실행할 커맨드와 스크립트를 정의한다. 예를 들면 AWS의 EC2 인스턴스를 생성하고 해당 VM에서 명령을 실행하고 패키지를 설치하는 등의 동작을 의미한다. 사용되는 인수는 다음과 같고 각 인수는 서로 배타적이다.

- **inline**: 명령에 대한 목록으로 [ ] 블록 내에 " "로 묶인 다수의 명령을 ,로 구분해 구성한다.
- **script**: 로컬의 스크립트 경로를 넣고 원격에 복사해 실행한다.
- **scripts**: 로컬의 스크립트 경로의 목록으로 [ ] 블록 내에 " "로 묶인 다수의 스크립트 경로를 ,로 구분해 구성한다.

script 또는 scripts의 대상 스크립트 실행에 필요한 인수는 관련 구성에서 선언할 수 없으므로 필요할 때 file 프로바이더로 해당 스크립트를 업로드하고 inline 인수를 활용해 스크립트에 인수를 추가한다.

```
resource "aws_instance" "web" {
  # ...

  connection {
    type     = "ssh"
    user     = "root"
    password = var.root_password
    host     = self.public_ip
  }

  provisioner "file" {
    source      = "script.sh"
    destination = "/tmp/script.sh"
  }

  provisioner "remote-exec" {
    inline = [
      "chmod +x /tmp/script.sh",
      "/tmp/script.sh args",
    ]
  }
}
```

3.13 null_resource와 terraform_data

테라폼 1.4 버전이 릴리스되면서 기존 null_resource 리소스를 대체하는 terraform_data 리소스가 추가되었다. 두 리소스의 의미와 사용 방식을 확인해보자.

3.13.1 null_resource

null_resource는 그 이름이 말해주는 것처럼 아무 작업도 수행하지 않는 리소스를 구현한다. 이런 리소스가 필요한 이유는 테라폼 프로비저닝 동작을 설계하면서 사용자가 의도적으로 프로비저닝하는 동작을 조율해야 하는 상황이 발생하며, 프로바이더가 제공하는 리소스 수명주기 관리만으로는 이를 해결하기 어렵기 때문이다. 주로 사용되는 시나리오는 다음과 같다.

- 프로비저닝 수행 과정에서 명령어 실행

- 프로비저너와 함께 사용

- 모듈, 반복문, 데이터 소스, 로컬 변수와 함께 사용

- 출력을 위한 데이터 가공

예를 들어 다음의 상황을 가정해본다.

- AWS EC2 인스턴스를 프로비저닝하면서 웹서비스를 실행시키고 싶다.

- 웹서비스 설정에는 노출되어야 하는 고정된 외부 IP가 포함된 구성이 필요하다. 따라서 aws_eip 리소스를 생성해야 한다.

AWS EC2 인스턴스를 프로비저닝하기 위해 aws_instance 리소스 구성 시 앞서 확인한 프로비저너를 활용하여 웹서비스를 실행하고자 한다면 다음과 같은 코드 구성이 작성된다.

코드 3-74 aws_instance 에서 aws_eip의 public ip를 사용하려는 예

```
# 생략
resource "aws_instance" "foo" {
  ami          = "ami-5189a661"
  instance_type = "t3.micro"

  private_ip = "10.0.0.12"
  subnet_id  = aws_subnet.tf_test_subnet.id

  provisioner "remote-exec" {
    inline = [
      "echo ${aws_eip.bar.public_ip}"
    ]
  }
}

resource "aws_eip" "bar" {
  vpc = true

  instance                 = aws_instance.foo.id
  associate_with_private_ip = "10.0.0.12"
  depends_on               = [aws_internet_gateway.gw]
}
```

코드 내용을 풀이해보면 다음과 같다.

- aws_eip가 생성하는 고정된 IP를 할당하기 위해서는 대상인 aws_instance의 id 값이 필요하다.
- aws_instance의 프로비저너 동작에서는 aws_eip가 생성하는 속성 값인 public_ip가 필요하다.

테라폼 구성 정의에서 상호 참조가 발생하는 상황으로, 실행되는 코드를 작성하여 terraform plan을 수행하면 다음과 같은 에러를 확인하게 된다.

```
$ terraform plan
Error: Cycle: aws_eip.bar, aws_instance.foo
```

커맨드 두 리소스의 종속성이 상호 참조되어 발생하는 에러

상호 참조되는 종속성을 끊기 위해서는 둘 중 하나의 실행 시점을 한 단계 뒤로 미뤄야 한다. 이런 경우 실행에 간격을 추가하여 실제 리소스와는 무관한 동작을 수행하기 위해 null_resource를 활용한다. 앞서 에러가 발생한 코드를 다음과 같이 수정할 수 있다.

코드 3-75 aws_instance와 aws_eip의 프로비저닝 시점 이후 null_resource에서 처리

```
resource "aws_instance" "foo" {
  ami           = "ami-5189a661"
  instance_type = "t3.micro"

  private_ip = "10.0.0.12"
  subnet_id  = aws_subnet.tf_test_subnet.id
}

resource "aws_eip" "bar" {
  vpc = true

  instance                  = aws_instance.foo.id
  associate_with_private_ip = "10.0.0.12"
  depends_on                = [aws_internet_gateway.gw]
}

resource "null_resource" "barz" {
  provisioner "remote-exec" {
    connection {
      host = aws_eip.bar.public_ip
    }
    inline = [
      "echo ${aws_eip.bar.public_ip}"
    ]
```

```
      }
    }
```

null_resource는 정의된 속성이 'id'가 전부이므로, 선언된 내부의 구성이 변경되더라도 새로운 Plan 과정에서 실행 계획에 포함되지 못한다. 따라서 사용자가 null_resource에 정의된 내용을 강제로 다시 실행하기 위한 인수로 trigger가 제공된다. trigger는 임의의 string 형태의 map 데이터를 정의하는데, 정의된 값이 변경되면 null_resource 내부에 정의된 행위를 다시 실행한다.

코드 3-76 trigger 정의와 동작 예제

```
resource "null_resource" "foo" {
  trigger = {
    ec2_id = aws_instance.bar.id  # instance의 id가 변경되는 경우 재실행
  }
  ...생략...
}

resource "null_resource" "barz" {
  trigger = {
    ec2_id = time()  # 테라폼으로 실행 계획을 생성할 때마다 재실행
  }
  ...생략...
}
```

3.13.2 terraform_data

테라폼 1.4 버전에서는 기존 null_resource의 기능적인 요소를 대체하기 위해 terraform_data 리소스가 추가되었다. 이 리소스 또한 자체적으로 아무것도 수행하지 않지만 null_resource는 별도의 프로바이더 구성이 필요하다는 점과 비교하여 추가 프로바이더 없이 테라폼 자체에 포함된 기본 수명주기 관리자가 제공된다는 것이 장점이다. 사용 시나리오는 기존 null_resource와 동일하며 강제 재실행을 위한 triggers_replace와 상태 저장을 위한 input 인수와 input에 저장된 값을 출력하는 output 속성이 제공된다. triggers_replace에 정의되는 값이 기존 map 형태에서 tuple로 변경되어 쓰임이 더 간단해졌다.

코드 3-77 terraform_data 리소스의 trigger_replace 정의와 동작 예제

```
resource "terraform_data" "foo" {
  triggers_replace = [
    aws_instance.bar.id,
    aws_instance.barz.id
  ]

  input = "world"
}

output "terraform_data_output" {
  value = terraform_data.foo.output     # 출력 결과는 "world"
}
```

이 책의 예제에서는 테라폼 1.4 이전 버전을 사용하는 사용자를 고려하여 null_resource 방식으로 실습이 구성되어 있다. 1.5 버전 이상의 테라폼을 사용하는 경우라면 terraform_data를 사용하기를 권장한다.

3.14 moved 블록

테라폼의 State에 기록되는 리소스 주소의 이름이 변경되면 기존 리소스는 삭제되고 새로운 리소스가 생성됨을 앞서 설명에서 확인했다. 하지만 테라폼 리소스를 선언하다 보면 이름을 변경해야 하는 상황이 발생하기도 하는데, 예를 들면 다음과 같다.

- 리소스 이름을 변경
- count로 처리하던 반복문을 for_each로 변경
- 리소스가 모듈로 이동하여 참조되는 주소가 변경

리소스의 이름은 변경되지만 이미 테라폼으로 프로비저닝된 환경을 그대로 유지하고자 하는 경우 테라폼 1.1 버전부터 moved 블록을 사용할 수 있다. 'moved'라는 단어가 의미하는 것처럼 테라폼 State에서 옮겨진 대상의 이전 주소와 새 주소를 알리는 역할을 수행한다. moved 블록 이전에는 State를 직접 편집하는 terraform state mv 명령을 사용하여 State를 건드려야 하는 부담이 있었다면, moved 블록은 State에 접근 권한이 없는 사용자라도 변경되는 주소를

리소스 영향 없이 반영할 수 있다. 사용의 간단한 예를 실습하기 위해 다음과 같은 테라폼 구성으로 terraform apply를 수행한다.

코드 3-78 moved 블록 테스트용 기본 코드

```
resource "local_file" "a" {
  content  = "foo!"
  filename = "${path.module}/foo.bar"
}

output "file_content" {
  value = local_file.a.content
}
```

테스트용 코드에서 local_file의 이름인 'a'를 어떤 사유에서 'b'로 변경해야 한다고 가정한다. 단순히 아래와 같은 코드로 변경하고 Plan을 수행하면 local_file.a 리소스를 삭제하고 local_file.b를 새로 생성하려는 실행 계획이 발생한다.

코드 3-79 리소스 이름을 변경하려는 코드

```
resource "local_file" "b" {
  content  = "foo!"
  filename = "${path.module}/foo.bar"
}

output "file_content" {
  value = local_file.b.content
}
```

```
$ terraform plan
...생략...
Plan: 1 to add, 0 to change, 1 to destroy.
```

커맨드 기존 리소스를 제거하고 새로운 리소스를 생성하려는 실행 계획 결과

local_file.a의 프로비저닝 결과를 유지한 채 이름을 변경하기 위해 moved 블록을 활용하면 다음과 같이 구성할 수 있다.

```
resource "local_file" "b" {
  content  = "foo!"
  filename = "${path.module}/foo.bar"
}

moved {
  from = local_file.a
  to   = local_file.b
}

output "file_content" {
  value = local_file.b.content
}
```

moved 블록으로 변경되는 주소를 명시하고 다시 Plan을 실행하여 출력되는 결과를 확인한다.

```
$ terraform plan
...생략...
# local_file.a has moved to local_file.b
    resource "local_file" "b" {
        id                   = "4bf3e335199107182c6f7638efaad377acc7f452"
        # (10 unchanged attributes hidden)
    }

Plan: 0 to add, 0 to change, 0 to destroy.
```

커맨드 기존 리소스를 제거하고 새로운 리소스를 생성하려는 실행 계획 결과

실행 계획상 제거되거나 새로 생성되는 리소스는 없고, 출력 결과에 `local_file.a` 주소가 `local_file.b`로 변경되었다는 메시지가 추가로 출력된다. Apply를 수행하고 이후 moved 블록을 삭제하면 새로운 리소스 주소가 사용되어 리팩터링이 완료됨을 확인할 수 있다.

코드 3-81 주소 변경이 완료된 코드

```
resource "local_file" "b" {
  content  = "foo!"
  filename = "${path.module}/foo.bar"
}
```

```
# moved {
#   from = local_file.a
#   to   = local_file.b
# }

output "file_content" {
  value = local_file.b.content
}
```

moved 블록에 대한 상세한 가이드는 테라폼의 리팩터링 문서[14]에서 확인할 수 있다.

3.15 CLI를 위한 시스템 환경 변수

테라폼은 환경 변수[15]를 통해 실행 방식과 출력 내용에 대한 옵션을 조절할 수 있다. 시스템 환경 변수를 설정하면, 영구적으로 로컬 환경에 적용되는 옵션이나 별도 서버 환경에서 실행하기 위한 옵션을 부여할 수 있다. 이를 통해 로컬 작업 환경과 다른 환경 구성에서만 사용될 특정 옵션을 적용한다.

- **Mac/리눅스/유닉스**: export <환경 변수 이름>=<값>
- **Windows CMD**: set <환경 변수 이름>=<값>
- **Windows PowerShell**: $Env:<환경 변수 이름>='<값>'

3.15.1 TF_LOG

테라폼의 stderr 로그에 대한 레벨을 정의한다. trace, debug, info, warn, error, off를 설정할 수 있고 관련 환경 변수가 없는 경우 off와 동일하다. 디버깅을 위한 로그 관련 환경 변수 설명은 다음과 같다.

- **TF_LOG**: 로깅 레벨 지정 또는 해제
- **TF_LOG_PATH**: 로그 출력 파일 위치 지정

---

14 테라폼 리팩터링 – *https://developer.hashicorp.com/terraform/language/modules/develop/refactoring*

15 테라폼 환경 변수 – *https://www.terraform.io/cli/config/environment-variables*

- **TF_LOG_CORE**: TF_LOG와 별도로 테라폼 자체 코어에 대한 로깅 레벨 지정 또는 해제
- **TF_LOG_PROVIDER**: TF_LOG와 별도로 테라폼에서 사용하는 프로바이더에 대한 로깅 레벨 지정 또는 해제

환경에 맞게 **TF_LOG**를 info로 설정하고 **terraform plan** 동작을 실행하면 테라폼 출력에 관련 로그가 출력되는 것이 확인된다.

```
$ TF_LOG=info terraform plan
TF_LOG=info terraform plan
2022-04-10T20:01:25.331+0900 [INFO]  Terraform version: 1.1.7
2022-04-10T20:01:25.331+0900 [INFO]  Go runtime version: go1.17.2
2022-04-10T20:01:25.331+0900 [INFO]  CLI args: []string{"terraform", "plan"}
2022-04-10T20:01:25.334+0900 [INFO]  Loading CLI configuration from /PATH/.
terraform.d/credentials.tfrc.json
2022-04-10T20:01:25.340+0900 [INFO]  CLI command args: []string{"plan"}
2022-04-10T20:01:25.490+0900 [INFO]  backend/local: starting Plan operation
var.my_var
  Enter a value:
```

커맨드 TF_LOG 환경 변수 설정으로 출력되는 로그의 예

3.15.2 TF_INPUT

값을 false 또는 0으로 설정하면 테라폼 실행 시 인수에 -input=false를 추가한 것과 동일한 수행 결과를 확인할 수 있다. 환경에 맞게 **TF_INPUT**을 0으로 설정하고 **terraform plan** 동작을 실행하면 입력받는 동작을 수행하지 않으므로 입력 변수를 넣으면 에러가 출력된다.

```
$ TF_INPUT=0 terraform plan

Error: No value for required variable

  on main.tf line 1:
   1: variable "my_var" {}

The root module input variable "my_var" is not set, and has no default value. Use a
-var or -var-file command line argument to
provide a value for this variable.
```

커맨드 TF_INPUT 환경 변수 설정으로 입력 변수의 정의가 거부되는 실행

3.15.3 TF_VAR_name

TF_VAR_<변수 이름>을 사용하면 입력 시 또는 default로 선언된 변수 값을 대체한다(변수 입력 방식은 앞서 3.6절에서 확인했다).

3.15.4 TF_CLI_ARGS / TF_CLI_ARGS_subcommand

테라폼 실행 시 추가할 인수를 정의한다. TF_CLI_ARGS="-input=false" terraform apply -auto-approve는 terraform apply -input=false -auto-approve와 같다.

```
$ TF_CLI_ARGS="-input=false" terraform apply -auto-approve
Error: No value for required variable

  on main.tf line 1:
  1: variable "my_var" {}

The root module input variable "my_var" is not set, and has no default value. Use a
-var or -var-file command line argument to
provide a value for this variable.
```

커맨드 TF_CLI_ARGS 환경 변수에 커맨드 인수 값 설정

TF_CLI_ARGS_apply로 인수를 정의하면 terraform apply 커맨드 수행 시에만 동작한다.

```
$ export TF_CLI_ARGS_apply="-input=false"
$ terraform apply -auto-approve
<에러>
$ terraform plan
var.my_var
  Enter a value:
```

커맨드 TF_CLI_ARGS_apply 환경 변수에 인수 동작 확인

3.15.5 TF_DATA_DIR

State 저장 백엔드 설정과 같은 작업 디렉터리별 데이터를 보관하는 위치를 지정한다. 이 데이터는 .terraform 디렉터리 위치에 기록되지만 TF_DATA_DIR에 경로가 정의되면 기본 경로를

대체하여 사용된다. 일관된 테라폼 사용을 위해서 해당 변수는 실행 시마다 일관되게 적용될 수 있도록 설정하는 것이 중요하다. 설정 값이 이전 실행 시에만 적용되는 경우 init 명령으로 수행된 모듈, 아티팩트 등의 파일을 찾지 못한다. 이미 terraform init이 수행된 상태에서 TF_DATA_DIR로 경로를 재지정하고 실행하는 경우 플러그인 설치가 필요하다는 메시지 출력을 확인할 수 있다.

```
$ TF_DATA_DIR=./.terraform_tmp terraform plan

Error: Required plugins are not installed
```

커맨드 TF_DATA_DIR 환경 변수로 데이터 저장 디렉터리 정의

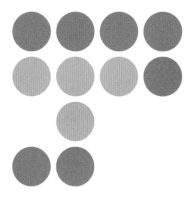

## CHAPTER 4

프로바이더

테라폼은 terraform 바이너리 파일을 시작으로 로컬 환경이나 배포 서버와 같은 원격 환경에서 원하는 대상을 호출하는 방식으로 실행된다. 이때 '원하는 대상'은 호출하는 방식이 서로 다르지만 대상의 공급자, 즉 프로바이더가 제공하는 API를 호출해 상호작용을 한다. 여기서 테라폼이 대상과의 상호작용을 할 수 있도록 하는 것이 '프로바이더'다.

각 프로바이더의 API 구현은 서로 다르지만 3장에서 살펴본 테라폼의 고유 문법으로 동일한 동작을 수행하도록 구현되어 있다. 프로바이더는 플러그인 형태로 테라폼에 결합되어 대상이 되는 클라우드, SaaS, 기타 서비스 API를 사용해 동작을 수행한다. 각 프로바이더는 테라폼이 관리하는 리소스 유형과 데이터 소스를 사용할 수 있도록 연결한다. 즉, 테라폼은 프로바이더 없이는 어떤 종류의 인프라와 서비스도 관리할 수 없다는 의미다. 대부분의 프로바이더는 대상 인프라 환경이나 서비스 환경에 대해 리소스를 관리하므로, 프로바이더를 구성할 때는 대상과의 연결과 인증에 필요한 정보가 제공되어야 한다(일부 프로바이더는 유틸리티적인 측면으로 로컬에서 동작한다).

각 프로바이더는 테라폼 실행 파일과는 별도로 자체적으로 관리되고 게시된다. 테라폼 레지스트리[1] 사이트에서 주요 프로바이더와 관련 문서를 확인할 수 있다.

---

1 테라폼 레지스트리 – *https://registry.terraform.io/*

4.1 프로바이더 구성

프로바이더 구성에 대한 요구사항은 공식 레지스트리 사이트인 테라폼 레지스트리에 공개되어
있는 각 프로바이더의 구성 방식을 참고하는 것이 올바른 방법이다. 앞서 3장의 실습에서 주
로 다룬 local 프로바이더처럼 프로바이더를 위한 별도 구성이 필요하지 않은 경우도 있지만,
AWS와 같은 클라우드 프로바이더의 경우는 AWS 자격증명 정보와 리전 이름 등을 정의하기
도 한다.

테라폼 레지스트리의 프로바이더 목록에는 유지 보수 및 게시에 대한 권한에 따라 Tier 정보가
제공된다.

표 4-1 프로바이더 식별 정보

Tier	설명	네임스페이스
⦿ Official	공식 프로바이더로 하시코프가 소유 및 관리한다.	hashicorp
🤝 Partner	파트너(Partner) 프로바이더는 하시코프사 외의 기술 파트너가 소유하고 관리한다. 프로바이더 제공자에 대한 검증이 되어 있고 하시코프 기술 파트너임을 나타낸다.	게시한 조직의 이름 (mongodb/ mongodbatlas)
Community	커뮤니티 프로바이더는 개별 관리자와 그룹에서 Terraform의 레지스트리에 게시하고 관리한다.	개인 및 조직 계정 이름 (DeviaVir/gsuite)
Archived	아카이브된 프로바이더는 더 이상 유지 보수되지 않는 이전 프로바이더이다. API가 더는 사용되지 않거나 관심이 낮은 경우이다.	hashicorp 또는 타 조직

지정하는 프로바이더의 요구사항을 정의할 때는 레지스트리의 Overview 항목 오른쪽에 있는
[USE PROVIDER] 버튼을 클릭해 현재 버전에 맞는 정의 방법을 확인한다.

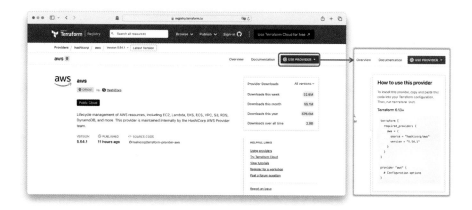

그림 4-1 AWS 프로바이더 사용 정의 확인

4.1.1 로컬 이름과 프로바이더 지정

`terraform` 블록의 `required_providers` 블록 내에 `<로컬 이름> = { }`으로 여러 개의 프로바이더를 정의할 수 있다. 여기서 사용되는 **로컬 이름**은 테라폼 모듈 내에서 고유해야 한다. **로컬 이름**과 리소스 접두사는 독립적으로 선언되며, 각 프로바이더의 소스 경로가 지정되면 프로바이더의 고유 접두사가 제공된다. 만약 동일한 접두사를 사용하는 프로바이더가 선언되는 경우 **로컬 이름**을 달리해 관련 리소스에서 어떤 프로바이더를 사용하는지 명시적으로 지정할 수 있다. 예를 들어 다음의 `main.tf`에서처럼 동일한 `http` 이름을 사용하는 다수의 프로바이더가 있는 경우 각 프로바이더에 고유한 이름을 부여하고 리소스와 데이터 소스에 어떤 프로바이더를 사용할지 `provider` 인수에 명시한다. 단, 동일한 `source`에 대해 다수의 정의는 불가능하다.

코드 4-1 동일한 http 접두사를 사용하는 다수의 프로바이더 사용 정의

```
terraform {
  required_providers {
    architect-http = {
      source = "architect-team/http"
      version = "~> 3.0"
    }
    http = {
      source  = "hashicorp/http"
```

```
    }
    aws-http = {
      source  = "terraform-aws-modules/http"
    }
  }
}

data "http" "example" {
  provider = aws-http
  url      = "https://checkpoint-api.hashicorp.com/v1/check/terraform"

  request_headers = {
    Accept = "application/json"
  }
}
```

4.1.2 단일 프로바이더의 다중 정의

동일한 프로바이더를 사용하지만 다른 조건을 갖는 경우, 사용되는 리소스마다 별도로 선언된 프로바이더를 지정해야 하는 경우가 있다. 예를 들면, AWS 프로바이더를 사용하는데 서로 다른 권한의 IAM을 갖는 Access ID 또는 대상 리전을 지정해야 하는 경우다. 이때는 프로바이더 선언에서 alias를 명시하고 사용하는 리소스와 데이터 소스에서는 provider 메타인수를 사용해 특정 프로바이더를 지정할 수 있다. provider 메타인수에 지정되지 않은 경우 alias가 없는 프로바이더가 기본 프로바이더로 동작한다. 아래 예제는 리전region을 다르게 구성한 AWS 프로바이더를 aws_instance에 지정하는 방법이다.

코드 4-2 단일 프로바이더의 다중 정의 시 리소스에서 특정 프로바이더를 정의하는 방법

```
provider "aws" {
  region = "us-west-1"
}

provider "aws" {
  alias  = "seoul"
  region = "ap-northeast-2"
}

resource "aws_instance" "app_server" {
```

```
    provider      = aws.seoul
    ami           = "ami-0e1d09d8b7c751816"
    instance_type = "t3.micro"
}
```

4.1.3 프로바이더 요구사항 정의

테라폼 실행 시 요구되는 프로바이더 요구사항은 terraform 블록의 required_providers 블록에 여러 개를 정의할 수 있다. source에는 프로바이더 다운로드 경로를 지정하고 version은 버전 제약을 명시한다.

코드 4-3 프로바이더 요구사항 정의 블록

```
terraform {
  required_providers {
    <프로바이더 로컬 이름> = {
      source = [<호스트 주소>/]<네임스페이스>/<유형>
      version = <버전 제약>
    }
    ...
  }
}
```

- **호스트 주소**: 프로바이더를 배포하는 주소로서 기본값은 registry.terraform.io이다.
- **네임스페이스**: 지정된 레지스트리 내에서 구분하는 네임스페이스로, 공개된 레지스트리 및 HCP TF / TFE 의 비공개 레지스트리의 프로바이더를 게시하는 조직을 의미한다.
- **유형**: 프로바이더에서 관리되는 플랫폼이나 서비스 이름으로 일반적으로는 접두사와 일치하나 일부 예외가 있을 수 있다.

프로바이더는 기능이나 조건이 시간이 지남에 따라 변경될 수 있다. 이 같은 변경에 특정 버전을 명시하거나 버전 호환성을 정의할 때, version에 명시할 수 있다. 이 값이 생략되는 경우 terraform init을 하는 당시의 가장 최신 버전으로 선택된다. 버전에 대한 상세 내용은 3.3 장의 버전 설정을 확인한다.

4.1.4 프로바이더 설치

테라폼을 실행하기 전 `terraform init` 명령을 통해 정의된 프로바이더를 다운로드, 복사, 캐시에서 읽어오게 된다. 항상 지정된 구성에 대해 동일한 프로바이더를 설치하도록 하려면 테라폼 구성에 사용되는 프로바이더에 대해 명시적으로 `terraform` 블록에 정의하거나 `.terraform.lock.hcl` 잠금 파일을 코드 저장소에 공유하는 방안이 요구된다. 2장에서 살펴본 것처럼 `required_providers`에 지정된 프로바이더가 있는 경우 코드상 구성에서 사용 여부에 관계없이 프로바이더를 다운로드하게 되고, `required_providers`에 지정하지 않더라도 테라폼 구성 코드상에서 사용된 프로바이더는 테라폼에서 추론해 최신 버전의 프로바이더를 다운로드한다.

4.1.5 프로바이더 간 전환 여부

클라우드를 대상으로 테라폼을 사용하는 경우 다른 클라우드 프로바이더로 전환이 가능할까? 불가능하다. 테라폼은 인프라에 대한 단일 프로비저닝 도구로 사용되지만 대상이 되는 환경에는 서로 다른 API로 구현된 프로바이더가 제공된다. 비록 AWS의 구성을 Azure로, Azure의 구성을 GCP로 전환하는 건 불가능하지만, IaC로서의 테라폼의 특성이 작업 효율을 높여준다. 기존 수작업으로 발생하는 경우에는 파악하기 어려웠던 구성의 상세 내역과 구성 설정이 테라폼 구성 코드와 상태 파일에는 기록되기 때문에 클라우드 리소스 전환을 위해 현황을 파악하는 데 도움이 된다.

표 4-2 프로바이더간 대응되는 리소스 예시

Resource	AWS	GCP
VPC, Subnets, Firewall	aws_vpc aws_subnet	google_compute_network google_compute_subnetwork google_compute_filrewall
Load Balancer	aws_elb aws_security_group	google_compute_backend_service google_compute_global_forwarding_rule google_compute_target_http_proxy
Virtual Machine	aws_instance	google_compute_instance
Database	aws_db_instance	google_sql_database_instance

4.2 프로바이더 에코시스템

테라폼의 에코시스템은 사용자가 사용하는 방식과 구조에 테라폼을 적용할 수 있도록 설계된다. 에코시스템을 위한 테라폼 통합은 워크플로 파트너와 인프라 파트너로 나눈다. 워크플로 파트너는 테라폼 실행 및 HCP TF / TFE와 연계하여 동작하는 기능을 제공하는 항목으로 이루어져 있다. 대표적으로 테라폼 구성을 관리하기 위한 VCS를 제공하는 깃허브, 깃랩^{GitLab}, 비트버킷^{Bitbucket}, 애저 데브옵스^{Azure DevOps}가 이 항목에 해당한다. 프로바이더의 경우 인프라 파트너에 해당한다. 인프라 파트너는 사용자가 테라폼으로 대상 플랫폼의 API로 상호작용 가능한 리소스를 관리할 수 있도록 한다. 예를 들어 VCS의 워크플로 파트너인 깃허브는 테라폼으로 프로비저닝 가능한 인프라 파트너이기도 하다. 사용자는 테라폼을 사용하여 깃허브의 사용자, 팀, 저장소, 브랜치 등을 프로비저닝하고 관리할 수 있다.

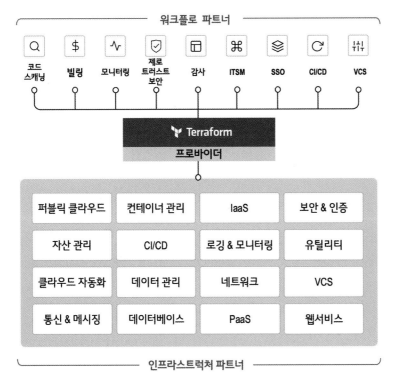

그림 4-2 테라폼 통합 프로그램의 워크플로 파트너와 인프라 파트너

인프라 파트너의 분류와 프로바이더 대상은 다음과 같다.

- **퍼블릭 클라우드**: IaaS, SaaS 및 PaaS를 포함한 다양한 서비스를 제공하는 대규모 글로벌 클라우드 제공
- **컨테이너 오케스트레이션**: 컨테이너 프로비저닝 및 배포를 지원
- **IaaS(Infrastructure-as-a-Service)**: 스토리지, 네트워킹 및 가상화와 같은 솔루션을 제공하는 인프라 및 IaaS 제공
- **보안 및 인증**: 인증 및 보안 모니터링 플랫폼
- **자산 관리**: 소프트웨어 라이선스, 하드웨어 자산 및 클라우드 리소스를 비롯한 주요 조직 및 IT 리소스의 자산 관리를 제공
- **CI/CD**: 지속적인 통합 및 지속적인 제공/배포
- **로깅 및 모니터링**: 로거, 측정 도구 및 모니터링 서비스와 같은 서비스를 구성하고 관리하는 기능
- **유틸리티**: 임의 값 생성, 파일 생성, http 상호 작용 및 시간 기반 리소스와 같은 도우미 기능
- **클라우드 자동화**: 구성 관리와 같은 전문화된 클라우드 인프라 자동화 관리 기능
- **데이터 관리**: 데이터 센터 스토리지, 백업 및 복구 솔루션
- **네트워킹**: 라우팅, 스위칭, 방화벽 및 SD-WAN 솔루션과 같은 네트워크별 하드웨어 및 가상화된 제품과 통합
- **VCS(버전 제어 시스템)**: Terraform 내에서 VCS(버전 제어 시스템) 프로젝트, 팀 및 리포지터리에 중점
- **통신 및 메시징**: 통신, 이메일 및 메시징 플랫폼과 통합
- **데이터베이스**: 데이터베이스 리소스를 프로비저닝하고 구성하는 기능
- **PaaS(Platform-as-a-Service)**: 다양한 하드웨어, 소프트웨어 및 애플리케이션 개발 도구를 제공하는 플랫폼 및 PaaS
- **웹 서비스**: 웹 호스팅, 웹 성능, CDN 및 DNS 서비스

4.2.1 퍼블릭 클라우드(+IaaS, PaaS) 프로바이더

테라폼을 접하는 데에는 퍼블릭 클라우드 환경을 프로비저닝하려는 이유가 많다. 인프라 환경이 제공하는 다수의 리소스를 IaC 환경으로 전환하면, 반복적인 구축의 자동화 및 템플릿 제공이 가능해 테라폼을 포함한 많은 IaC 도구가 클라우드 프로비저닝에 활용된다.

퍼블릭 클라우드

글로벌 주요 클라우드 사업자인 AWS, 애저, Google Cloud Platform과 더불어 알리바바 클라우드, Oracle Cloud Infrastructure, Tencent Cloud, 그리고 국내에서는 Naver Cloud Platform(ncloud)과 Samsung Cloud Platform(SCP)이 프로바이더를 제공한다. 퍼블릭

클라우드는 설계 단계에서 대부분의 리소스 구성에 대해 API 기반을 고려하기 때문에 테라폼으로 풍부한 리소스 구성이 가능하다.

프라이빗 클라우드/VM

프라이빗 환경은 Azure Stack, OpenStack과 같은 IaaS, 그리고 Equinix가 데이터 센터 환경을 테라폼 프로바이더로 제공한다. VMware의 vSphere 환경이나 NSXT, Nutanix 같은 HCI 플랫폼도 테라폼 프로바이더를 제공하므로 IaC 방식으로 관리할 수 있다.

4.2.2 컨테이너 오케스트레이터

컨테이너 오케스트레이터란 다수의 호스트 환경에서 컨테이너를 배포 및 관리하는 도구다. 대표적으로 하시코프의 노마드Nomad를 비롯해 쿠버네티스Kubernetes, 랜처Rancher, 탄주Tanzu를 예로 들 수 있다. 최신 오케스트레이션 도구들은 저마다의 IaC 방식을 지원하지만 테라폼 같은 상태 기반 동작을 수행하지는 않는다. 그러므로 테라폼이 제공하는 코드적인 기능과 함수 및 변수를 기반으로 기존 IaC 방식 대비 테라폼의 구성 방식을 활용할 수 있고, 배포 환경이 되는 클라우드와 IaaS 환경을 테라폼으로 구성한 후 애플리케이션을 바로 배포할 수 있는 워크플로를 계획할 수 있다.

4.2.3 SaaS 서비스

SaaS 서비스는 사용하고자 하는 소프트웨어의 설치, 구성, 관리에 대한 부담을 줄이고 주문형On-demand으로 빠른 시간 내에 원하는 자원을 획득할 수 있다는 장점이 있다. 반면, 설치형이 해당 솔루션만 설치하면 되는 데 비해 SaaS 서비스는 개별 계정 관리, 접근 관리, 네트워크 구성 등 각 SaaS 서비스마다 독립적으로 제공하는 리소스에 대한 관리가 필요하며, 이 경우 테라폼의 IaC 특성을 활용해 구성 및 관리가 가능하다. 하시코프의 SaaS 서비스인 HCPHashiCorp Cloud Platform를 포함해 MongoDB Atlas, Confluent Cloud, Datadog, Redis Cloud, Okta 등 다양한 SaaS 형태 프로바이더가 제공되고 있다.

4.2.4 기타 솔루션

인프라 환경의 F5, Cisco의 네트워크 장비, Fortinet, Palo Alto의 하드웨어 방화벽, Netapp 스토리지, Elastic Stack, Splunk, Newrelic, Grafana의 모니터링 도구 등 API를 제공하는 각 솔루션 또한 테라폼 프로바이더가 제공되어 솔루션에 대한 설정이 가능하고, 여러 프로바이더를 사용하여 연계된 프로비저닝을 수행할 수 있다.

4.3 프로바이더 경험해보기

하시코프에서 제공하는 하시코프 개발자HashiCorp Developer 사이트[2]에서는 테라폼을 포함한 하시코프의 솔루션들을 시작하고 사용하는 방법을 가이드하고 있다. 대표적인 클라우드 서비스 프로바이더인 AWS, 애저, GCP, 알리바바 클라우드, 오라클 클라우드 환경과 로컬의 Docker 관리가 실습을 위해 준비되어 있다. 이 외에도 국내의 NHN 클라우드, 네이버 클라우드, 삼성 클라우드 플랫폼 등 퍼블릭 클라우드 환경에 맞춰 각 클라우드 제공사가 테라폼 프로바이더를 배포하고 있다.

프로바이더 구성 방법은 각 프로바이더 페이지의 문서 중 기본 설명 및 가이드 항목에서 주로 다룬다. 일부 프로바이더의 경우 관리되는 깃 저장소에서 확인이 가능하다.

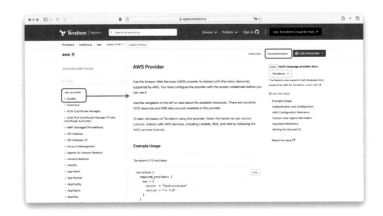

그림 4-3 프로바이더 설명과 사용 가이드

----

2 HashiCorp Developer – *https://developer.hashicorp.com/*

4.3.1 AWS

EC2, Lambda, EKS, ECS, VPC, S3, RDS, DynamoDB 등의 AWS 리소스를 관리하는 AWS 프로바이더는 클라우드 시장에서 점유율이 높고, 예제 또한 많이 제공한다. AWS는 회원 가입 후 12개월 동안 특정 사용량에 대해 무료 사용[3]이 가능한 리소스를 제공하고 있다.

테라폼으로 AWS를 프로비저닝하려면, 가입된 계정의 API를 위한 자격증명 정보가 필요하다. AWS의 계정 액세스 키 ID$^{\text{Access Key ID}}$와 보안 액세스 키$^{\text{Secret Access Key}}$를 획득하는 가이드[4]에 따라 아래의 과정을 참고해 테라폼에서 사용할 자격증명을 취득한다.

1 *https://console.aws.amazon.com/iam/*에서 IAM 콘솔을 연다. 회원가입이 필요하다면 진행한다.

2 탐색 메뉴에서 사용자를 선택한다.

3 IAM 사용자 이름(확인란이 아님)을 선택한다.

4 Security credentials(보안 자격 증명) 탭을 연 다음 Create access key(액세스 키 만들기)를 선택한다.

5 새 액세스 키를 보려면 [Show]를 선택한다. 자격증명은 다음과 같을 것이다.
 • **액세스 키 ID**: AKIAIOSFODNN7EXAMPLE
 • **보안 액세스 키**: wJalrXUt*****************XAMPLEKEY

6 키 페어 파일을 다운로드하려면 Download .csv file을 선택한다. 안전한 위치에 키와 함께 .csv 파일을 저장한다.

처음 생성된 사용자는 관리자로 모든 권한이 있다는 것에 주의해야 하며, 실제로 운영할 때에는 사용자를 별도 생성하고 적절한 권한을 부여해 사용하는 것을 권장한다. 또한 AWS의 주의 사항처럼 발급된 키는 외부로 노출되지 않도록 주의해야 하며 security access key는 재확인이 불가능하다.

발급받은 자격증명을 AWS 프로바이더에서 사용하기 위해서는 환경 변수, 파일, 테라폼 구성에 추가하는 각각의 방식으로 사용 가능하며, 여기서는 작업자 실행 환경과 무관하도록 테라폼 구성에 추가하는 방식으로 확인한다. AWS 프로비저닝을 위해 다음과 같이 main.tf를 작성한다. AWS 프로바이더 정의 인수인 access_key와 secret_key에 앞서 발급한 자격증명을 입력한다.

---

3 AWS free tier – *https://aws.amazon.com/free/*

4 AWS 계정 및 액세스 키 – *https://docs.aws.amazon.com/ko_kr/powershell/latest/userguide/pstools-appendix-sign-up.html*

```
terraform {
  required_providers {
    aws = {
      source  = "hashicorp/aws"
      version = "~> 4.0"
    }
  }

  required_version = ">= 1.0"
}

provider "aws" {
  region     = "ap-northeast-2"
  access_key = "<my-access-key>"
  secret_key = "<my-secret-key>"
}

data "aws_ami" "amzn2" {
  most_recent = true
  owners      = ["amazon"]

  filter {
    name   = "owner-alias"
    values = ["amazon"]
  }

  filter {
    name   = "name"
    values = ["amzn2-ami-hvm*"]
  }
}

resource "aws_instance" "app_server" {
  ami           = data.aws_ami.amzn2.id
  instance_type = "t3.micro"

  tags = {
    Name = "ExampleAppServerInstance"
  }
}
```

terraform init과 terraform apply를 실행해 정상적으로 실행 계획을 생성하는지 확인한다. 확인 후 'yes'를 입력해 aws_instance가 생성되도록 한다. AWS console 화면으로 돌아가 상단의 검색창에서 'EC2'를 검색해 관련 리소스 페이지로 이동하거나 링크 https://ap-northeast-2.console.aws.amazon.com/ec2를 입력해 실행 중인 동작을 확인해본다. 테라폼 구성에서 지정한 tags의 이름으로 인스턴스가 실행되는 것이 확인된다. terraform destroy를 실행해 관련 리소스가 삭제되는 것 또한 확인해본다.

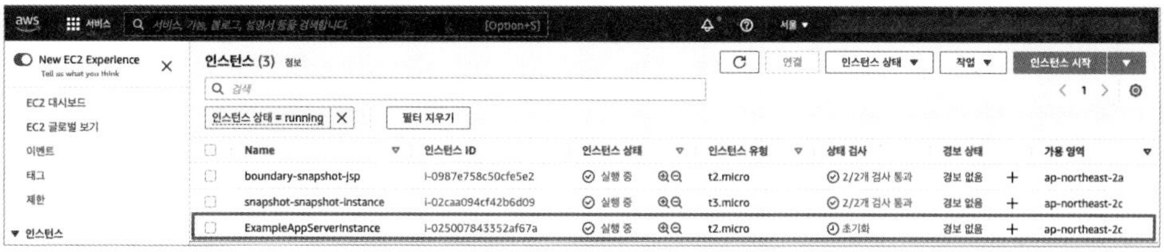

그림 4-4 테라폼으로 실행된 EC2 인스턴스

이번에는 자격증명 정보를 환경 변수에 넣어 실행하는 방식으로 변경한다. 환경 변수 설정 방식은 다양한 CI 툴과 연동하는 데 주로 활용된다. 앞서 작성한 main.tf의 코드를 수정하고 인증정보를 환경 변수로 변경한 뒤 다시 terraform apply를 실행한다. 동일한 결과가 나와야 한다.

- 코드상의 access_key와 secret_key는 제거
- 액세스 키 ID는 AWS_ACCESS_KEY_ID로 설정
- 보안 액세스 키는 AWS_SECRET_ACCESS_KEY로 설정

코드 4-5 코드 내에 적용된 AWS 자격증명 제거

```
#main.tf
...생략...
provider "aws" {
  region = "ap-northeast-2"
  # access_key = "<my-access-key>" <= 제거
  # secret_key = "<my-secret-key>" <= 제거
}
...생략...
```

```
# macOS / Linux
export AWS_ACCESS_KEY_ID=<my-access-key>
export AWS_SECRET_ACCESS_KEY=<my-secret-key>

# CMD (Windows)
set AWS_ACCESS_KEY_ID="<my-access-key>"
set AWS_SECRET_ACCESS_KEY="<my-secret-key>"

# Powershell (Windows)
$Env:AWS_ACCESS_KEY_ID="<my-access-key>"
$Env:AWS_SECRET_ACCESS_KEY="<my-secret-key>"
```

커맨드 작업 환경별 환경 변수로 AWS 자격증명을 선언하는 방식

4.3.2 Azure

PaaS 서비스로 시작한 Microsoft사의 애저^Azure는 개발자 중심의 서비스를 지향하는 특징이 있다. 또한 서비스 명칭은 IT 용어의 대명사 위주로 구성되어 Virtual machine을 위한 Virtual machine, Data Lake를 위한 Data Lake 서비스 같은 명칭으로 원하는 서비스를 찾기 쉽게 명명되어 있다. 애저는 회원가입을 하면 12개월 한정으로 200달러 크레딧만큼 사용 가능한 서비스와 40개 이상의 무료 서비스를 제공[5]하고 있다.

Microsoft에서 안내하고 있는 테라폼으로 관리 가능한 애저 인프라는 다음과 같다.

- **AzureRM**: 가상 머신, 스토리지 계정 및 네트워킹 인터페이스와 같은 안정적인 애저 리소스 및 기능을 관리함
- **AzureAD**: 그룹, 사용자, 서비스 주체 및 애플리케이션과 같은 Azure Active Directory 리소스를 관리함
- **AzureDevops**: 에이전트, 리포지터리, 프로젝트, 파이프라인 및 쿼리와 같은 애저 데브옵스 리소스를 관리함
- **AzAPI**: Azure Resource Manager API를 직접 사용해 애저 리소스 및 기능을 관리하며, 이 공급자는 릴리스되지 않은 애저 리소스 관리를 사용하도록 설정해 AzureRM 공급자를 보완함
- **Azure Stack**: 가상 머신, DNS, VNet 및 스토리지와 같은 Azure Stack 리소스를 관리함

클라우드 인프라를 위한 AzureRM을 프로비저닝하기 위해서는 가입된 계정의 API를 위한 자격증명 정보가 필요하다. Azure Active Directory에서 제공하는 클라이언트 ID^Client ID, 클라이언트 시크릿^Client Secret, 서브스크립션 ID^Subscription ID, 테넌트 ID^Tenant ID를 취득하는 방식은

---

5 애저 무료 서비스 – *https://azure.microsoft.com/ko-kr/pricing/free-services/*

AzureRM 프로바이더에 애저의 CLI인 az로 획득하는 방식[6]을 안내하고 있다.

공식 가이드인 CLI 활용이 간단하고 빠르나, 그와 별개로 여기서는 UI 기반에서 관련 ID와 시크릿을 취득하는 방식을 안내한다.

1 *https://portal.azure.com*을 통해 애저 포털에 접속한다. 계정이 없다면 회원가입을 진행한다.

2 홈 화면 또는 좌측 메뉴 확장에서 Azure Active Diretory를 선택한다.

3 왼쪽 메뉴 목록에서 앱 등록을 선택하고 상단의 + 새 등록을 클릭해 새로운 애플리케이션을 등록한다.

4 이름을 입력(예: terraform)하고 기본값으로 등록한다.

5 생성된 앱에서 애플리케이션(클라이언트) ID, 디렉터리(테넌트) ID를 복사해 별도 기록한다.
   • client_id
   • tenant_id

6 생성된 앱의 왼쪽 메뉴에서 인증서 및 암호를 선택하고 클라이언트 비밀 탭에서 새 클라이언트 암호를 선택한다.

7 설명을 입력(예: terraform)한 뒤 권장되는 개월 수를 선택하고 추가한다. 클라이언트 암호는 기간을 짧게 할수록 보안성이 높아진다.

8 생성된 값을 복사해 별도 기록한다.
   • client_secret

9 다시 포털로 이동해 구독을 선택한다. 홈 메뉴에 없는 경우 최상단의 [찾기]란에서 검색한다.

10 구독 이름(e.g. 무료체험)을 선택하고 구독 ID를 복사해 별도 기록한다.
   • subscription_id

11 구독 메뉴의 설정 카테고리에서 액세스 제어[IAM]을 클릭하고 + 추가 탭을 클릭해 드롭박스 목록에서 역할 할당 추가를 클릭한다.

12 역할에서 기여자[Contributor]를 선택하고 다음을 클릭한다.

13 구성원에서 아래 + 구성원 선택을 클릭하고 입력란에 앞서 생성한 앱 이름(예: terraform)을 기입해 찾아 등록한다.

발급받은 자격증명은 AzureRM 프로바이더에서 환경 변수, 파일, 테라폼 구성에 추가하는 각각의 방식으로 사용 가능하며, 여기서는 실행 환경과 무관하도록 테라폼 구성에 추가하는 방식으로 확인한다. AzureRM 프로비저닝을 위해 다음과 같이 main.tf를 작성한다. azure 프로바이더 정의 인수에 subscription_id, client_id, client_secret, tenant_id에 앞서 발급

---

6 Authenticating using a Service Principal with a Client Secret – *https://registry.terraform.io/providers/hashicorp/azurerm/latest/docs/guides/service_principal_client_secret*

한 자격증명을 입력한다. 또한 VM에 접속하기 위한 **id_rsa.pub** 파일도 Microsoft에서 제공하는 가이드[7]를 통해 준비한다.

코드 4-6 Azure 자격증명과 리소스를 정의한 테라폼 구성

```
terraform {
  required_providers {
    azurerm = {
      source  = "hashicorp/azurerm"
      version = "~> 3.0"
    }
  }

  required_version = ">= 1.0"
}

provider "azurerm" {
  features {}
  subscription_id = "00000000-0000-0000-0000-000000000000"
  client_id       = "00000000-0000-0000-0000-000000000000"
  client_secret   = "00000000000_00000000000000.0000000-00000"
  tenant_id       = "00000000-0000-0000-0000-000000000000"
}

resource "azurerm_resource_group" "example" {
  name     = "example-resources"
  location = "Korea Central"
}

resource "azurerm_virtual_network" "example" {
  name                = "example-network"
  address_space       = ["10.0.0.0/16"]
  location            = azurerm_resource_group.example.location
  resource_group_name = azurerm_resource_group.example.name
}

resource "azurerm_subnet" "example" {
  name                 = "internal"
  resource_group_name  = azurerm_resource_group.example.name
  virtual_network_name = azurerm_virtual_network.example.name
  address_prefixes     = ["10.0.2.0/24"]
```

---

7 SSH 키 만들기 및 관리 – *https://learn.microsoft.com/ko-kr/azure/virtual-machines/linux/create-ssh-keys-detailed*

```
}

resource "azurerm_network_interface" "example" {
  name                = "example-nic"
  location            = azurerm_resource_group.example.location
  resource_group_name = azurerm_resource_group.example.name

  ip_configuration {
    name                          = "internal"
    subnet_id                     = azurerm_subnet.example.id
    private_ip_address_allocation = "Dynamic"
  }
}

resource "azurerm_linux_virtual_machine" "example" {
  name                  = "example-machine"
  resource_group_name   = azurerm_resource_group.example.name
  location              = azurerm_resource_group.example.location
  size                  = "Standard_B1s"
  admin_username        = "adminuser"
  network_interface_ids = [
    azurerm_network_interface.example.id,
  ]

  admin_ssh_key {
    username   = "adminuser"
    public_key = file("~/.ssh/id_rsa.pub")
  }

  os_disk {
    caching              = "ReadWrite"
    storage_account_type = "Standard_LRS"
  }

  source_image_reference {
    publisher = "Canonical"
    offer     = "0001-com-ubuntu-server-focal"
    sku       = "20_04-lts-gen2"
    version   = "latest"
  }
}
```

terraform init과 terraform apply를 실행해 정상적으로 실행 계획을 생성하는지 확인한다. 확인 후 'yes'를 입력해 애저의 리소스들이 생성되도록 한다. 애저 포털 화면으로 돌아가 상단의 검색창에서 '가상 머신'을 검색해 관련 리소스 페이지로 이동해 실행 중인 동작을 확인해본다. terraform destroy를 실행해 관련 리소스가 삭제되는 것 또한 확인해본다.

4.3.3 Google Cloud Platform

구글에서 제공하는 GCP^Google Cloud Platform 환경은 구글의 플랫폼, 쿠버네티스를 포함한 CNCF 재단에서 관리하는 서비스와의 높은 호환성, 인기 있는 데이터 분석 서비스인 BigQuery 서비스 등을 제공한다. GCP 가입 시 월별 무료 제공되는 20개 제품과 90일간 사용 가능한 300달러의 무료 크레딧이 제공[8]된다. GCP 환경을 프로비저닝하기 위해서는 JSON 형태의 계정 키가 필요하다.

공식 가이드[9]에서는 GCP Console을 통한 UI, gcloud CLI, REST, C++, C#, Go, 자바, 파이썬을 사용한 다양한 인증 키 획득에 대해 설명한다. 여기서는 UI를 통한 키 발급에 대해 서술한다.

1 https://console.cloud.google.com을 통해 GCP 콘솔에 접속한다. 계정이 없다면 회원가입을 진행한다.

2 좌측 메뉴 확장 또는 검색을 통해 IAM 및 관리자를 선택한다.

3 상단 프로젝트 선택에서 프로젝트 이름을 선택한다. 없는 경우 프로젝트 이름을 생성한다. (예: my-project)

4 키 생성을 위한 대상 이메일 주소를 클릭한다. 대상 이메일이 없는 경우 상단의 + 서비스 계정 만들기를 선택해 신규 계정을 추가한 뒤 편집자 속성을 부여하고 완료한다.

5 선택한 계정 상단의 키 탭을 선택한다.

6 키 추가 드롭다운 메뉴를 클릭하고 새 키 만들기를 선택한다.

7 키 유형은 JSON을 선택해 생성한다.

키를 생성하면 서비스 계정 키 파일이 다운로드되고, 해당 키 파일은 재다운로드가 불가능하다. GCP 프로바이더에서 해당 키를 읽으려면 환경 변수 또는 프로바이더 구성에서 파일을 지정하는 방식으로 가능하다. 여기서는 실행 환경과 무관하도록 테라폼 구성에 추가하는 방식으

---

8 GCP Free – https://cloud.google.com/free/

9 서비스 계정 키 생성 및 관리 – https://cloud.google.com/iam/docs/creating-managing-service-account-keys

로 확인한다. GCP 프로비저닝을 위해 다음과 같이 main.tf를 작성한다. google 프로바이더 정의 인수에 credentials에 앞서 발급한 자격증명 파일 경로를 입력한다.

코드 4-7 GCP 자격증명과 리소스를 정의한 테라폼 구성

```
terraform {
  required_providers {
    google = {
      source  = "hashicorp/google"
      version = "~> 4.0"
    }
  }

  required_version = ">= 1.0"
}

provider "google" {
  project     = "my-project" # 생성한 프로젝트 이름을 기입
  region      = "asia-northeast3"
  zone        = "asia-northeast3-c"
  credentials = file("/mykey-dir/terraform-test-263205-ca675926d111.json")
}

resource "google_compute_instance" "vm_instance" {
  name         = "terraform-instance"
  machine_type = "e2-micro"

  boot_disk {
    initialize_params {
      image = "debian-cloud/debian-9"
    }
  }

  network_interface {
    # A default network is created for all GCP projects
    network = "default"
    access_config {
    }
  }
}
```

terraform init과 terraform apply를 실행해 정상적으로 실행 계획을 생성하는지 확인한다. 확인 후 'yes'를 입력해 google_compute_instance가 생성되도록 한다. GCP 콘솔 화면으로 돌아가 상단의 검색창에서 **VM 인스턴스 대시보드**를 검색해 관련 리소스 페이지로 이동해 실행 중인 동작을 확인해본다. terraform destroy를 실행해 관련 리소스가 삭제되는 것 또한 확인한다.

GCP 콘솔에서는 일부 리소스에 대해 자동화를 위한 코드를 제공한다. VM 인스턴스 만들기 화면에서는 생성하려는 설정 값을 기입 및 선택하고 상단의 '상응하는 코드'를 클릭하면 테라폼 코드로 제공되는 내용을 확인할 수 있다.

그림 4-5 GCP 콘솔에서 제공하는 테라폼 코드 생성 도구

4.3.4 Alibaba Cloud

알리바바 그룹에서 만든 알리바바 클라우드는 IaaS, PaaS, SaaS 모든 클라우드 영역을 포괄적으로 제공한다. 현재 기준으로 350여 개의 개별 서비스를 제공하고 있으며, 특히 아시아 지역에서 높은 점유율을 가지고 있다.

알리바바 클라우드는 회원 가입 후 12개월 동안 약 50가지 서비스의 Free Tier를 사용할 수 있다. 또한 사용자가 테라폼을 보다 쉽게 사용할 수 있도록 ECS, SLB, RDS, OSS 등 기본 서비스들에 대한 How to use Terraform을 공식 매뉴얼[10]로 제공하고 있다.

테라폼으로 알리바바 클라우드를 프로비저닝하려면, 가입된 계정의 자격증명 정보가 필요하다. UI를 통해 키를 발급하는 절차를 확인해보자.

1 https://www.alibabacloud.com/에서 회원 가입을 한다.

2 RAM(Resource Access Management) 콘솔로 이동하여 서브 User를 만든다.

3 만들어진 서브 User에 테라폼으로 프로비저닝할 리소스의 프로비저닝 권한을 부여한다.

4 만들어진 User를 RAM 콘솔에서 확인하면 AccessKey ID와 AccessKey Secret를 획득할 수 있다.

알리바바 클라우드의 기본 인스턴스 서비스인 ECS 배포를 위해 다음과 같이 main.tf를 작성한다.

```
terraform {
  required_providers {
    alicloud = {
      source  = "aliyun/alicloud"
      version = ">= 1.130"
    }
  }
}

provider "alicloud" {
  access_key = "<my-access-key>"
  secret_key = "<my-secret-key>"
  region     = "ap-northeast-2"
}

data "alicloud_instance_types" "c2g4" {
  cpu_core_count = 2
  memory_size    = 4
}

data "alicloud_images" "default" {
  name_regex  = "^centos"
  most_recent = true
  owners      = "system"
}
```

---

10 *https://www.alibabacloud.com/help/en/terraform*

terraform init을 수행하고 terraform apply를 실행하면 2core, 4GB Memory가 할당된 centos 인스턴스가 배포된다. ECS 콘솔로 접속하여 Seoul Region을 확인해보면 정상적으로 인스턴스가 배포되었음을 확인할 수 있다. terraform destroy를 실행하여 해당 리소스가 삭제되는 것 또한 확인해본다.

앞선 예제는 가장 쉽게 ECS를 배포할 수 있는 소스 코드이다. 실제로 운영 환경에 배포하기 위해서는 VPC, vSwitch, Security Group 등의 설정이 반드시 필요하다. 이에 필요한 예제는 매뉴얼[11]에서 확인할 수 있다.

---

11 Create an instance – *https://www.alibabacloud.com/help/en/terraform/latest/create-an-ecs-instance*

## CHAPTER 5

State

테라폼은 Stateful(상태가 있는) 애플리케이션이다. 프로비저닝 결과에 따른 State(상태)를 저장하고 프로비저닝한 모든 내용을 저장된 상태로 추적한다. 로컬 실행 환경에서는 terraform.tfstate 파일에 JSON 형태로 저장되고, 팀이나 조직에서의 공동 관리를 위해서는 원격 저장소에 저장해 공유하는 방식을 활용한다. State에는 작업자가 정의한 코드와 실제 반영된 프로비저닝 결과를 저장하고, 이 정보를 토대로 이후의 리소스 생성, 수정, 삭제에 대한 동작 판단 작업을 수행한다.

5.1 State의 목적과 의미

앞서 코드 변경 후 terraform apply 명령을 실행하면 이전에 생성된 리소스와 비교해 생성, 수정, 삭제 동작이 수행됨을 확인했다. 테라폼은 State를 사용해 대상 환경에서 어떤 리소스가 테라폼으로 관리되는지 판별하고 결과를 기록한다. State의 역할은 다음과 같다.

- State에는 테라폼 구성과 실제를 동기화하고 각 리소스에 고유한 아이디(리소스 주소)로 맵핑
- 리소스 종속성과 같은 메타데이터를 저장하고 추적
- 테라폼 구성으로 프로비저닝된 결과를 캐싱하는 역할을 수행

실습을 위해 새로운 루트 모듈을 위한 디렉터리를 생성하고 main.tf를 작성해 terraform apply를 수행한다.

코드 5-1 State 동작 확인을 위한 테라폼 구성 예제와 사용된 random 프로바이더[1]

```
resource "random_password" "password" {
  length          = 16
  special         = true
  override_special = "!#$%"
}
```

생성되는 terraform.tfstate를 확인해본다.

구성 5-1 State 내용

```
{
  "version": 4,
  "terraform_version": "1.3.2",
  "serial": 1,
  "lineage": "bb358a24-7dee-f7d0-f37e-21660834a449",
  "outputs": {},
  "resources": [
    {
      "mode": "managed",
      "type": "random_password",
      "name": "password",
      "provider": "provider[\"registry.terraform.io/hashicorp/random\"]",
      "instances": [
        {
          "schema_version": 1,
          "attributes": {
            "bcrypt_hash": "$2a$10$TyUmeEa/purqU426QQo6gOwu50Z4VHf06ScOgjLIbcKoj09SUk
fLi",
            "id": "none",
            "keepers": null,
            "length": 16,
            "lower": true,
            "min_lower": 0,
            "min_numeric": 0,
            "min_special": 0,
            "min_upper": 0,
            "number": true,
            "override_special": "!#$%",
            "result": "BGRiXn5=+!XP:aNT",
```

---

1   작업자가 테라폼 구성 내에서 무작위로 기입해야 하는 숫자, 패스워드, 문자열 등의 값을 생성하는 데 사용된다.

```
        "special": true,
        "upper": true
      },
      "sensitive_attributes": [],
      "private": "eyJzY2hlbWFfdmVyc2lvbiI6IjEifQ=="
    }
   ]
  }
 ]
}
```

테라폼에서는 이 JSON 형태로 작성된 State를 통해 속성과 인수를 읽고 확인할 수 있다. 테라폼에서는 type과 name으로 고유한 리소스[2]를 분류하며, 해당 리소스의 속성과 인수를 구성과 비교해 대상 리소스를 생성, 수정, 삭제한다.

State는 테라폼만을 위한 API로 정의할 수도 있다. Plan을 실행하면 암묵적으로 refresh 동작을 수행하면서 리소스 생성의 대상(클라우드, SaaS 서비스 등)과 State를 기준으로 비교하는 과정을 거친다. 이 작업은 프로비저닝 대상의 응답 속도와 기존에 작성된 State의 리소스 양에 따라 속도 차이가 발생한다. 대량의 리소스를 관리해야 하는 경우 Plan 명령에서 -refresh=false 플래그를 사용해 State를 기준으로 실행 계획을 생성하고, 이를 실행에 활용해 대상 환경과의 동기화 과정을 생략할 수 있다. 아래는 aws_lb 리소스를 여러 개 생성한 후 refresh 여부에 대한 결과 차이다.

```
$ time terraform plan
data.aws_vpc.example: Reading...
aws_key_pair.example: Refreshing state... [id=gs-key-pair]
data.aws_availability_zones.available: Reading...
data.aws_ami.example: Reading...
data.aws_availability_zones.available: Read complete after 0s [id=ap-northeast-2]
data.aws_ami.example: Read complete after 0s [id=ami-01b95918bc2af763d]
data.aws_vpc.example: Read complete after 0s [id=vpc-c073d0ab]
aws_subnet.main: Refreshing state... [id=subnet-0a7ac9f4d3c037ece]
aws_subnet.sub: Refreshing state... [id=subnet-071b11a0878d9f5e0]
```

---

2 리소스 각각을 고유하게 인식하는 값은 다양하게 존재한다. random_password의 경우 id는 지정된 값이 없지만 import를 위해 result 값을 고유 값으로 인식한다. aws_instance 같은 경우 i-1234abcdefg 같은 형태의 고유한 ID를 부여받아 동일한 다른 리소스와 구분된다. import에 대해서는 뒤에서 자세히 다룬다.

```
aws_lb_target_group.tfe_tg_443: Refreshing state... [id=arn:aws:elasticloadbalancing
:ap-northeast-2:711129375688:targetgroup/gs-tfe-alb-tg-443/699e9920fd3301fb]
aws_lb_target_group.tfe_tg_8800: Refreshing state... [id=arn:aws:elasticloadbalancin
g:ap-
...생략...
No changes. Your infrastructure matches the configuration.

Terraform has compared your real infrastructure against your configuration and found
no differences, so no
changes are needed.
terraform plan  3.31s user 0.43s system 70% cpu 3.877 total
```

커맨드 실행 계획 생성 시 저장되어 있는 State와 실제 형상을 비교하는 기본 실행

```
$ time terraform plan -refresh=false
data.aws_vpc.example: Reading...
data.aws_availability_zones.available: Reading...
data.aws_ami.example: Reading...
data.aws_availability_zones.available: Read complete after 0s [id=ap-northeast-2]
data.aws_ami.example: Read complete after 0s [id=ami-01b95918bc2af763d]
data.aws_vpc.example: Read complete after 0s [id=vpc-c073d0ab]

No changes. Your infrastructure matches the configuration.

Terraform has compared your real infrastructure against your configuration and found
no differences, so no
changes are needed.
terraform plan -refresh=false  2.14s user 0.38s system 97% cpu 2.587 total
```

커맨드 실행 계획 생성 시 실제 형상과 비교하지 않고 실행 계획을 생성하는 –refresh=false 옵션

5.2 State 동기화

테라폼 구성 파일은 기존 State와 구성을 비교해 실행 계획에서 생성, 수정, 삭제 여부를 결정한다.

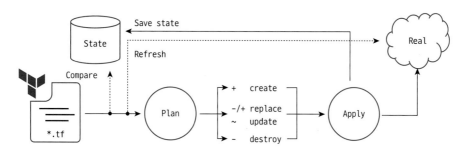

그림 5-1 테라폼 구성과 State 흐름

다음은 Plan과 Apply 중에 각 리소스에 발생할 수 있는 네 가지 사항이다. Replace 동작은 기본값을 삭제 후 생성하지만 lifecycle의 create_before_destroy 옵션을 통해 생성 후 삭제를 수행하도록 설정할 수 있다.

표 5-1 실행 계획 출력 기호와 의미

기호	의미
+	Create
−	Destroy
−/+	Replace
~	Update in−plance

테라폼 구성에 추가된 리소스와 State에 따라 어떤 동작이 발생하는지 다음 표로 살펴본다.

표 5-2 코드상 리소스 정의, State에 리소스 데이터, 실제 리소스 존재 여부에 따른 동작

유형	구성 리소스 정의	State의 구성 데이터	실제 리소스	기본 예상 동작
1	있음			리소스 생성
2	있음	있음		리소스 생성
3	있음	있음	있음	동작 없음
4		있음	있음	리소스 삭제
5			있음	동작 없음

유형 1

테라폼 구성 파일에 신규 리소스를 정의하고 Apply를 수행하면 State에 없는 리소스이므로 생성 작업을 수행한다. 실습을 위해 새로운 디렉터리에 `main.tf`를 생성하고 `terraform apply`를 수행한다.

코드 5-2 테라폼 실행 동작을 검증하기 위한 예제

```
resource "local_file" "foo" {
  content  = "foo"
  filename = "${path.module}/foo.txt"
}
```

```
$ terraform apply -auto-approve
...생략...
  # local_file.foo will be created
  + resource "local_file" "foo" {
      + content              = "foo"
      + directory_permission = "0777"
      + file_permission      = "0777"
      + filename             = "./foo.txt"
      + id                   = (known after apply)
    }

Plan: 1 to add, 0 to change, 0 to destroy.
local_file.foo: Creating...
local_file.foo: Creation complete after 0s [id=0beec7b5ea3f0fdbc95d0dd47f3c5bc275da
8a33]

Apply complete! Resources: 1 added, 0 changed, 0 destroyed.
```

커맨드 실행 결과

`terraform.tfstate`에서 프로비저닝의 결과로 생성된 `foo.txt` 파일과 관련한 내용이 State에 생성된다.

구성 새로 작성된 State

```
{
  "version": 4,
  "terraform_version": "1.3.2",
```

```
    "serial": 1,
    "lineage": "a06ec6fe-0cb0-7e43-cc25-ab8c2b0fa48a",
    "outputs": {},
    "resources": [
      {
        "mode": "managed",
        "type": "local_file",
        "name": "foo",
        "provider": "provider[\"registry.terraform.io/hashicorp/local\"]",
        "instances": [
          {
            "schema_version": 0,
            "attributes": {
              "content": "foo",
              "content_base64": null,
              "directory_permission": "0777",
              "file_permission": "0777",
              "filename": "./foo.txt",
              "id": "0beec7b5ea3f0fdbc95d0dd47f3c5bc275da8a33",
              "sensitive_content": null,
              "source": null
            },
            "sensitive_attributes": [],
            "private": "bnVsbA=="
          }
        ]
      }
    ]
  }
```

유형 2

테라폼 구성 파일에 리소스가 있고 State에도 관련 구성 내용이 있지만 실제 리소스가 없는 경우 생성 작업을 수행한다. 이 같은 상황은 테라폼으로 프로비저닝을 완료했지만 사용자가 수동으로 인프라를 삭제한 경우에도 해당된다. 유형 1에서 생성된 실제 리소스인 foo.txt 파일을 강제로 삭제하고 다시 terraform plan을 수행한다. 실행 계획 작성을 위해 실제 리소스와의 Refresh 동작을 수행해 State와 비교한다. 따라서 실제 리소스를 삭제한 후 테라폼의 Plan과 Apply를 실행하면 다시 생성할 것으로 실행 계획이 발생한다.

```
$ terraform plan
...생략...
Plan: 1 to add, 0 to change, 0 to destroy.
```

커맨드 리소스 정의와 State가 있지만 실재하는 대상이 없는 경우 다시 생성하는 실행 계획

주의할 점은 CI/CD 설계 시 앞서 확인한 -refresh=false 인수를 추가해 Plan을 실행한 경우 State만을 확인하므로 이미 생성되었다고 판단해, 실제 리소스를 다시 만드는 작업은 발생하지 않는다는 것이다.

```
$ terraform plan -refresh=false
...생략...
No changes. Your infrastructure matches the configuration.
```

커맨드 Refresh 단계가 생략되어 실행 계획에 변경이 없는 결과

유형 3

테라폼 구성에 정의된 리소스로 생성된 프로비저닝 결과가 State에 있고 실제 리소스도 있는 경우라면 테라폼은 관련 리소스에 대한 변경 계획을 발생시키지 않는다. 유형 2에 다시 terraform apply를 수행해 프로비저닝 결과가 있는 경우 terraform plan으로 실행 계획을 생성하면 변경 사항은 없다. 코드, State, 형상이 모두 일치하는 상태다.

```
$ terraform apply -auto-approve
...생략...
Apply complete! Resources: 1 added, 0 changed, 0 destroyed.

$ terraform apply -auto-approve
...생략...
No changes. Your infrastructure matches the configuration.
```

커맨드 테라폼 리소스 구성 선언, State, 실제 대상 리소스가 모두 일치하는 경우

유형 4

구성, State, 실제 리소스가 있는 상태에서 테라폼에서 정의한 리소스 구문을 삭제하면 사용자는 의도적으로 해당 리소스를 삭제하는 것이다. 테라폼은 구성 파일을 기준으로 State와 비교해 삭제된 구성을 실제 리소스에서 제거한다. main.tf에서 리소스를 주석 처리하고 terraform plan을 실행하면 없어진 코드 선언을 삭제하려는 계획을 작성한다.

코드 5-3 코드상에서 리소스를 제거

```
# resource "local_file" "foo" {
#   content  = "foo"
#   filename = "${path.module}/foo.txt"
# }
```

```
$ terraform plan
...

Terraform will perform the following actions:

  # local_file.foo will be destroyed
  # (because local_file.foo is not in configuration)
  - resource "local_file" "foo" {
      - content            = "foo" -> null
      - directory_permission = "0777" -> null
      - file_permission    = "0777" -> null
      - filename           = "./foo.txt" -> null
      - id                 = "0beec7b5ea3f0fdbc95d0dd47f3c5bc275da8a33" -> null
    }

Plan: 0 to add, 0 to change, 1 to destroy.
```

커맨드 테라폼 구성의 정의를 기준으로 실행 계획을 작성

유형 5

이미 만들어진 리소스만 있다면 테라폼의 State에 없는 내용이므로 테라폼으로 관리되지 않는다. 따라서 해당 리소스에 대해서는 아무 작업도 수행할 수 없다. 다음과 같은 상황으로 정의할 수 있다.

- 처음부터 테라폼으로 관리되지 않는 리소스인 경우
- 테라폼으로 생성하고 구성과 State가 삭제된 경우

테라폼으로 관리되지 않는 리소스를 테라폼으로 관리하는 방법은 9.2절에서 다룬다.

5.3 워크스페이스

State를 관리하는 논리적인 가상 공간을 워크스페이스라고 한다. 테라폼 구성 파일은 동일하지만 작업자는 서로 다른 State를 갖는 실제 대상을 프로비저닝할 수 있다. 워크스페이스는 기본 default로 정의된다. 로컬 작업 환경의 워크스페이스 관리를 위한 CLI 명령으로 workspace가 있다.

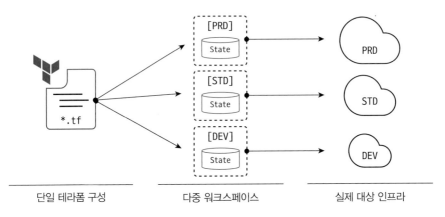

단일 테라폼 구성   다중 워크스페이스   실제 대상 인프라

그림 5-2 다중 환경으로 프로비저닝할 워크플로를 단일 테라폼으로 구성

| 기본 사용법: terraform [global options] workspace

사용 중인 워크스페이스 확인을 위해 terraform workspace list 명령으로 확인해보면 기본 default 외에 다른 워크스페이스는 없고 사용 중인 워크스페이스임을 나타내기 위해 앞에 * 기호가 붙어 있다.

```
$ terraform workspace list
* default
```

커맨드 사용 중인 워크스페이스 확인

State가 워크스페이스상에서 관리되는 방식을 확인하기 위해 다음 페이지의 [코드 5-4]처럼 main.tf를 새로 작성한다. terraform init과 terraform apply를 수행해 default 워크스페이스의 테라폼 리소스를 생성한다. terraform plan을 다시 수행하면 구성에 변경이 없고 State의 리소스 구성 정보가 같으므로 변경 사항이 없다는 메시지를 출력할 것이다(실행을 위해 AWS 자격증명이 환경 변수로 선언되어야 한다. 4.3절의 AWS 프로바이더 설정 방식을 참고한다).

코드 5-4 워크스페이스 관리의 실습을 위한 예제

```
# AWS 프로바이더 선언 생략
resource "aws_instance" "web" {
  ami           = "ami-08d0e13d30abef253"
  instance_type = "t3.micro"

  tags = {
    Name = "HelloWorld"
  }
}
```

그다음으로 terraform workspace new <워크스페이스이름> 명령으로 새로운 워크스페이스를 생성한다.

```
$ terraform workspace new myworkspace1
Created and switched to workspace "myworkspace1"!
```

커맨드 새로운 워크스페이스 생성

새로운 워크스페이스가 생성되면 실행한 루트 모듈 디렉터리에 terraform.tfstate.d 디렉터리가 생성되고 하위에 생성한 워크스페이스 이름이 있는 것을 확인할 수 있다. 다음 명령어로 현재 사용 중인 워크스페이스를 확인한다.

```
$ terraform workspace show
myworkspace1
```

커맨드 현재 사용 중인 워크스페이스 확인

Plan을 수행하면 새로 생성한 워크스페이스에서는 기존 default 워크스페이스에서 관리하는 State와는 독립된 정보를 갖기 때문에 앞서 정의한 테라폼 구성의 리소스를 다시 생성하겠다고 출력한다.

```
$ terraform plan
...생략...
  # aws_instance.web will be created
  + resource "aws_instance" "web" {
      + ami                  = "ami-08d0e13d30abef253"
      + instance_type        = "t3.micro"
      + source_dest_check    = true
      + tags                 = {
          + "Name" = "HelloWorld"
        ...
    }

Plan: 1 to add, 0 to change, 0 to destroy.
```

커맨드 새로운 리소스를 생성하는 동작 확인

terraform apply를 수행해 결과를 확인한다. terraform.tfstate.d의 워크스페이스 이름의 디렉터리에 새로운 terraform.tfstate가 생성됨을 확인할 수 있다.

이렇게 워크스페이스를 구분하면 동일한 구성에서 기존 인프라에 영향을 주지 않으면서 간편하게 테라폼 프로비저닝을 테스트하고 확인할 수 있다. 또한 테라폼 구성에서 terraform.workspace를 사용하여 워크스페이스 이름을 읽으면 워크스페이스 기준으로 문자열을 지정하거나 조건을 부여할 수 있다.

코드 5-5 워크스페이스 이름을 조건으로 하여 동일한 코드 구성으로 다른 조건의 리소스를 생성하는 예

```
resource "aws_instance" "web" {
  count         = "${terraform.workspace == "default" ? 5: 1}"
  ami           = "ami-08d0e13d30abef253"
  instance_type = "t3.micro"

  tags = {
    Name        = "HelloWorld - ${terraform.workspace}"
  }
}
```

Plan과 Apply 단계에서 특정 워크스페이스의 State를 지정할 수 있다. default 워크스페이스로 전환하고 생성한 워크스페이스의 State를 지정해 destroy를 실행한다. 'yes'를 입력하기 전에 지정한 State와 같은 위치에 .terraform.tfstate.lock.info가 생성되는 것을 확인해

본다. 삭제 후 State를 지정하지 않고 **destroy**를 수행하면 현재 지정된 default 워크스페이스의 State를 읽으므로 다시 삭제할 대상이 나타난다.

```
$ terraform workspace select default
Switched to workspace "default".

$ terraform destroy -state=terraform.tfstate.d/myworkspace1/terraform.tfstate
...
Plan: 0 to add, 0 to change, 1 to destroy.

Do you really want to destroy all resources?
  Terraform will destroy all your managed infrastructure, as shown above.
  There is no undo. Only 'yes' will be accepted to confirm.

  Enter a value: yes
...
aws_instance.web: Destruction complete after 1m10s

Destroy complete! Resources: 1 destroyed.

$ terraform destroy
...
Plan: 0 to add, 0 to change, 1 to destroy.

Do you really want to destroy all resources?
  Terraform will destroy all your managed infrastructure, as shown above.
  There is no undo. Only 'yes' will be accepted to confirm.

  Enter a value: yes
...
aws_instance.web: Destruction complete after 1m10s

Destroy complete! Resources: 1 destroyed.
```

커맨드 워크스페이스 전환과 State 지정을 사용하는 커맨드 결과

워크스페이스를 삭제하려는 경우 `terraform workspace delete <워크스페이스이름>` 명령으로 삭제한다. `terraform.tfstate.d` 디렉터리 하위의 대상 워크스페이스 이름의 디렉터리가 삭제됨을 확인한다.

```
$ terraform workspace delete myworkspace1
Deleted workspace "myworkspace1"!
```

커맨드 워크스페이스 삭제

다수의 워크스페이스를 사용하면 다음과 같은 장점이 있다.

- 하나의 루트 모듈에서 다른 환경을 위한 리소스를 동일한 테라폼 구성으로 프로비저닝하고 관리
- 기존 프로비저닝된 환경에 영향을 주지 않고 변경 사항 실험 가능
- 깃의 브랜치 전략처럼 동일한 구성에서 서로 다른 리소스 결과 관리

단점은 다음과 같다.

- State가 동일한 저장소(로컬 또는 백엔드)에 저장되어 State 접근 권한 관리가 불가능
- 모든 환경이 동일한 리소스를 요구하지 않을 수 있어 테라폼 구성에 분기 처리가 다수 발생할 수 있음
- 프로비저닝 대상에 대한 인증 요소를 완벽히 분리하기 어려움

워크스페이스의 단점은 완벽한 격리가 불가능하다는 점이다. 그리고 이 문제는 운영 환경을 위한 구성 또는 다수의 구성원이 테라폼으로 프로비저닝을 하는 상황에서 불거진다. 이를 해결하기 위해 루트 모듈을 별도로 구성하는 디렉터리 기반의 레이아웃을 사용할 수도 있다. 시스템적으로 보완하기를 바란다면 HCP Terraform 환경의 워크스페이스를 활용하는 쪽을 권장한다. 운영을 위한 구성 방안은 2부에서 더 알아본다.

## CHAPTER 6

모듈

테라폼으로 인프라와 서비스를 관리하면 시간이 지날수록 구성이 복잡해지고 관리하는 리소스가 늘어나게 된다. 테라폼의 구성 파일과 디렉터리 구성에는 제약이 없기 때문에 단일 파일 구조상에서 지속적으로 업데이트할 수 있지만, 다음과 같은 문제가 발생한다.

- 테라폼 구성에서 원하는 항목을 찾고 수정하는 것이 점점 어려워짐
- 리소스들 간의 연관 관계가 복잡해질수록 변경 작업의 영향도를 분석하기 위한 노력이 늘어남
- 개발/스테이징/프로덕션 환경으로 구분된 경우 비슷한 형태의 구성이 반복되어 업무 효율이 줄어듦
- 새로운 프로젝트를 구성하는 경우 기존 구성에서 취해야 할 리소스 구성과 종속성 파악이 어려움

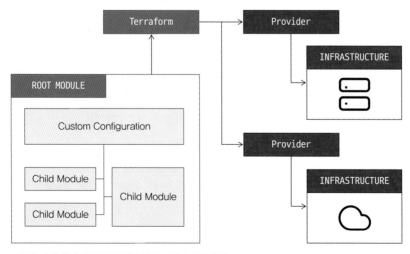

그림 6-1 구성과 모듈 간 정의를 통한 프로비저닝 과정

모듈은 루트 모듈과 자식 모듈로 구분된다.

- **루트 모듈(Root Module)**: 테라폼을 실행하고 프로비저닝하는 최상위 모듈
- **자식 모듈(Child Module)**: 루트 모듈의 구성에서 호출되는 외부 구성 집합

모듈은 테라폼 구성의 집합이다. 테라폼으로 관리하는 대상의 규모가 커지고 복잡해져 생긴 문제를 보완하고 관리 작업을 수월하게 하기 위한 방안으로 활용된다.

- **관리성**: 모듈은 서로 연관 있는 구성의 묶음이다. 원하는 구성 요소를 단위별로 쉽게 찾고 업데이트할 수 있다. 모듈은 다른 구성에서 쉽게 하나의 덩어리로 추가하거나 삭제할 수 있다. 또한 모듈이 업데이트되면 이 모듈을 사용하는 모든 구성에서 일관된 변경 작업을 진행할 수 있다.
- **캡슐화**: 테라폼 구성 내에서 각 모듈은 논리적으로 묶여져 독립적으로 프로비저닝 및 관리되며, 그 결과는 은닉성을 갖춰 필요한 항목만을 외부에 노출시킨다.
- **재사용성**: 구성을 처음부터 작성하려면 시간과 노력이 필요하고 작성 중간에 디버깅과 오류를 수정하는 반복 작업이 필요하다. 하지만 테라폼 구성을 모듈화하면 이후 비슷한 프로비저닝에 이미 검증된 구성을 바로 사용할 수 있다.
- **일관성과 표준화**: 테라폼 구성 시 모듈을 활용하는 워크플로는 구성의 일관성을 제공하고 서로 다른 환경과 프로젝트에도 이미 검증된 모듈을 적용해 복잡한 구성과 보안 사고를 방지할 수 있다.

이번 장에서 모든 실습을 완료하려면 깃허브 계정, AWS 계정(Free tier)이 필요하다. 코드 작성을 최소화하기 위해 'Default VPC'와 'Default Subnet'이 존재한다고 가정하였으므로, 없는 경우 프로바이더 설명[1]을 참고하여 별도 VPC와 Subnet을 생성해야 한다.

6.1 모듈 작성 기본 원칙

모듈은 대부분의 프로그래밍 언어에서 쓰이는 라이브러리나 패키지와 역할이 비슷하다. 모듈 작성 방식은 사용자마다 다를 수 있지만, 다음과 같은 기본 작성 원칙을 제안한다.

- 모듈 디렉터리 형식은 terraform-<프로바이더 이름>-<모듈 이름> 형식을 제안한다. 이 형식은 HCP Terraform, Terraform Enterprise에서도 사용되는 방식으로 ① 디렉터리 또는 레지스트리 이름이 테라폼을 위한 것인지, ② 어떤 프로바이더의 리소스를 포함하고 있는지, ③ 부여된 이름이 무엇인지 판별할 수 있도록 한다.

----

1 AWS 프로바이더 예제 – *https://registry.terraform.io/providers/hashicorp/aws/latest/docs/resources/instance #network-and-credit-specification-example*

- 테라폼 구성은 궁극적으로 모듈화가 가능한 구조로 작성할 것을 제안한다. 처음부터 모듈화를 가정하고 구성 파일을 작성하면 단일 루트 모듈이라도 후에 다른 모듈이 호출할 것을 예상하고 구조화할 수 있다. 또한 작성 자는 의도한 리소스 묶음을 구상한 대로 논리적인 구조로 그룹화할 수 있다.

- 각각의 모듈을 독립적으로 관리하기를 제안한다. 리모트 모듈을 사용하지 않더라도 처음부터 모듈화가 진행된 구성들은 때로 루트 모듈의 하위 파일 시스템에 존재하는 경우가 있다. 하위 모듈 또한 독립적인 모듈이므로 루트 모듈 하위에 두기보다는 동일한 파일 시스템 레벨에 위치하거나 별도 모듈만을 위한 공간에서 불러오는 것을 권장한다. 이렇게 하면 VCS를 통해 관리하기가 더 수월하다.

- 공개된 테라폼 레지스트리의 모듈을 참고하기를 제안한다. 대다수의 테라폼 모듈은 공개된 모듈이 존재하고 거의 모든 인수에 대한 변수 처리, 반복문 적용 리소스, 조건에 따른 리소스 활성/비활성 등을 모범 사례로 공 개해 두었다. 물론 그대로 가져다 사용하는 것보다는 프로비저닝하려는 상황에 맞게 참고하는 것을 권장한다.

- 작성된 모듈은 공개 또는 비공개로 게시해 팀 또는 커뮤니티와 공유하기를 제안한다. 모듈의 사용성을 높이고 피드백을 통해 더 발전된 모듈을 구성할 수 있는 자극이 된다.

모듈화의 목적은 테라폼 코드를 작성하는 작업자마다 상이하다. 점점 많아지고 복잡해지는 구성 파일을 관리하기 위함이기도 하고 연관성 있는 리소스 집합을 묶어 모듈화하기도 한다. 여기서는 모듈을 독립적으로 관리하기 위해 디렉터리 구조를 생성할 때 모듈을 위한 별도 공간을 생성하는 방식으로 진행한다. 특정 루트 모듈 하위에 자식 모듈을 구성하는 경우 단순히 복잡한 코드를 분리하는 용도로 명시되며 종속성이 발생하므로 루트 모듈 상위에 모듈 디렉터리를 지정한다. 구성의 예는 다음과 같다.

구성 자식 모듈과 루트 모듈의 디렉터리 구조

```
/
06-module-traning
├── modules                         #  child-modules-home
│   └── terraform-random-pwgen
│       ├── main.tf
│       ├── output.tf
│       └── variable.tf
└── 06-01-basic                     # root-module
    └── main.tf
```

6.2 모듈화해보기

모듈의 기본적 구조는 테라폼 구성으로 입력 변수를 구성하고 결과를 출력하기 위한 구조로 구성한다.

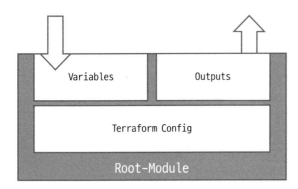

그림 6-2 모듈의 기본 구조

'모듈화'라는 용어는 이런 구조를 재활용하기 위한 템플릿 작업을 말한다. 애플리케이션 개발 시에도 자주 사용되는 용어로 테라폼은 작성된 모듈을 다른 루트 모듈에서 가져다 사용하며 이를 통해 재사용성과 표준화 구조를 구성할 수 있다.

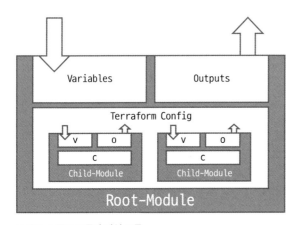

그림 6-3 루트 모듈과 자식 모듈

기존에 작성된 모듈은 다른 모듈에서 참조해 사용할 수 있다. 사용 방식은 리소스와 비슷하다. 모듈에서 필요한 값은 `variable`로 선언해 설정하고, 모듈에서 생성된 값 중 외부 모듈에서 참조하고 싶은 값은 `output`으로 설정한다. 마치 자바 개발 시 `getter`, `setter`로 캡슐화된 클래스를 활용하는 것과 비슷하다.

하나의 프로비저닝에서 사용자와 패스워드를 여러 번 구성해야 하는 경우를 가상의 시나리오로 삼아 모듈화를 진행해보겠다.

- random_pet는 이름을 자동으로 생성하고, random_password는 사용자의 패스워드를 설정한다.
- random_password는 random 프로바이더 리소스로 난수 형태로 패스워드를 만들 수 있다.

6.2.1 자식 모듈 작성 실습

모듈화를 진행하기 위해 앞서 말한 가상의 시나리오를 생각해본다. random_pet는 이름을 자동으로 생성해주고, random_password는 사용자가 어떤 패스워드를 설정할지 고민하는 수고를 덜어주는 random 프로바이더 리소스다. 하나의 프로비저닝에서 사용자와 패스워드를 여러 번 구성해야 하는 경우 random 프로바이더를 활용해볼 수 있다. 실습을 위한 디렉터리 구성의 예는 다음과 같다.

구성 자식 모듈과 루트 모듈의 디렉터리 구조

```
/
06-module-traning
├── modules                          #  child-modules-home
│   └── terraform-random-pwgen
│       ├── main.tf
│       ├── output.tf
│       └── variable.tf
└── 06-01-basic                      # root-module
    └── main.tf
```

06-module-traning/modules/terraform-random-pwgen에 모듈을 작성한다.

코드 6-1 모듈화하려는 구성의 main.tf 예제

```
### main.tf ###
resource "random_pet" "name" {
  keepers = {
    ami_id = timestamp()
  }
```

```
  }

resource "random_password" "password" {
  length          = var.isDB ? 16 : 10
  special         = var.isDB ? true : false
  override_special = "!#$%*?"
}
```

코드 6-2 모듈화하려는 구성의 variable.tf 예제

```
### variable.tf ###
variable "isDB" {
  type        = bool
  default     = false
  description = "패스워드 대상의 DB 여부"
}
```

코드 6-3 모듈화하려는 구성의 output.tf 예제

```
### output.tf ###
output "id" {
  value = random_pet.name.id
}

output "pw" {
  value = nonsensitive(random_password.password.result)
}
```

테스트를 위해 terraform init을 수행하고 terraform apply를 수행할 때 변수를 지정한다.

```
terraform-random-pwgen $ terraform init
...생략...

terraform-random-pwgen $ terraform apply -auto-approve -var=isDB=true
...생략...
Outputs:

id = "legible-wahoo"
pw = "!o#HAl%*Cg?*ncxE"
```

커맨드 자식 모듈 동작 테스트

6.2.2 자식 모듈 호출 실습

다수의 리소스를 같은 목적으로 여러 번 반복해서 사용하려면 리소스 수만큼 반복해 구성 파일에 정의해야 하고 이름도 고유하게 설정해줘야 하는 부담이 있지만, 모듈을 활용하면 반복되는 리소스 묶음을 최소화할 수 있다. 다음과 같이 루트 모듈 이름을 06-module-traning/06-01-basic으로 설정하고 main.tf를 추가한다. 테스트 편의상 output 항목은 함께 작성한다.

코드 6-4 자식 모듈을 호출하는 루트 모듈의 정의 예제

```
module "mypw1" {
  source = "../modules/terraform-random-pwgen"
}

module "mypw2" {
  source = "../modules/terraform-random-pwgen"
  isDB   = true
}

output "mypw1" {
  value = module.mypw1
}

output "mypw2" {
  value = module.mypw2
}
```

테스트를 위해 terraform init과 terraform apply를 수행한다.

```
06-01-basic $ terraform init
...생략...

06-01-basic $ terraform apply -auto-approve
...생략...
Outputs:

mypw1 = {
  "id" = "polished-stag"
  "pw" = "mmCMaDhC6s"
}
```

```
  mypw2 = {
    "id" = "modern-stallion"
    "pw" = "7CL+GQKkuv(?4h14"
  }
```

커맨드 자식 모듈을 호출해 반복 재사용하는 루트 모듈의 결과

모듈로 묶여진 리소스는 `module`이라는 정의를 통해 단순하게 재활용하고 반복 사용할 수 있다. 모듈의 결과 참조 형식은 `module.<모듈 이름>.<output 이름>`으로 정의된다. `terraform init` 이후에 `.terraform/modules/modules.json` 파일을 확인해보면 여러 개의 모듈 정의가 있고 테라폼 구성에서 선언한 값이 각각 정의된 것을 확인할 수 있다.

구성 루트 모듈에서 사용되는 모듈 정보 정의

```json
{
  "Modules": [
    {
      "Key": "",
      "Source": "",
      "Dir": "."
    },
    {
      "Key": "mypw1",
      "Source": "./terraform-random-pwgen",
      "Dir": "terraform-random-pwgen"
    },
    {
      "Key": "mypw2",
      "Source": "./terraform-random-pwgen",
      "Dir": "terraform-random-pwgen"
    }
  ]
}
```

6.3 모듈 사용 방식

모듈 사용 시 프로바이더 정의, 반복문 처리를 알아보자.

6.3.1 모듈과 프로바이더

모듈에서 사용되는 모든 리소스는 관련 프로바이더의 정의가 필요하다. 여기서 사용자는 프로바이더 정의를 모듈 안에 두어야 할지 밖에 두어야 할지, 구성을 고민할 수 있다.

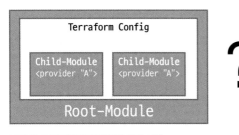 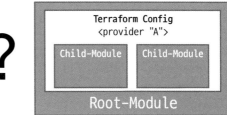

그림 6-4 프로바이더의 정의 위치 선택

유형 1. 자식 모듈에서 프로바이더 정의

모듈에서 사용하는 프로바이더 버전과 구성 상세를 자식 모듈에서 고정하는 방법이다. 프로바이더 버전과 구성에 민감하거나, 루트 모듈에서 프로바이더 정의 없이 자식 모듈이 독립적인 구조일 때 고려할 방법이다. 하지만 동일한 프로바이더가 루트와 자식 양쪽에 또는 서로 다른 자식 모듈에 버전 조건 합의가 안 되면, 오류가 발생하고 모듈에 반복문을 사용할 수 없다는 단점이 있으므로 잘 사용하지 않는다.

다음의 에러 메시지는 루트 모듈의 프로바이더 버전 조건이 >= 3.3.0이고 자식 모듈의 프로바이더 버전 조건이 ~> 3.1.0이기에 자식 모듈에 정의된 프로바이더 버전 조건이 루트 모듈에 정의된 프로바이더 버전 조건을 만족하지 않아서 오류가 발생하는 경우다.

```
$ terraform init -upgrade
Initializing modules...
- mypw1 in terraform-random-pwgen
- mypw2 in terraform-random-pwgen

Initializing the backend...

Initializing provider plugins...
- Finding hashicorp/random versions matching "~> 3.1.0, >= 3.3.0"...

Error: Failed to query available provider packages
```

```
Could not retrieve the list of available versions for provider hashicorp/random: no
available releases match the given
constraints ~> 3.1.0, >= 3.3.0
```

커맨드 루트 모듈과 자식 모듈이 동일한 프로바이더를 사용하는 경우 버전 편차로 발생하는 에러

다음은 자식 모듈에 AWS 프로바이더 구성을 정의하고 루트 모듈에서 자식 모듈에 count = 3
을 부여했을 때 발생하는 반복문 비허용 에러 메시지다.

```
$ terraform init -upgrade
Initializing modules...
There are some problems with the configuration, described below.

The Terraform configuration must be valid before initialization so that
Terraform can determine which modules and providers need to be installed.

Error: Module is incompatible with count, for_each, and depends_on

  on main.tf line 2, in module "myaws":
   2:   count = 3

The module at module.myaws is a legacy module which contains its own local provider
configurations, and so calls to it
may not use the count, for_each, or depends_on arguments.

If you also control the module "./terraform-aws-test", consider updating this module
to instead expect provider
configurations to be passed by its caller.
```

커맨드 자식 모듈에 선언된 프로바이더 정보로 반복문이 실패하는 경우

유형 2. 루트 모듈에서 프로바이더 정의(실습)

자식 모듈은 루트 모듈의 프로바이더 구성에 종속되는 방식이다. 디렉터리 구조로는 분리되어
있지만 테라폼 실행 단계에서 동일 계층으로 해석되므로 프로바이더 버전과 구성은 루트 모듈
의 설정이 적용된다. 프로바이더를 모듈 내 리소스와 데이터 소스에 일괄 적용하고, 자식 모듈
에 대한 반복문 사용에 자유로운 것이 장점이다. 자식 모듈에 특정 프로바이더 구성의 종속성
은 반영할 수 없으므로 자식 모듈을 테스트한 프로바이더 조건에 대해 기록하고, 자식 모듈을
사용하는 루트 모듈에서 정의하는 프로바이더에 맞게 업데이트해야 한다.

다음은 동일한 모듈에 사용되는 프로바이더 조건이 다른 경우 각 모듈별로 프로바이더를 맵핑하는 방안이다. 리소스와 데이터 소스에 provider 메타인수로 지정하는 방식과 비슷하나 모듈에는 다수의 프로바이더가 사용될 가능성이 있으므로 map 타입으로 구성하는 providers로 정의한다. 실습을 위한 디렉터리 구성의 예는 다음과 같다.

구성 실습을 위한 디렉터리 구성의 예

```
06-module-traning
├── modules                          #  child-modules-home
│   └── terraform-aws-ec2
│       └── main.tf
└── multi_provider_for_module     # root-module
    └── main.tf
```

자식 모듈 구성은 **06-module-traning/modules/terraform-aws-ec2**에 작성한다.

코드 6-5 프로바이더 구성을 테스트하기 위한 자식 모듈의 main.tf

```
### main.tf ###
terraform {
  required_providers {
    aws = {
      source = "hashicorp/aws"
    }
  }
}

resource "aws_default_vpc" "default" {}

data "aws_ami" "default" {
  most_recent = true
  owners      = ["amazon"]

  filter {
    name   = "owner-alias"
    values = ["amazon"]
  }

  filter {
    name   = "name"
```

```
      values = ["amzn2-ami-hvm*"]
    }
  }

  resource "aws_instance" "default" {
    depends_on    = [aws_default_vpc.default]
    ami           = data.aws_ami.default.id
    instance_type = var.instance_type

    tags = {
      Name = var.instance_name
    }
  }
```

코드 6-6 프로바이더 구성을 테스트하기 위한 자식 모듈의 `variable.tf`

```
# variable.tf
variable "instance_type" {
  description = "vm 인스턴스 타입 정의"
  default     = "t3.micro"
}

variable "instance_name" {
  description = "vm 인스턴스 이름 정의"
  default     = "my_ec2"
}
```

코드 6-7 프로바이더 구성을 테스트하기 위한 자식 모듈의 `output.tf`

```
# output.tf
output "private_ip" {
  value = aws_instance.default.private_ip
}
```

작성된 모듈을 사용할 루트 모듈을 `06-module-traning/multi_provider_for_module`에 작성한다.

코드 6-8 프로바이더 구성을 테스트하기 위한 루트 모듈의 `main.tf`

```
provider "aws" {
  region = "us-west-1"
```

```
  }

  provider "aws" {
    alias  = "seoul"
    region = "ap-northeast-2"
  }

  module "ec2_california" {
    source = "../modules/terraform-aws-ec2"
  }

  module "ec2_seoul" {
    source = "../modules/terraform-aws-ec2"
    providers = {
      aws = aws.seoul
    }
    instance_type = "m5.large"
  }
```

코드 6-9 프로바이더 구성을 테스트하기 위한 루트 모듈의 output.tf

```
  output "module_output_california" {
    value = module.ec2_california.private_ip
  }

  output "module_output_seoul" {
    value = module.ec2_seoul.private_ip
  }
```

terraform apply를 실행해 프로바이더 구성에서 정의한 대로 서로 다른 리전에 EC2 인스턴스가 생성되는지 확인한다. ec2-seoul 모듈에서 구성한 리소스와 데이터 소스는 aws 프로바이더 중 alias가 seoul로 지정된 프로바이더 구성에 의해 생성된다. 자식 모듈에서 필요로 하는 프로바이더 버전이 루트 모듈의 정의와 다른 경우, 테라폼 구성에서 정의한 내용이 서로 호환되지 않아 오류가 발생할 수 있다.

6.3.2 모듈의 반복문

모듈 또한 리소스에서 반복문을 사용하듯 구성할 수 있다. 모듈이라는 리소스 정의 묶음을 원하는 수량으로 프로비저닝할 수 있으므로 모듈 없이 구성하는 것과 대비해 리소스 종속성 관리와 유지 보수에 장점이 있다. count를 사용한 반복문 사용은 리소스에서의 사용 방식처럼 module 블록 내에 선언한다. 다음과 같이 06-module-traning/module_loop_count 디렉터리에 main.tf를 구성한다.

코드 6-10 모듈의 반복문을 테스트하기 위해 모듈 선언에 count가 적용된 main.tf

```
provider "aws" {
  region = "ap-northeast-2"
}

module "ec2-seoul" {
  count  = 2                                    # count를 활용한 반복 구문
  source = "../modules/terraform-aws-ec2"
}

output "module_output" {
  value = module.ec2-seoul[*].private_ip
}
```

모듈 묶음에 일관된 구성과 구조로 프로비저닝이 되는 경우라면 count가 간편한 방안이지만 동일한 모듈 구성에 필요한 인수 값이 다르다면 for_each를 활용한다. 예를 들어 동일한 모듈에 개발과 상용에 대한 입력 변수를 다르게 처리하는 방식으로 응용한다.

코드 6-11 모듈의 반복문을 테스트하기 위해 모듈 선언에 count가 적용된 main.tf

```
locals {
  env = {
    dev = {
      type = "t3.micro"
      name = "dev_ec2"
    }
    prod = {
      type = "m5.large"
      name = "prod_ec2"
    }
  }
}

module "ec2_seoul" {
```

```
  for_each = local.env                        # for_each를 활용한 반복 구문
  source = "../modules/terraform-aws-ec2"
  instance_type = each.value.type
  instance_name = each.value.name
}

output "module_output" {
  value = [
    for k in module.ec2_seoul: k.private_ip
  ]
}
```

6.4 모듈 소스 관리

Module 블록에 정의된 소스 구성으로 모듈의 코드 위치를 정의한다. `terraform init`을 수행할 때 지정된 모듈을 다운로드해 사용한다. 모듈 소스의 유형은 다음과 같다.

- **로컬 디렉터리 경로**
- **테라폼 레지스트리**
- **깃허브**GitHub
- **비트버킷**Bitbucket
- **깃**git
- **HTTP URLs**
- **S3**
- **GCS**Google Cloud Storage

테라폼 공식 문서 안내와 같이 루트 경로에 모듈을 배치하는 것 외에 패키지 하위 디렉터리 경로를 참조하는 것도 하나의 방안이다. 지금부터는 로컬 경로, 테라폼 레지스트리, 깃허브의 소스 경로를 설정하는 예를 설명한다. 기타 다양한 소스 경로 사용 방법은 공식 문서[2]를 참고한다.

----

2 테라폼 모듈 소스 – *https://developer.hashicorp.com/terraform/language/modules/sources*

6.4.1 로컬 디렉터리 경로

로컬 경로를 지정할 때는 테라폼 레지스트리와 구분하기 위해 하위 디렉터리는 ./로, 상위 디렉터리는 ../로 시작한다. 대상 모듈은 이미 같은 로컬 파일 시스템에 존재하므로 다운로드 없이 바로 사용한다. 앞서 언급한 대로 재사용성이 고려된다면 상위 디렉터리에 별도 관리하는 것을 권장하고, 항상 루트 모듈과 함께 동작해야 하는 경우 하위 디렉터리에 모듈을 정의한다.

코드 6-12 작업 환경을 기준으로 하는 로컬 경로 상위에 위치한 모듈 경로 선언

```
module "local_module" {
  source = "../modules/my_local_module"
}
```

6.4.2 테라폼 레지스트리

테라폼 모듈 레지스트리는 테라폼의 프로토콜을 사용해 모듈을 사용하는 방식이다. 공개된 테라폼 모듈을 사용하거나 HCP Terraform, Terraform Enterprise에서 제공되는 비공개 테라폼 모듈을 사용할 때 설정하는 소스 지정 방식이다.

공개된 모듈은 *https://registry.terraform.io/browse/modules*에서 확인할 수 있고, 각 모듈을 선택하면 테라폼 구성 시 어떻게 정의해야 하는지에 대한 안내를 확인할 수 있다.

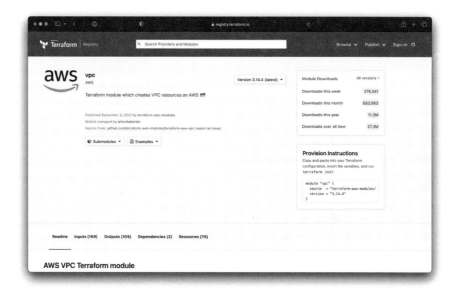

그림 6-5 aws vpc 모듈 페이지와 사용 방법 안내

공개된 테라폼 모듈을 source에 선언할 때는 <네임스페이스>/<이름>/<프로바이더> 형태로
설정한다.

코드 6-13 공개된 레지스트리의 모듈 선언 예시

```
module "vpc" {
  source  = "terraform-aws-modules/vpc/aws"
  version = "3.14.2"
}
```

Terraform Enterpirse처럼 비공개 모듈을 사용할 때는 source 선언 시 주소가 앞에 추가되
는 <호스트 이름>/<네임스페이스>/<이름>/<프로바이더> 형태가 된다.

코드 6-14 개별 구축된 사설 레지스트리의 모듈 선언 예시

```
module "ecs_instance" {
  source  = "app.terraform.io/alibaba/ecs-instance/alicloud"
  version = ">= 2.9.0"
}
```

테라폼 레지스트리의 모듈은 특정 버전을 명시할 수 있으므로 안정된 버전을 지정해 사용할 수 있다.

6.4.3 깃허브

깃의 원격 저장소로 널리 알려진 깃허브는 테라폼 구성에 대한 CI를 위한 용도로도 사용할 수 있고, 여기에 저장된 구성을 테라폼 모듈의 소스로 선언할 수도 있다. 다음은 소스로 활용하기 위해 6.3절에서 활용한 `terraform-aws-ec2`를 깃허브에 업로드하는 과정을 안내한다.

1 깃허브에 로그인한다. 아직 계정이 없는 경우 회원 가입을 진행한다.

2 우측 상단의 [+] 버튼을 클릭해 [New repositoroy]를 선택해 새로운 깃허브 저장소를 생성한다.
- `Owner` 항목에서 원하는 소유자를 선택한다.
- `Repository name`의 예는 `terraform-module-repo`이다.
- `Public`을 선택한다(`Private`의 경우 추가 인증 구성이 필요하다).
- `Add .gitignore`의 드롭박스에서 [Terraform]을 선택한다.

3 맨 아래 [Create repository] 버튼을 클릭한다.

모듈을 생성할 저장소가 준비되었으면 `terraform-aws-ec2` 모듈의 내용을 추가한다. 생성된 저장소에서 [Add file] 드롭박스의 [Create new file]을 선택한다.

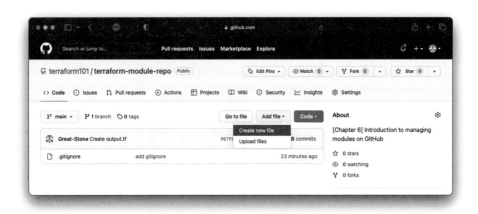

그림 6-6 깃허브 저장소에서 새로운 파일 생성

파일 이름 공간에 'terraform-aws-ec2'를 입력하고 '/'를 입력하면 디렉터리로 구분된다. 다시 'main.tf'를 입력하고 내용을 붙여넣은 뒤 하단의 [Commit new file] 버튼을 클릭한다.

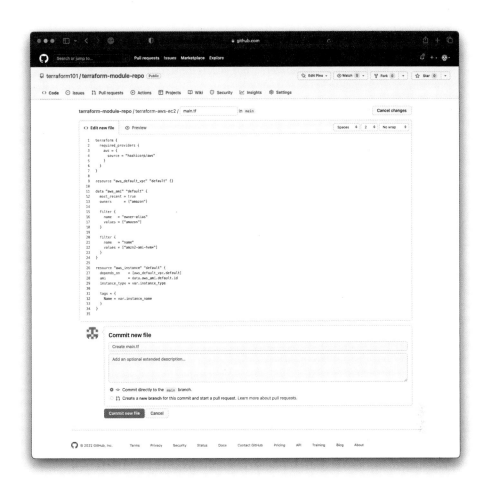

그림 6-7 main.tf 파일 생성

variable.tf와 output.tf도 같은 방법으로 파일을 추가한다. 깃허브에 구성된 모듈을 source에 선언할 때는 github.com/<소유자 아이디>/<디렉터리>/<디렉터리> 형태로 설정한다. 새로 main.tf를 작성하고 [코드 6-15]와 같이 구성 파일을 작성한다. <Owner Name>을 작성자의 정보로 수정한다.

코드 6-15 깃허브에서 관리되는 모듈 선언

```
provider "aws" {
  region = "ap-northeast-2"
}

module "ec2_seoul" {
  source = "github.com/<Owner Name>/terraform-module-repo/terraform-aws-ec2"
}

output "module_output" {
  value = module.ec2_seoul.private_ip
}
```

terraform init을 실행하면 깃허브의 모듈을 다운로드하는 메시지가 출력된다.

```
$ terraform init
Upgrading modules...
Downloading git::https://github.com/<Owner Name>/terraform-module-repo.git for ec2_
seoul...
- ec2_seoul in .terraform/modules/ec2_seoul/terraform-aws-ec2
...생략...
```

커맨드 깃허브의 모듈 다운로드 메시지와 저장되는 위치 표기

다운로드된 디렉터리로 이동하면 깃허브에 있던 파일이 다운로드되어 있음을 확인할 수 있다.

구성 다운로드된 깃허브에서 관리되는 모듈

```
./.terraform/modules
├── ec2_seoul
│    └── terraform-aws-ec2
│        ├── main.tf
│        ├── output.tf
│        └── variable.tf
└── modules.json
```

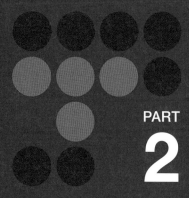

PART

2

구축부터 운영까지,
테라폼 워크플로

테라폼으로 인프라를 개발하고 구성할 때, 다수의 작업자가 함께 일한다면 홀로 작업을 수행하던 것과는 다르게 공동 작업에 알맞도록 환경을 구성하고 역할과 책임(R&R)을 분배해야 한다. 특히, 다양한 조직 규모에 맞는 구성과 프로세스가 필요하다. 2부에서는 테라폼으로 기업 내에서 일하는 방식에 맞춰 서로 다른 팀과 조직이 협업하는 방식을 알아보고, 최초 인프라 프로비저닝 이후 운영 단계에서 테라폼을 사용하는 것에 대해 안내한다.

전체 조직의 관점에서 모든 작업자가 테라폼에 대한 지식을 획득하고 IaC를 실현하는 것은 불가능하다. 따라서 조직 내에서 테라폼으로 인프라를 생성하고 관리하는 팀은 다른 조직 구성원을 위해 모듈을 관리하고 이를 쉽게 사용할 수 있는 셀프서비스 형태나 생성형 AI를 데이터로 사용할 수 있다.

구축부터 운영까지,
테라폼 워크플로

## CHAPTER 7

협업

IaC 도구인 테라폼은 코드 형태로 작성되므로 공유가 쉽고 재현이 가능하다. 이런 특징은 팀 내 협업을 위한 밑바탕을 제공한다. 테라폼으로 프로비저닝되는 인프라의 규모가 커지고 종류가 다양해질수록 다수의 구성 코드 관리가 필요하다. 공동 작업자는 작성된 코드를 점검하고 서로의 코드를 학습할 수 있는 협업 환경을 구성하게 된다.

협업을 위한 환경을 구성하는 요소는 코드를 다수의 작업자가 유지 보수할 수 있도록 돕는 VCS와 테라폼 State를 중앙화하는 중앙 저장소가 대표적이다. 아래 협업을 위한 과정에서 고려되는 요소를 살펴본다.

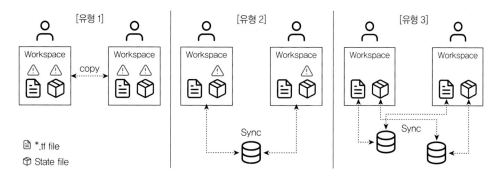

그림 7-1 테라폼 협업을 위한 중앙 저장소 고려사항 단계

유형 1

동일한 대상을 관리하는 여러 작업자는 동일한 프로비저닝을 위해 서로 코드를 공유해야 한다. 작업자의 수가 늘어날수록 코드 동기화는 어려워지고 각 작업자가 작성한 코드를 병합하기도 어렵다. 이 경우 형상관리 도구를 고려하게 된다.

유형2

형상관리 도구를 통해 여러 작업자가 동일한 코드를 공유해 구성한다. 형상관리 도구에서 제공하는 변경 이력 관리를 이용할 수 있고, 이전 버전으로의 롤백이 자유로워진다. 공유해야 하는 대상은 테라폼 구성 파일과 State가 될 수 있다. State의 경우는 테라폼 프로비저닝의 결과물로 마치 데이터 저장소와 같다. 따라서 코드와 달리 State에는 형상관리 도구에 저장해서는 안 되는 민감한 정보가 포함될 수 있고, 작업자가 서로 다른 프로비저닝을 수행한 State 결과를 공유하는 경우 테라폼 프로비저닝 결과에 오류가 발생할 수 있다. 이에 대비해 테라폼은 State 관리를 위한 백엔드 설정을 제공한다.

유형 3

테라폼 코드 형상관리를 위한 중앙 저장소와 State 백엔드가 구성되면 작업자는 개별적으로 프로비저닝을 테스트하고 완성된 코드를 공유한다. State는 중앙 관리되어, 작업자가 프로비저닝을 수행하면 원격 State의 상태를 확인하고 프로비저닝을 수행한다. 그 결과는 State 백엔드에 저장되고 관리된다.

이번 장에서는 실습을 위해 깃, 깃허브 계정, AWS 계정(Free tier)이 필요하다.

7.1 형상관리 도구

형상관리 도구는 버전 관리 시스템, VCS^{Version Control System}라고도 불린다. 대표적인 도구로 SVN과 깃이 있다.

- **SVN**: 중앙 저장소에서 코드와 히스토리를 관리하는 방식
- **깃**^{git} : 분산형 관리 시스템으로 작업 환경에서도 별도로 코드 히스토리를 관리하고 중앙 저장소와 동기화

7.1.1 깃

깃을 사용하면 중앙 저장소와 코드를 동기화하지 않아도 같은 파일을 여러 명이 작업할 수 있다. 따라서 개발과 배포 버전 관리를 별도로 진행할 수 있다.

깃은 코드 형상관리를 작업 환경인 로컬 저장소Local Repository와 리모트 저장소Remote Repository에 저장할 수 있다. 기본적으로 작업자가 작업 환경에서 코드 커밋을 수행하면 로컬 저장소에 적용된다. 공동 작업을 위해 이 저장소의 내용을 다른 사람에게도 제공하려면 중앙 저장소가 필요하고, 이를 리모트 저장소가 담당한다.

- **로컬 저장소**: 작업자 로컬 환경에 저장되는 개인 전용 저장소
- **리모트 저장소**: 코드 형상관리 이력과 코드가 원격지에서 관리되고 여러 사람이 공유하는 저장소

다음은 깃의 동작 이해를 돕기 위한 용어 설명이다.

표 7-1 깃 용어 설명

용어	표현	설명
branch	브랜치	"나무의 가지"로 직역되는 용어로, 의역하자면 "분기"라고 정의 가능하다. "main" 또는 "master"로 정의되는 주 브랜치에서 갈라져 나온 별도 버전의 작업 공간이다. 브랜치를 사용해 메인 스트림 구성은 유지하고 새로운 기능과 수정사항을 개발 및 테스트할 수 있다.
checkout	체크아웃	지정한 브랜치로 전환하는 작업으로, 파일이 대상 브랜치의 색인과 파일로 업데이트된다.
clone	복제	리모트 저장소로부터 로컬 저장소로 복제하며 리모트 저장소와의 연결을 유지한다.
fork	포크/분기	리모트 저장소로부터 로컬 저장소로 복제하지만 새로운 저장소로 구성된다.
fetch	페치	오브젝트를 리모트 저장소에서 로컬 저장소로 가져오는 동작이다.
HEAD	헤드	현재 체크아웃된 브랜치의 최종 변경을 가리키는 이름이다.
add	추가	작업 중인 공간에서 다음 커밋으로 변경을 기록하기 전까지 변경분을 추적하는 행위다.
commit	커밋	로컬 저장소에 변경 사항을 기록하는 행위다.
merge	머지/병합	깃으로 관리하는 오브젝트의 불일치한 내용을 병합하는 동작이다.
pull	풀/가져오기	브랜치의 내용을 리모트 저장소로부터 페치한 후 병합하는 동작이다.
push	푸시/저장하기	로컬의 수정 내용을 리모트 저장소에 저장하는 동작이다.
pull request	PR/풀 리퀘스트	분기된 브랜치 또는 저장소에서 지정한 저장소의 브랜치로의 병합 요청이다.

코드 추가와 변경 사항을 저장소에 기록하려면 커밋이라는 절차가 필요하다. 커밋을 수행하면 이전 커밋 시점부터 현재 상태까지의 변경 이력이 기록된다.

이후 진행에는 깃 설치가 필요하다. 깃을 제공하는 홈페이지의 다운로드 설명[1]을 참고해 작업 환경에 깃을 설치한다.

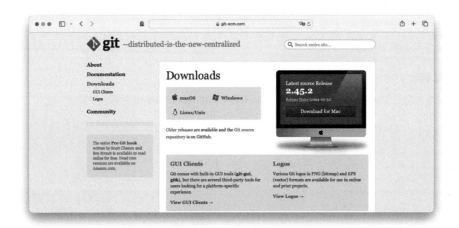

그림 7-2 깃 다운로드 페이지

정상 설치 여부를 확인하고 코드 작성자의 이메일과 이름을 설정한다.

```
$ git --version
git version 2.37.0

$ git config --global user.email "you@example.com"

$ git config --global user.name "Your Name"
```

커맨드 깃 설치 후 버전 확인 및 코드 작성자 정보 설정

---

1 깃 다운로드 사이트 – *https://git-scm.com/download/*

7.1.2 리모트 저장소 – 깃허브

깃은 리모트 저장소가 있어야 코드 수준에서 다른 작업자와 협업할 수 있다. 협업을 한다는 것은 리모트 저장소를 관리하면서 커밋된 데이터를 올리고(Push) 받는(Pull) 것이다. 리모트 저장소는 인터넷이나 네트워크상에 존재하는 곳일 수도 있지만 로컬 시스템일 수도 있다.

대표적인 리모트 저장소는 깃허브, 깃랩, 비트버킷 등이 있고 여기에서는 깃허브를 활용한다. 6.4절에서 안내했지만, 아직 가입이 안 되어 있다면 github.com에 접속해 계정을 생성한다.

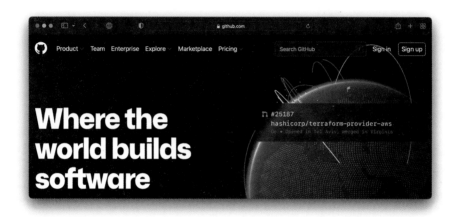

그림 7-3 깃허브 홈페이지(github.com)

깃허브 리모트 저장소에 깃을 통해 코드를 풀(받기)하거나 푸시(올리기)하려면 인증이 필요하다. 다음은 깃허브의 인증 토큰을 획득하는 방법이다. 토큰 생성 방식은 classic과 fine-grained 방식이 있고, 여기서는 classic으로 설명한다.

1 깃허브 로그인

2 우측 상단 사용자 메뉴 클릭 후 [Settings] 클릭

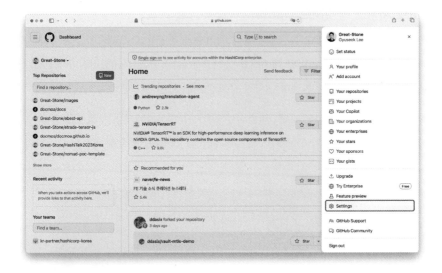

그림 7-4 깃허브 setting 메뉴

3 좌측 메뉴 최하단 [Developer settings] 클릭

4 좌측 메뉴 [Personal access tokens] 클릭 후 [Tokens (classic)] 클릭

5 [Generate new token] 버튼 클릭 후 [Generate new token (classic)] 클릭

그림 7-5 깃허브 토큰 생성 페이지

6 다음의 토큰 옵션 선택 후 [Generate token] 클릭
- **Note**: 토큰 목적 입력(예: Jenkins Token)
- **Expiration**: 기간 설정(예: No expiration)
- **Select scopes**: repo

7 생성된 토큰은 다시 획득할 수 없으므로 복사 후 보관(잃어버린 경우 재생성)

그림 7-6 깃허브 토큰 생성 확인

7.2 코드 관리

깃허브는 포크fork 기능을 제공해 기존 리모트 저장소를 본인 소유의 저장소로 복사할 수 있다. 포크한 저장소는 원본 저장소와 연결이 되어 있으므로 이후 변경 사항을 원본 저장소에 적용하는 요청(Pull Request)이 가능하다. 깃허브 사용이 이미 익숙하다면 코드를 별도 복사하여 본인 소유의 깃허브에 코드를 업로드하여 진행해도 무방하다. 실습을 위해 다음의 저장소를 포크한다.

1 깃허브에 로그인한다. 아직 계정이 없으면 회원 가입을 진행한다.

2 다음 저장소로 이동한다.

- *https://github.com/terraform101/terraform-aws-collaboration*

3 우측 상단의 [Fork] 버튼을 클릭해 새로운 깃허브 리포지터리를 생성한다.

- Owner 항목에서 원하는 소유자를 선택한다.
- Repository name의 예는 `terraform-aws-collaboration`이다.
- [Create fork] 버튼을 클릭한다.

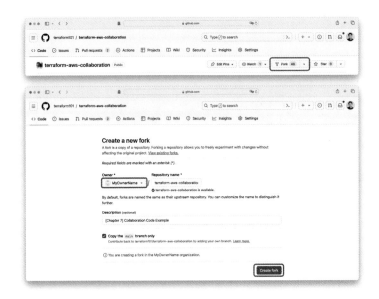

그림 7-7 깃허브 포크 수행

7.2.1 공유 제외 대상

테라폼 구성 코드 파일을 공유할 때 테라폼 런타임 시 생성되는 파일, 실행 결과물, 개별 사용자 설정 파일, 시크릿 정보는 깃의 관리 대상에서 제외되어야 한다. 예를 들어 아래와 같다.

- .terraform **디렉터리**: init 실행 시 작성되므로 제외
- *.tfstate **파일**: 프로비저닝 결과 데이터 소스 정보이며, 민감 데이터가 포함되거나 다른 사용자가 같은 State 파일을 사용하는 경우 인프라 불합치를 유발
- *.tfvars **파일**: 프로비저닝 시 적용할 변수 값을 보관하는 파일로 작업자마다 별도 변수를 사용
- **시크릿 파일**: 인프라 구성에 필요한 시크릿 정보 파일
- terraformrc **파일**: 작업자의 CLI 설정 파일

깃에서는 .gitignore로 제외할 대상을 정의한다. 포크를 진행한 저장소 내용은 다음과 같다.

코드 7-1 깃으로 관리하지 않을 대상을 .gitignore 파일로 관리

```
# Local .terraform directories
**/.terraform/*
```

```
# .tfstate files
*.tfstate
*.tfstate.*

# .tfvars files
*.tfvars

# no creds
*.pem

# terraformrc file
terraform.rc
.terraformrc
```

7.2.2 로컬 저장소에 복제

로컬 작업 환경에서는 `git clone <repository url>` 명령을 사용해 리모트 저장소의 내용을 복제한다(로컬에서 먼저 코드를 작성하고 리모트 저장소와 연결할 수도 있다). 리모트 저장소 이름으로 디렉터리가 생성되고 깃 구성과 리모트 저장소가 연결된 환경으로 로컬 저장소를 생성한다.

```
$ git clone https://<Owner>:<Token>@github.com/<Owner>/terraform-aws-collaboration
'terraform-aws-collaboration'에 복제한다...
remote: Enumerating objects: 374, done.
remote: Total 374 (delta 0), reused 0 (delta 0), pack-reused 374
오브젝트를 받는 중: 100% (374/374), 313.18 KiB | 1.36 MiB/s, 완료.
델타를 알아내는 중: 100% (216/216), 완료.

$ cd ./terraform-aws-collaboration

$ git remote get-url origin
https://github.com/<Owner>/terraform-aws-collaboration
```

커맨드 리모트 저장소를 로컬 저장소로 복제

코드 협업을 위한 1인 2역을 준비한다. 기존 클론clone한 디렉터리 이름에 *-tom을 붙여 이름을 변경한다. 추가로 디렉터리를 복사해 *-jerry인 디렉터리를 생성한다.

- **terraform-aws-collaboration-tom**: tom의 작업 디렉터리
- **terraform-aws-collaboration-jerry**: jerry의 작업 디렉터리

7.2.3 Push & Pull

커밋된 코드는 로컬 저장소에 기록되며 푸시를 하기 전까지는 리모트 저장소에 공유되지 않는다. 또한 작업 중 풀을 통해 리모트 저장소의 변경 사항을 로컬 저장소에 반영한다.

tom의 작업 디렉터리에서 `main.tf`의 AWS 프로바이더 설정에 `default_tags` 항목을 아래와 같이 작성한다.

코드 7-2 tom의 루트 모듈에서 테라폼 코드 구성 변경

```
...생략...
provider "aws" {
  region  = var.region
  default_tags {
    tags = {
      Project = "Coffee-Mug-Cake"
    }
  }
}
...생략...
```

수정된 코드를 커밋하고 리모트 저장소에 푸시한다.

```
# tom 디렉터리로 이동
tom $ git add ./main.tf
tom $ git commit -m "add default tags & project name"
[main a438f81] add default tags & project name
 1 file changed, 5 insertions(+)

tom $ git push
오브젝트 나열하는 중: 5, 완료.
오브젝트 개수 세는 중: 100% (5/5), 완료.
Delta compression using up to 8 threads
오브젝트 압축하는 중: 100% (3/3), 완료.
```

```
Total 3 (delta 2), reused 0 (delta 0), pack-reused 0
remote: Resolving deltas: 100% (2/2), completed with 2 local objects.
To https://github.com/<Owner>/terraform-aws-collaboration.git
   1b5e2c8..a438f81  main -> main
```
커맨드 tom의 루트 모듈에서 변경한 코드를 리모트 저장소에 보내기

jerry의 작업 디렉터리로 이동해 코드를 가져온다(pull).

```
# jerry 디렉터리로 이동
jerry $ git pull
remote: Enumerating objects: 5, done.
remote: Counting objects: 100% (5/5), done.
remote: Compressing objects: 100% (1/1), done.
remote: Total 3 (delta 2), reused 3 (delta 2), pack-reused 0
오브젝트 묶음 푸는 중: 100% (3/3), 344 bytes ¦ 57.00 KiB/s, 완료.
https://github.com/<Owner>/terraform-aws-collaboration URL에서
   1b5e2c8..a438f81  main        -> origin/main
업데이트 중 1b5e2c8..a438f81
Fast-forward
 main.tf ¦ 5 ++++
 1 file changed, 5 insertions(+)
```
커맨드 jerry의 루트 모듈에서 리모트 저장소의 코드 가져오기

jerry의 루트 모듈에서 main.tf의 변경 사항이 적용되었는지 확인한다. jerry 로컬 저장소는 리모트 저장소의 변경 사항과 충돌되는 내용이 없으므로 이슈 없이 변경 내역이 반영된다. 이 번엔 tom과 jerry 양쪽에서 default_tags에 Owner 항목을 추가하고 자신의 이름을 넣어 저 장한다.

코드 7-3 tom과 jerry가 서로의 코드에 변경 사항 저장

```
...생략...
provider "aws" {
  region  = var.region
  default_tags {
   tags = {
     Project = "Coffee-Mug-Cake"
     Owner   = "tom"                    # and jerry
   }
  }
```

```
    }
    ...생략...
```

이번엔 jerry에서 먼저 코드를 푸시하고, 뒤이어 tom에서도 푸시한다.

```
# jerry 디렉터리에서 수행
jerry $ git add ./main.tf
jerry $ git commit -m "add default tags & Owner is jerry"
jerry $ git push
...
remote: Resolving deltas: 100% (2/2), completed with 2 local objects.
To https://github.com/<Owner>/terraform-aws-collaboration.git
    a438f81..b18195c  main -> main
```

커맨드 jerry의 루트 모듈 변경 코드는 정상적으로 리모트 저장소로 보냄

```
# tom 디렉터리로 이동
tom $ git add ./main.tf
tom $ git commit -m "add default tags & Owner is tom"
tom $ git push
To https://github.com/<Owner>/terraform-aws-collaboration.git
 ! [rejected]        main -> main (fetch first)
error: 레퍼런스를 'https://github.com/<Owner>/terraform-aws-collaboration.git'에 푸
시하는 데 실패했습니다
힌트: 리모트에 로컬에 없는 사항이 들어 있으므로 업데이트가
힌트: 거부되었다. 이 상황은 보통 또 다른 저장소에서 같은
힌트: 저장소로 푸시할 때 발생한다.  푸시하기 전에
힌트: ('git pull ...' 등 명령으로) 리모트 변경 사항을 먼저
힌트: 포함해야 한다.
힌트: 자세한 정보는 'git push --help'의 "Note about fast-forwards' 부분을
힌트: 참고하십시오.
```

커맨드 tom의 루트 모듈 변경 코드를 리모트 저장소로 보낼 때 실패

tom에서 적용한 코드 블록이 리모트 저장소에 변경된 위치와 같으므로 푸시에 실패한다. 따라서 푸시 전 풀을 먼저 수행해 리모트의 변경 사항을 로컬과 비교한 후 필요할 때 수정해 푸시하는 습관이 필요하다. 변경 사항에 충돌이 없는 경우 자동으로 커밋 지점이 병합된다. 풀 동작에 충돌이 있을 것으로 가정해 옵션을 붙여 수행한다.[2]

---

2 rebase – *https://git-scm.com/book/ko/v2/Git-브랜치-Rebase-하기*

```
# tom 디렉터리에서 수행
tom $ git pull --no-rebase
자동 병합: main.tf
충돌 (내용): main.tf에 병합 충돌
자동 병합이 실패했습니다. 충돌을 바로잡고 결과물을 커밋하십시오.
```

커맨드 tom의 루트 모듈에서 리모트 저장소의 변경 사항을 병합

충돌에 대한 내용이 출력되면 로컬 저장소와 리모트 저장소에 충돌한 코드가 있다는 것이다. main.tf를 확인해보면 로컬 저장소와 리모트 저장소의 충돌 내용이 표기된다. =======를 기점으로 위의 <<<<<<<까지의 내용이 로컬 저장소이고 아래의 >>>>>>>까지의 내용이 리모트 저장소의 내용이다. 여기서는 'tom'으로 수정하고 다시 푸시한다.

코드 7-4 tom의 변경 사항과 리모트 변경 사항의 편차

```
...생략...
provider "aws" {
  region  = var.region
  default_tags {
    tags = {
      Project = "Coffee-Mug-Cake"
<<<<<<< HEAD
      Owner   = "tom"
=======
      Owner   = "jerry"
>>>>>>> b18195cd186791fb1029d46395cb164823d87c5d
    }
  }
}
...생략...
```

코드 7-5 변경 사항 편차 수정 후

```
...생략...
provider "aws" {
  region = var.region
  default_tags {
    tags = {
      Project = "Coffee-Mug-Cake"
      Owner   = "tom"
    }
```

```
    }
  }
  ...생략...
```

```
# tom 디렉터리에서 수행
tom $ terraform fmt
tom $ git add ./main.tf
tom $ git commit -m "change default tags Owner"
tom $ git push
...
remote: Resolving deltas: 100% (4/4), completed with 3 local objects.
To https://github.com/<Owner>/terraform-aws-collaboration.git
   b18195c..906c92e  main -> main
```

커맨드 tom의 루트 모듈에서 편차가 발생한 코드 수정 후 다시 리모트 저장소로 보내기

코드 충돌 상황을 도식으로 표현하면 다음과 같다.

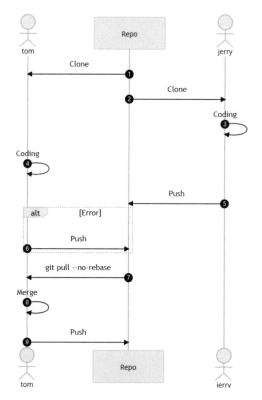

그림 7-8 두 작업자가 서로 푸시하는 경우 발생하는 오류의 시나리오

7.2.4 풀 리퀘스트

푸시와 풀로도 코드 협업이 가능하지만 다른 사람의 커밋을 확인하기 쉽지 않고, 리모트 저장소에 푸시할 때가 되어야 충돌 상황을 확인하게 된다는 단점이 있다. 작업된 테라폼 코드에 대한 자연스러운 리뷰와 메인스트림(main branch)의 병합을 관리하기 위해 풀 리퀘스트^{Pull Request} 방식을 사용한다. 깃으로 코드를 관리할 때 주로 사용되는 브랜치^{branch}를 이용하는 방안으로, 작업자가 코드 수정을 위해 메인과 별개의 브랜치를 생성하고 작업 후 본인의 브랜치를 푸시하고 코드 관리자에게 검토 후 병합을 요청하는 방식이다.

코드 작성자 1단계

이번에도 코드 충돌을 유발하기 위해 앞서 7.2.3절의 결과로 tom이 메인 브랜치에 푸시한 상황에서 jerry가 Owner 항목을 jerry & tom으로 변경하고 싶어 한다고 가정한다. 메인 브랜치에 바로 푸시하지 않고 작업을 위한 브랜치를 생성하고 작업을 수행한다.

```
# jerry 디렉터리로 이동
jerry $ git checkout -b jerry-owner-task
새로 만든 'jerry-owner-task' 브랜치로 전환합니다

jerry $ git branch
* jerry-owner-task
  main
<별도 화면으로 표기되는 경우 q로 빠져나옵니다.>
```

커맨드 깃 브랜치 생성 및 확인

main.tf의 내용을 변경한다.

코드 7-6 변경 사항

```
...생략...
provider "aws" {
  region = var.region
  default_tags {
    tags = {
      Project = "Coffee-Mug-Cake"
      Owner   = "jerry & tom"
    }
  }
}
```

```
}
...생략...
```

jerry에서 작업 중인 브랜치로 코드를 푸시한다.

```
jerry $ git add ./main.tf
jerry $ git commit -m "add default tags & Owner is jerry & tom"
[develop e33e823] add default tags & Owner is jerry & tom
 1 file changed, 1 insertion(+), 1 deletion(-)

jerry $ git push origin jerry-owner-task
...생략...
remote: Create a pull request for 'jerry-owner-task' on GitHub by visiting:
remote:        https://github.com/<Owner>/terraform-aws-collaboration/pull/new/develop
remote:
To https://github.com/<Owner>/terraform-aws-collaboration.git
 * [new branch]       develop -> develop
```

커맨드 jerry-owner-task 브랜치 상태에서 리모트 저장소에 보내기

푸시가 완료된 후 Pull request를 생성하기 위해 깃허브 저장소로 이동한다. 저장소 상단의
`Pull requests`를 선택한 뒤 [New pull request] 버튼을 클릭한다.

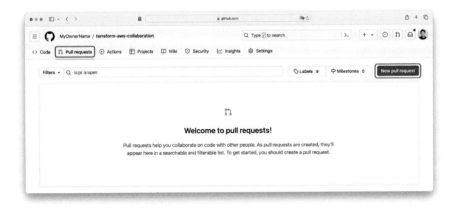

그림 7-9 깃허브 저장소에서 새로운 Pull request를 생성하기 위한 [New pull request] 버튼

다른 소유자의 리모트 저장소를 포크한 경우 요청 대상이 같은 저장소가 아닐 수 있으므로 작업 중인 사용자의 리모트 저장소인지 확인하고 요청하려는 브랜치도 앞서 푸시한 브랜치인지 확인한다. 변경 요청으로 수정될 코드 내용을 확인한 뒤 [Create pull request] 버튼을 클릭한다.

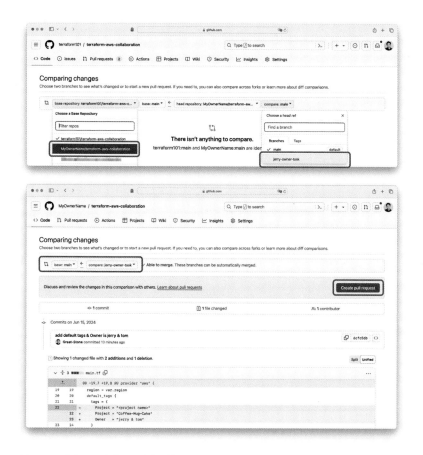

그림 7-10 깃허브 풀 리퀘스트 저장소 확인 및 소유자의 저장소로 변경 필요

요청자는 요청을 보내는 사유를 작성해 승인자에게 보낸다.

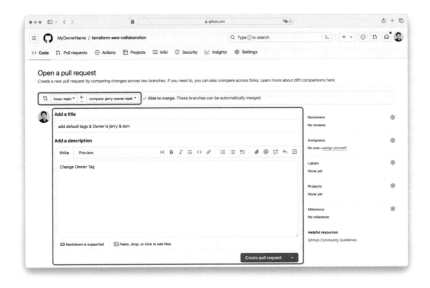

그림 7-11 풀 리퀘스트 작성 및 요청

요청 사유를 작성하는 화면 아래에는 어떤 변경 사항을 승인자에게 요청하는지 기존 코드와 비교해 변경된 사항을 미리 검토하는 과정을 한 번 더 확인할 수 있다. 확인 후 [Create pull request] 버튼을 클릭한다.

그림 7-12 풀 리퀘스트 단계에서의 변경 사항 검토

풀 리퀘스트는 코드를 머지^{Merge}하는 관리자에게 자신이 수정한 내용을 메인 코드에 병합해달라는 요청을 하는 것이다. 푸시로 코드를 머지하는 것과는 다르게 풀 리퀘스트는 코드 리뷰를 강제하기 때문에 코드 변경 사항을 검토할 수 있다.

코드 관리자

리모트 저장소의 쓰기 권한이 있는 관리자는 풀 리퀘스트가 발생하면 코드를 기존 코드에 머지할 권한을 갖는다. 풀 리퀘스트에는 요청자의 변경 사항이 표기된다. 풀 리퀘스트 수행 방식[3]은 세 가지를 지원하나 여기서는 기본 설정대로 진행한다. 메시지를 입력하고 [Confirm merge]를 클릭한다.

- **Create a merge commit**: 브랜치의 모든 커밋을 병합을 통해 기본 브랜치에 추가
- **Squash and Merge**: 브랜치의 변경 이력을 모두 합쳐 새로운 커밋을 생성하고 메인에 추가
- **Rebase and Merge**: 브랜치 변경 이력을 각각 메인에 추가

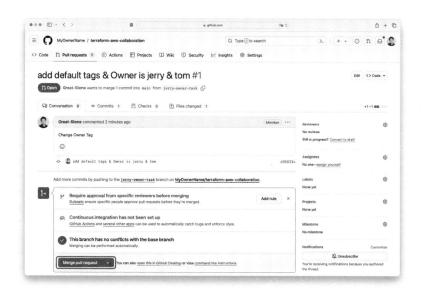

그림 7-13 관리자의 풀 리퀘스트 승인

---

3 깃허브에서 병합하는 방법 — *https://docs.github.com/en/repositories/configuring-branches-and-merges-in-your-repository/configuring-pull-request-merges/about-merge-methods-on-github*

코드 작성자 2단계

머지가 완료되면 작업자는 메인 브랜치로 이동 후 풀을 수행해 코드를 동기화하고 기존 브랜치를 삭제한다.

```
jerry $ git checkout main
jerry $ git pull
jerry $ git branch -d jerry-owner-task
```

커맨드 풀 리퀘스트가 승인된 브랜치를 로컬 저장소에서 삭제

코드 협업자

머지 이후 코드를 함께 작업하는 작업자는 개별 로컬 저장소에 새로운 코드를 가져올 수 있다.

```
tom $ git checkout main
tom $ git pull
...
   677a799..673ee26  main                  -> origin/main
 * [새로운 브랜치]    jerry-owner-task -> origin/jerry-owner-task
업데이트 중 5ee65df..673ee26
Fast-forward
 main.tf | 2 +-
 1 file changed, 1 insertion(+), 1 deletion(-)
```

커맨드 로컬 저장소에 새로운 코드 가져오기

이 과정에서 깃의 메인 브랜치가 작업된 다른 브랜치와 병합되는 형태는 다음과 같다.

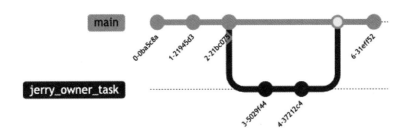

그림 7-14 깃 브랜치 병합

푸시와 풀 프로세스를 풀 리퀘스트 방식으로 관리하게 되면 다음 페이지 그림과 같은 프로세스로 변경된다.

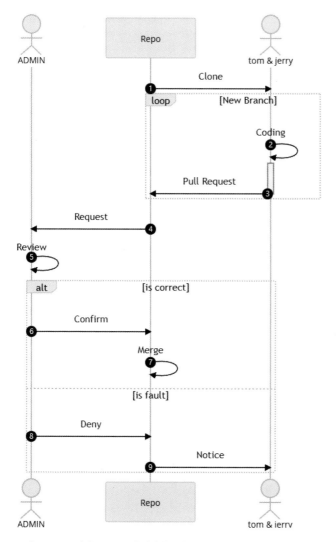

그림 7-15 풀 리퀘스트를 통해 관리하는 방식

7.3 State 백엔드

백엔드 구성으로 테라폼의 State를 저장하는 위치를 설정한다. State는 테라폼에서 프로비저
닝 결과를 추적하고 이후 프로비저닝 수행 시 비교하는 과정에 사용되므로 테라폼 사용 빈도와
대상의 규모가 커질수록 엄격한 관리가 요구된다. 백엔드를 구성하는 목적은 다음과 같다.

- **관리**: 백엔드 구성이 없는 경우 State는 `local` 구성이 기본으로 현재 State인 `terraform.tfstate`와 이전 상태인 `terraform.tfstate.backup`만이 보관되므로 지속적인 State 백업을 위해서 `local` 이외의 저장소가 필요
- **공유**: 다수의 작업자가 동일한 State로 접근해 프로비저닝하기 위한 공유 스토리지 필요
- **격리**: 민감한 데이터가 State 파일에 저장될 가능성을 고려하여, 각각의 환경에 따라 접근 권한 제어 필요

백엔드 구성에 사용 가능한 환경[4]은 다음과 같다.

표 7-2 구성 가능한 백엔드와 설명

종류	설명
remote	HCP TF / TFE의 워크스페이스를 의미하며, 1.1.0부터 remote 백엔드에서 cloud로 명시화
local	기본 백엔드로 로컬 파일 시스템에 구성
azurerm	Azure Blob Storage
consul	하시코프 Consul의 KV(Key-Value Store)를 사용
cos	Tencent Cloud Object Storage
gcs	Google Cloud Storage
http	GET, POST, DELETE를 지원하는 REST 클라이언트 대상
kubernetes	Kubernetes Secret
oss	Alibaba Cloud Object Storage Service
pg	Postgres Database
s3	Amazon S3 버킷을 사용하고, 추가로 DynamoDB 설정 시 State 잠금 및 일관성 검사 지원

7.3.1 HCP Terraform / Terraform Enterprise 백엔드

테라폼은 다양한 백엔드를 지원하지만 프로비저닝하는 대상과 함께 운영하기도 한다. AWS를 프로비저닝하는 경우 S3, Google Cloud의 경우 GCS가 적합할 수 있다. 하시코프에서는 프로비저닝 대상과 별개로 State를 관리할 수 있도록 SaaS 환경인 HCP Terraform을 제공하며 State 관리 기능은 무상으로 제공된다. 여기서는 다음의 이유로 State 공유에 HCP Terraform을 활용한다.

---

4 Terraform Available Backends – *https://developer.hashicorp.com/terraform/language/settings/backends/local*

- 기본 기능은 모두 무료
- State 히스토리 관리
- State lock 기본 제공
- State 변경에 대한 비교 기능

다음의 과정을 통해 설정한다.

1 app.terraform.io에 접속해 free account를 생성한다(또는 Continue with HCP account를 통해 HCP의 자격증명을 사용할 수도 있다).

그림 7-16 HCP Terraform 사용자 생성

2 사용자 이름, 이메일 주소, 패스워드를 입력해 다음으로 진행한다.
3 입력한 이메일 계정에 도착한 검증 메일에서 제공되는 링크를 클릭해 계정을 활성화한다.
4 계정이 활성화되면 'Organization' 화면의 [+ Create Organization] 버튼을 클릭한다.

그림 7-17 HCP Terraform 초기 설정 화면

5 Organization name에 사용자의 고유 조직 이름을 입력한다.

- 예: <nickname>-org

Organization이 준비되면 작업자는 CLI 환경에서 HCP Terraform을 사용하기 위한 자격증명이 필요하다. HCP Terraform에서는 자격증명을 위해 토큰을 제공한다. CLI 작업 환경 설정 파일에 토큰을 저장하는 방법은 작업자가 직접 파일을 생성하고 내용을 기입하는 것도 가능하지만 여기서는 terraform login [hostname] 명령을 사용해 토큰을 취득한다. hostname의 기본값은 app.terraform.io이며, 생략할 수 있다.

| 기본 사용법: terraform [global options] login [hostname]

1 사용자 작업 환경에서 terraform login을 수행하고 진행 여부를 묻는 질문에 'yes'를 입력한다.

```
$ terraform login
Terraform will request an API token for app.terraform.io using your browser.

If login is successful, Terraform will store the token in plain text in
the following file for use by subsequent commands:
    /Users/tf/.terraform.d/credentials.tfrc.json

Do you want to proceed?
  Only 'yes' will be accepted to confirm.

  Enter a value: yes
```

```
--------------------------------------------------------------------------------

Terraform must now open a web browser to the tokens page for app.terraform.io.

If a browser does not open this automatically, open the following URL to proceed:
    https://app.terraform.io/app/settings/tokens?source=terraform-login


--------------------------------------------------------------------------------


Generate a token using your browser, and copy-paste it into this prompt.

Terraform will store the token in plain text in the following file
for use by subsequent commands:
    /Users/gs/.terraform.d/credentials.tfrc.json

Token for app.terraform.io: <브라우저 호출됨>
```

커맨드 CLI에서 HCP Terraform 로그인 및 토큰 입력 대기

2 브라우저를 실행할 수 있는 환경에서는 토큰 획득을 위한 페이지로 자동 이동한다. 로그인이 안 되어 있는 경우 로그인을 진행한다. 브라우저가 열리지 않은 경우 출력된 메시지에서 안내하는 링크를 통해 토큰 획득 페이지로 이동한다. UI 경로는 좌측 상단 사용자 사진 클릭 〉 Account settings 〉 Tokens이다.

3 Tokens 항목을 선택하면 생성하는 [Creating a user token] 대화창이 뜬다. 항목에서 설명을 [Description]에 기입하고 유효 기간인 [Expiration]을 선택한 뒤 [Generate token] 버튼으로 토큰을 생성한다. 생성된 토큰을 복사해 입력 대기 중인 CLI에 붙여 넣어 진행한다.

```
Token for app.terraform.io: <브라우저 호출됨>
  Enter a value: <token 붙여넣기>


Retrieved token for user <사용자 ID>


--------------------------------------------------------------------------------

                              -
                           -----                       -
                        ---------                      --
                        --------- -                  -----
                        --------- ------            -------
                          ------- ---------   ---------
```

```
                                  ----  ----------  ----------
                                    --  ----------  ----------
  Welcome to HCP Terraform!          -  ----------  -------
                                   ---  -----  ---
  Documentation: terraform.io/docs/cloud    ---------   -
                                      ----------
                                      ----------
                                       ---------
                                         -----
                                           -

  New to HCP Terraform? Follow these steps to instantly apply an example
configuration:

    $ git clone https://github.com/hashicorp/tfc-getting-started.git
    $ cd tfc-getting-started
    $ scripts/setup.sh
```

커맨드 HCP Terraform에서 발급한 토큰을 붙여넣어 로그인 마무리

4 로그인이 완료되면, 앞서 토큰 입력시 표기된 경로의 `credentials.tfrc.json` 파일에 토큰이 저장된다.

구성 `credentials.tfrc.json` 파일에 저장된 토큰

```json
{
  "credentials": {
    "app.terraform.io": {
      "token": "HelloTerraform.atlasv1.Thisismytoken"
    }
  }
}
```

7.3.2 백엔드 구성

7.2절에서 사용한 Tom의 루트 모듈(terraform-aws-collaboration-tom)과 Jerry의 루트 모듈(terraform-aws-collaboration-jerry)을 사용해 공통 백엔드 구성과 동작을 확인한다. 이 과정에서는 두 작업자가 동일한 AWS 인프라를 프로비저닝하기를 원하는 상황이라고 간주한다.

Tom의 루트 모듈에서 Apply를 수행한다. 입력 변수 prefix의 값은 'dev'로 입력한다. 출력된 catapp_ip 또는 catapp_url로 접속해 생성된 웹페이지를 확인해본다.

```
# tom디렉터리에서 수행하며 terraform init 먼저 실행필요
tom $ terraform apply
var.prefix
  This prefix will be included in the name of most resources.

  Enter a value: dev
...생략...

null_resource.configure-cat-app (remote-exec):   _____
null_resource.configure-cat-app (remote-exec): < Mooooooooooo! >
null_resource.configure-cat-app (remote-exec):   ---------------
null_resource.configure-cat-app (remote-exec):          \   ^__^
null_resource.configure-cat-app (remote-exec):           \  (oo)_____
null_resource.configure-cat-app (remote-exec):              (__)\       )\/\
null_resource.configure-cat-app (remote-exec):                  ||----w |
null_resource.configure-cat-app (remote-exec):                  ||     ||
null_resource.configure-cat-app: Creation complete after 1m18s
[id=4017226427492603854]

Apply complete! Resources: 12 added, 0 changed, 0 destroyed.

Outputs:

catapp_ip = "http://15.165.57.16"
catapp_url = "http://ec2-15-165-57-16.ap-northeast-2.compute.amazonaws.com"
```

커맨드 Tom의 루트 모듈에서 AWS 프로비저닝 수행

Tom의 State에는 프로비저닝한 정보가 작성된다. 공동 작업자인 Jerry는 Tom의 프로비저닝 결과인 State를 아직 공유받지 않아 Plan 시 또 다른 리소스를 생성하는 실행 계획이 작성된다.

```
# jerry 디렉터리로 이동
jerry $ terraform plan
var.prefix
  This prefix will be included in the name of most resources.

  Enter a value: dev
```

...생략...

```
Plan: 12 to add, 0 to change, 0 to destroy.
```

커맨드 Jerry가 동일한 코드로 실행 계획을 생성할 때 다시 형상을 만드는 계획 발생

Tom의 작업 결과를 공유하기 위해 앞서 구성한 HCP Terraform 백엔드 설정을 추가한다. HCP Terraform의 workspaces는 CLI에서의 workspace처럼 테라폼 구성과는 별개로 State 를 관리하는 단위다.

코드 7-7 테라폼 구성에 HCP Terraform 백엔드 구성

```
# Tom's Root Module
terraform {
  cloud {
    organization = "<MY_ORG_NAME>"         # 생성한 ORG 이름 지정
    hostname     = "app.terraform.io"      # default

    workspaces {
      name = "terraform-aws-collaboration"  # 없으면 생성됨
    }
  }
 ...생략...
```

백엔드를 구성하고 terraform init을 수행, 'yes'를 입력하면 기존 로컬에 작성된 State를 리 모트 백엔드로 마이그레이션한다.

```
# tom 디렉터리로 이동
tom $ terraform init

Initializing HCP Terraform...
Do you wish to proceed?
  As part of migrating to HCP Terraform, Terraform can optionally copy
  your current workspace state to the configured HCP Terraform workspace.

  Answer "yes" to copy the latest state snapshot to the configured
  HCP Terraform workspace.

  Answer "no" to ignore the existing state and just activate the configured
```

```
    HCP Terraform workspace with its existing state, if any.

    Should Terraform migrate your existing state?

    Enter a value: yes

...생략...

HCP Terraform has been successfully initialized!
```

커맨드 HCP Terraform의 워크스페이스에 마지막 State를 복제하는 과정

백엔드 구성 및 **init**이 성공하면 HCP Terraform에 전용 워크스페이스가 생성된다.

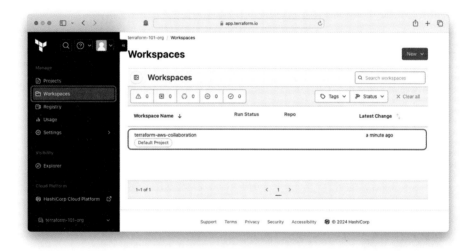

그림 7-18 생성된 워크스페이스

생성된 워크스페이스는 State 백엔드의 역할만 수행할 것이므로 설정 변경이 필요하다. 생성된 워크스페이스 선택 후 좌측 탭의 [Settings]에서 [General]을 선택한다. 이후 [Execution Mode]에서 [Local]로 선택하고 하단의 [Save settings]를 클릭해 변경을 적용한다.

그림 7-19 실행 모드 변경

[Execution Mode]에 대해 간단히 정리하면 다음과 같다.

- **Organization Default**: 워크스페이스가 속한 조직 기본 설정을 따름
- **Remote**: 테라폼 실행을 HCP Terraform에서 수행
- **Local**: 테라폼 실행은 작업자 환경 또는 연결된 외부 환경에서 실행해 State만을 동기화
- **Agent**: 테라폼 실행을 사용자 지정 Agent(설치된 서버 환경)에서 수행 (Business 플랜에서 활성화)

이후 [States] 탭으로 이동하면 `terraform init`을 통해 마이그레이션된 State가 업로드되어 있는 것을 확인할 수 있다.

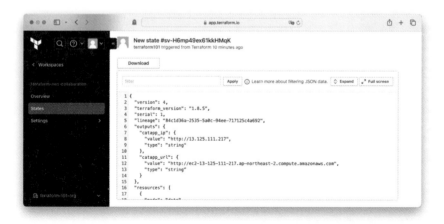

그림 7-20 업로드된 State 파일

Tom의 루트 모듈에서는 더 이상 로컬 환경의 State를 사용하지 않으므로 terraform.tfstate 파일에 내용이 삭제되어 있다. terraform.tfstate와 terraform.tfstate.backup 파일을 삭제한다. 다시 Plan을 실행해보면 변경 사항이 없다고 출력된다. Jerry가 변경된 코드 변경 사항을 동기화할 수 있도록 Tom의 코드를 커밋하고 풀 리퀘스트 생성 후 병합하는 과정을 수행한다.

```
# tom 디렉터리에서 수행
tom $ terraform plan
Acquiring state lock. This may take a few moments...
var.prefix
  This prefix will be included in the name of most resources.

  Enter a value: dev

...생략...

No changes. Your infrastructure matches the configuration.
```
커맨드 백엔드 State 저장소의 State를 기준으로 실행되는 테라폼

Jerry의 루트 모듈에서 변경된 코드를 깃 풀^{pull}로 받고 terraform init을 수행한다. 아직 Jerry는 terraform apply를 수행하지 않았으므로 State의 병합에 대한 물음이 출력되지는 않는다. Plan을 수행하면 백엔드 저장소의 State를 참조하므로 Jerry 또한 변경할 실행 계획이 없음이 표기된다.

```
# jerry 디렉터리로 이동
jerry $ terraform plan
Acquiring state lock. This may take a few moments...
var.prefix
  This prefix will be included in the name of most resources.

  Enter a value: dev

...생략...

No changes. Your infrastructure matches the configuration.
```
커맨드 공통의 State 백엔드를 참조해 변경 사항이 발생하지 않음

7.3.3 백엔드 활용

테라폼 백엔드의 일부에서는 State에 대한 잠금 기능을 제공한다. HCP TF / TFE, AWS S3 + Dynamo DB, Postgres Database, Consul 등이 여기에 해당한다. 백엔드를 공유하는 작업자는 프로비저닝 수행 시 동일한 State를 사용하므로 Apply 작업 시에는 State를 다른 작업이 접근하지 못하도록 잠가야 마지막 상태에 대한 무결성을 확보할 수 있다.

여기서는 Jerry가 프로비저닝 실행 시 변경 사항이 발생하도록 코드를 수정한다고 가정하여, null_resource에 정의한 내용이 항상 수행되도록 trigger를 추가한다. 참고로 trigger에 timestamp() 함수를 지정하면 테라폼 프로비저닝 실행마다 다른 값이 저장되므로 항상 변경을 유발한다.

코드 7-8 공통의 State 백엔드를 참조해 변경 사항이 발생하지 않음

```
# Jerry's Root Module
...생략...

resource "null_resource" "configure-cat-app" {
  depends_on = [aws_eip_association.hashicat]

  triggers = {
    build_number = timestamp()
  }

...생략...
```

Jerry의 루트 모듈에서 terraform apply를 수행하면 Jerry의 루트 모듈에서 백엔드 State를 확인하고 변경 사항에 대한 실행 계획을 생성한다. 'yes'를 입력하지 않고 대기한다. 이후 Tom이 변경 없이 terraform apply를 실행한다.

```
# tom 디렉터리에서 수행
tom $ terraform apply

Error: Error acquiring the state lock
```

```
Error message: workspace already locked (lock ID: "terraform-101-org/terraform-aws-
collaboration")
Lock Info:
  ID:        c9a96f1b-85bb-fdc7-7c63-c8f7fd7a1075
  Path:
  Operation: OperationTypeApply
  Who:       gs@gs-JHHYCQH4HR
  Version:   1.8.5
  Created:   2024-06-15 07:49:55.668163 +0000 UTC
  Info:

Terraform acquires a state lock to protect the state from being written
by multiple users at the same time. Please resolve the issue above and try
again. For most commands, you can disable locking with the "-lock=false"
flag, but this is not recommended.
```

커맨드 공통의 State 백엔드를 참조해 중복된 접근이 발생한 경우 State 잠금 처리

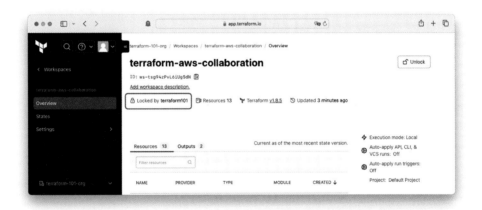

그림 7-21 잠금 처리된 워크스페이스

Jerry 루트 모듈에서 'yes'를 입력해 `terraform apply` 작업을 완료한다. 변경이 완료되고
HCP Terraform의 가장 최근 State를 확인하면 [Changes in this version]에서 변경 사항을
확인할 수 있다.

그림 7-22 이전 State와 변경 사항 비교

7.4 실습

다음의 깃허브 저장소를 복제해 아래 조건을 만족하는 코드를 작성한다.

- *https://github.com/terraform101/terraform-aws-collaboration*

조건

- HCP Terraform을 State 백엔드로 구성
  - workspace 이름: `terraform-edu-part1-assessment`
  - 실행 모드는 `local`
- AWS 공통 Tag
  - Project = "workshop"
- `aws_instance`는 반복문을 사용해 세 개 구성
- EIP를 제거하고 EC2에서 public ip를 자체 사용하도록 구성
- `placeholder` 변수는 아래 세 가지가 각각의 `aws_instance`에 적용되도록 구성
  - placekitten.com
  - placebear.com
  - placedog.net

풀이 예제는 'example' 브랜치에 있다. 조건에 맞게 작성한 코드와 비교해보고 더 나은 방안을 찾아보자.

- 반복문에 count와 for_each를 활용할 수 있다.
- module을 활용하는 방안도 있다.

추가 비용 발생을 막기 위해 실습 이후 terraform destroy를 실행한다.

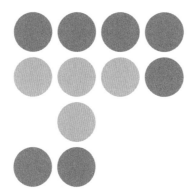

## CHAPTER 8

워크플로

테라폼 워크플로는 단계별로 다음과 같이 구분한다.

- **Write**: 코드를 작성
- **Plan**: 적용하기 위한 실행 계획을 통해 리뷰
- **Apply**: 코드로 인프라를 프로비저닝

프로비저닝 결과와 코드를 관리하는 형태, 부수적인 단계를 추가하기도 하나 큰 틀은 벗어나지 않는다. 개인, 단일 팀에서부터 다수 팀이 사용하는 단계에도 이 과정이 동일하게 적용된다.

8.1 규모에 따른 워크플로

사용자 개인이 테라폼으로 프로비저닝하는 워크플로는 다수의 작업자 또는 작업자 그룹 간의 R&R에 따라 변화한다. 인프라가 확장되면 더 많은 작업자와 팀이 인프라를 관리해야 하고 협업을 위해서는 각 개인과 팀 간 권한을 유지하면서 병렬로 작업할 수 있는 환경을 구성해야 한다.

애플리케이션 개발 아키텍처의 추세는 특정 기능을 각 팀이 개별적으로 개발하고 구성하는 마이크로서비스 아키텍처 구성으로 변화하고 있다. 이와 같이 개발 주체와 더불어 인프라 또한 각 서비스와 권한에 따라 테라폼 구성으로 독립된 구성도 변화한다. 테라폼을 활용할 때도 각 워크스페이스 별로 접근 권한을 관리하고 중앙에서 관리되는 실행 환경을 설계하여 조직의 복잡성을 해결하고 프로비저닝에 집중하는, 규모에 맞는 워크플로 설계가 필요하다.

8.1.1 개인 워크플로

개인이 테라폼으로 일하는 방식의 예는 다음과 같다.

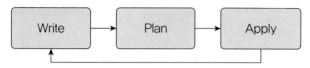

그림 8-1 개인의 워크플로

Write

프로비저닝하려는 목적에 따라 테라폼 코드를 작성한다. 이 단계에서 주의할 것은 개인 작업이더라도 반복적인 사용성을 고려해야 한다는 점이다. 인수에 할당되는 값을 입력 변수화하고 반복적인 구조가 발생하는 경우 리소스 단위별로 반복문을 사용할지 다수의 리소스를 모듈화할지 결정한다.

Plan

이 단계에서는 단지 테라폼의 Plan만을 의미하지 않는다. 제공되는 `terraform fmt` 명령을 통해 코드 형태를 포맷팅하고 변경되는 리소스를 리뷰한다. 또한 테라폼과 함께 동작하는 tfsec이나 terrascan 같은 보안 취약성 점검 툴 등을 활용하는 것도 좋은 방안이다.

Apply

리뷰를 마치고 나서 실제 인프라를 프로비저닝한다. 실행 계획상으로는 정상이지만 실제 프로비저닝하는 단계에서 인수 값, 생성 순서, 종속성에 따라 오류가 발생할 수 있다. 성공적인 완료를 위해 `Write > Plan > Apply` 단계를 반복하고 성공하는 경우 코드 관리를 위해 VCS에 코드를 병합한다.

8.1.2 다중 작업자 워크플로

다중 작업자의 경우 기본 워크플로 단계에 협업을 위한 고려사항이 필요하다. 애플리케이션 개발 워크플로와 유사하다.

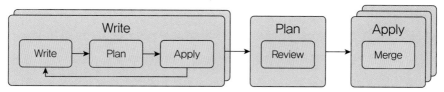

그림 8-2 팀의 워크플로

Write

여러 작업자의 테라폼 코드가 충돌하지 않도록 VCS와 같은 형상관리 도구에 익숙해져야 한다. 작업자는 작업 전에 미리 원격 저장소의 코드를 받고 깃에서는 브랜치를 활용해 개별적으로 작업한다. 개인의 워크플로에서 고려한 변수화와 더불어 패스워드와 인증서 같은 민감 데이터가 포함되지 않도록 코드를 설계한다. 또한 개인 작업 환경에서만 사용되는 변수는 공유하지 않는다. 깃을 사용한다면 작업자 개인의 변수는 terraform.tfvars에 선언하고 .gitignore에 추가해 개별적으로 테스트할 수 있는 환경을 구성할 수 있다.

> **구성** .gitignore 설정의 예

```
# .gitignore
**/terraform.tfvars
```

이 단계에서 개별 작업자는 작은 단위의 개별 워크플로(Write > Plan > Apply)를 반복해야 한다.

개별 작업 환경과 별개로 병합되는 코드가 실제 운영 중인 인프라에 즉시 반영되면 실행 후 발생할 오류 예측이 어려워 부담이 될 수 있다. 이를 보완하기 위해 프로비저닝 대상의 환경을 검증과 운영, 또는 그 이상의 환경으로 구성 가능하도록 구조화한다. 이때 사용하는 방식은 디렉터리 기반 격리와 깃 기반의 브랜치 격리다. 브랜치로 관리하는 환경의 전략[1] 같은 온라인상의 글들을 찾아보면 이런 전략을 쓰는 이유를 이해하는 데 도움이 된다.

---

1 성공적인 깃 브랜치 모델 – *https://nvie.com/posts/a-successful-git-branching-model/*

Plan

둘 이상의 작업자는 프로비저닝 이전에 팀원 간 리뷰를 거쳐 변경된 내역을 확인하고 공통 저장소에 병합해야 한다. 리뷰 단계에서는 추가, 삭제, 수정된 내역을 관련 작업자가 검증, 질의, 배움의 단계를 거쳐 복기함으로써 코드 상태를 개선해 유지하고 작업자 간에 의도를 공유한다.

코드 자체 외에도 테라폼의 Plan 결과를 풀 리퀘스트 단계에 같이 제공하면 영향을 받는 리소스와 서비스 중단에 대한 예측이 더 쉬워진다. CI 툴과 연계하거나 HCP TF / TFE의 VCS 통합 기능으로 자동화할 수 있다.

Apply

코드가 최종 병합되면 인프라 변경이 수행됨을 알리고 변경되는 대상 환경의 중요도에 따라 승인이 필요할 수 있다. 또한 변경하는 코드가 특정 기능, 버그 픽스, 최종 릴리스를 위한 병합인가에 따라 이 단계에 추가로 코드 병합이 발생할 수 있다. 관리하는 단위를 나누는 기준은 조직 R&R, 서비스, 인프라 종류 등으로 구분된다.

8.1.3 다수 팀의 워크플로

R&R이 분리된 다수 팀 또는 조직의 경우 테라폼의 프로비저닝 대상은 하나이지만 관리하는 리소스가 분리된다. 단일 팀의 워크플로가 유지되고 그 결과에 대해 공유해야 하는 핵심 워크플로가 필요하다.

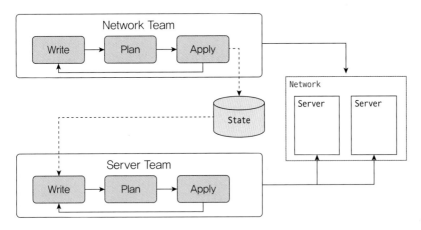

그림 8-3 다수 팀의 워크플로

Write

대상 리소스가 하나의 모듈에서 관리되지 않고 R&R에 의해 워크스페이스가 분리된다. 서로 다른 워크스페이스에서 구성된 리소스 데이터를 권한이 다른 팀에서 공유하기 위해, 저장된 State 접근 권한을 제공하고 output을 통해 공유 대상 데이터를 노출한다.

테라폼 코드 작성 시 다른 워크스페이스에서의 변경 사항을 데이터 소스로 받아 오는 terraform _remote_state 또는 별도 KV-store를 활용하는 코드 구성이 요구된다. 또한 관리 주체가 다른 곳에서 생긴 변경 사항의 영향을 최소화하도록 리모트 데이터 소스의 기본값을 정의하거나 코드적인 보상 로직을 구현하는 작업이 필요하다.

Plan

코드 기반으로 진행되는 리뷰는 다른 팀의 인프라를 VCS상의 코드 리뷰만으로도 공유받고 영향도를 검토할 수 있다. 병합을 승인하는 단계에 영향을 받는 다른 팀의 작업자도 참여해야 한다.

Apply

프로비저닝 실행과 결과에 대한 안내가 관련 팀에 알려져야 하므로 파이프라인 구조에서 자동화하는 것을 추천한다. 실행 후의 영향도가 여러 팀이 관리하는 리소스에 전파될 수 있으므로 코드 롤백 훈련이 필요하다. 생성된 결과와 다른 워크스페이스에서 참조되는 output 값의 업데이트된 내용을 다른 팀이 확인하는 권한 관리가 필요하다.

8.2 격리 구조

테라폼 수준에서의 격리는 State를 분리하는 데 목적이 있다. 테라폼은 파일이나 하위 모듈로 구분하더라도 동작 기준은 실행하는 루트 모듈에서 코드를 통합하고 하나의 State로 관리한다. 애플리케이션 구조가 모놀리식(+아키텍처)에서 MSA(마이크로 서비스 아키텍처)로 변화하는 과정은 테라폼의 IaC 특성과도 결부된다. [표 8-1]에 두 아키텍처의 장단점을 비교한다.

표 8-1 모놀리식과 MSA의 장단점 비교

	Monolithic Architecture	Micro Service Architecture
장점	• 단일, 소수 인원으로 개발 편리 • 통합된 시나리오 검증이 쉬움 • 배포 간편	• 소규모 기능 단위로 배포와 테스트가 용이 • 단위별로 새로운 구성 적용이 수월 • 서비스가 독립적으로 실행
단점	• 규모가 커지면 코드 추가, 수정, 삭제가 어려움 • 신규 작업자가 전체를 리뷰해야 함 • 부분적인 오류가 전체에 영향을 줌	• 다수의 배포를 위한 프로세스 구현 필요 • 단위별 연계를 위한 로직 구현 필요 • 나누는 기준 마련 필요

테라폼 또한 사용하는 리소스가 적고 구조가 단순하면 모놀리식 방식으로 구성하는 것이 인프라 프로비저닝 구축 속도는 빠를 수 있다. 하지만 유지 보수, 인수인계, 운영의 관점에서는 프로비저닝 단위별로 분류하는, 마치 MSA와도 같은 분산된 설계가 매몰 비용과 기술 부채를 줄이는 데 효과적이다.

규모가 큰 워크플로를 만들기 위해서는 간단하고 조합 가능한 부분들이 모여 집합을 이루어야 한다. 이러한 집합에서 발생하는 정보는 다른 집합과 교환할 수 있지만, 각 집합은 독립적으로 실행되며 다른 집합에 영향을 받지 않는 격리된 구조가 필요하다. 초기 테라폼 적용 단계에서 단일 또는 소수의 작업자는 단일 대상에 대해 IaC를 적용하고 하나의 루트 모듈에 많은 기능을 포함시킬 가능성이 높다.

8.2.1 루트 모듈 격리(파일/디렉터리)

단일 작업자가 테라폼으로 프로비저닝을 하는 많은 경우에 관리 편의성 및 배포 단순화를 위해 하나의 루트 디렉터리에 파일로 리소스들을 구분하거나, 디렉터리를 생성하고 하위에 구성 파일 묶음을 위치시켜 루트 모듈에서 하위 디렉터리를 모듈로 읽는 구조를 사용한다.

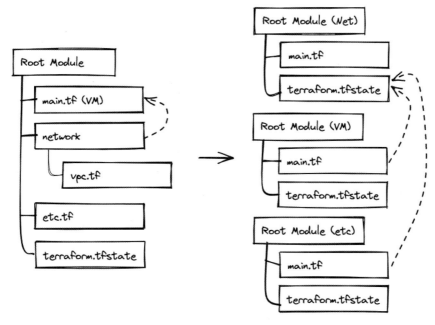

그림 8-4 모놀리식 구조의 파일/디렉터리 구조 격리 설계

작업자가 관리하는 영역 또는 프로비저닝되는 리소스 묶음의 독립적인 실행을 위해, 단일 루트 모듈 내의 리소스를 다수의 루트 모듈로 분리하고 각 모듈의 State를 참조하도록 격리한다. 관리적인 측면으로는 작업자들의 관리 영역을 분리시키고 깃 기준의 리모트 저장소도 접근 권한을 관리할 수 있다. 협업과 관련해 작업자별로 특정 루트 모듈을 선정 후 구성 작업을 진행해 코드 충돌을 최소화하는 환경을 구성하고 인수인계 과정에서 리뷰하는 영역을 최소화할 수 있다.

8.2.2 환경 격리 – 깃 브랜치

서비스의 테스트, 검증, 운영 배포를 위해 테라폼으로 관리되는 리소스가 환경별로 격리되어야 한다면 디렉터리 구조로 분리하는 방안을 고려할 수 있다. 디렉터리별로 각 환경을 나누는 것은 개인의 관리 편의성은 높지만, 환경의 아키텍처를 고정시키고 코드 수준의 승인 체계를 만들기 위해서는 최종 형상에 대해 환경별 브랜치를 구성하기를 권장한다.

디렉터리 구조만으로는 환경에 따라 사용자를 격리할 수 없다. 이때 깃의 브랜치 기능을 활용하면 환경별로 구별된 작업과 협업이 가능하다.

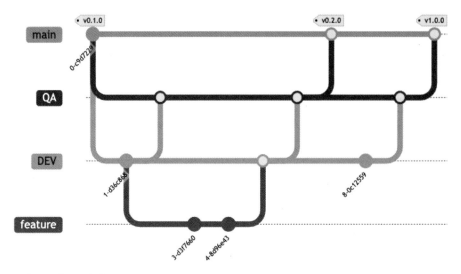

그림 8-5 깃 flow의 예

- **main**: 운영 코드가 관리되며 이곳에는 직접적으로 구성 변경을 수행하지 않음
- **QA**: 검증 대상 인프라를 구성하는 코드로, 메인 브랜치와 같이 직접적인 구성 변경을 수행하지 않음
- **DEV**: QA 전 단계로 메인 코드 구성과 기능 브랜치의 병합을 담당
- **feature**: 새로운 리소스를 추가하고 구현하며 여러 개가 될 수 있음

관리의 편의성을 고려해 Hot-fix와 Release 브랜치를 추가할 수도 있지만 인프라의 특성상 개발, 검증, 운영으로 나눈다. 환경 간에 프로비저닝이 되는 리소스를 갖추고 있다면 운영을 위한 프로비저닝 환경을 안정적으로 유지할 수 있다는 장점이 있다.

디렉터리 구조로 관리하는 환경별 디렉터리 구성 방식에서는 개발할 때 작성한 구성을 다시 복사해 검증 또는 운영에 반영하므로 환경별로 구성이 다른 상황이 발생할 여지가 높고, 모든 디렉터리에 접근 가능한 경우 검증과 운영을 위한 구성을 직접 수정하는 일이 발생할 가능성이 높다. 따라서 작업자가 다수의 환경을 동시에 관리한다면 디렉터리로 구분하더라도 각 디렉터리마다 동일한 깃 저장소의 브랜치별 리모트 구성을 하는 것이 바람직하다.

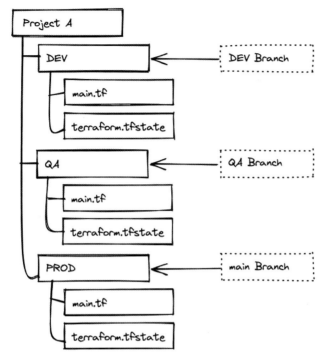

그림 8-6 디렉터리 격리에 깃 브랜치 연결

이 방식은 동일한 디렉터리에서 브랜치를 변경해가며 작업해 발생하는 실수를 줄일 수 있고, 각 브랜치가 연결되어 있으므로 단일 작업자가 다수의 환경을 관리하는 이점과 각 환경별로 리소스 구성이 동일하게 유지되는 장점이 있다.

8.3 프로비저닝 파이프라인 설계 – 깃허브

실제 서비스가 실행되는 대상을 프로비저닝하면 테라폼의 Plan과 Apply 과정상에 추가로 코드 검증, 실행 계획 검증, 실행 후 결과 확인과 같은 추가 동작을 자동화해 연계할 필요성이 생긴다. 주로 쓰이는 도구로는 개발 환경에서도 많이 사용되는 젠킨스, 깃허브의 코드 관리와 함께 사용 가능한 GitHub Action, 테라폼을 위해 개발된 HCP TF / TFE 환경이 있다. 젠킨스, GitHub Action의 경우 자체 구성으로 비용 부담이 없고 자유롭게 구성 가능한 장점이 있다.

단점은 설계자, 설치자에 대한 종속성이 강하고 사용자 정의 가능한 구성이 많아 표준 선정을 위한 협의가 필요하다.

GitHub Action은 깃허브 환경에서 제공하는 CI/CD 자동화 도구다. 워크플로를 설계하고 다양한 라이브러리들을 이용해 다양한 작업 구성이 가능하다. 다음 저장소를 포크해 진행한다.

- *https://github.com/terraform101/terraform-aws-github-action*

GitHub Action은 별도의 State 저장소를 제공하지 않기 때문에 테라폼 실행으로 생성되는 State가 항상 초기화되어 프로비저닝 결과를 유지할 수 없다. 따라서 아래의 과정으로 백엔드를 활성화한다.

1 리모트 저장소를 로컬 환경에 복제
2 main.tf의 terraform 블록에서 사용자의 HCP Terraform 환경 Organization으로 지정
3 지정된 cloud 백엔드 활성화를 위해 terraform init을 수행
4 생성된 워크스페이스의 설정에서 실행 모드(Execution mode)를 Local로 수정

복제한 코드의 주요 내용 설명은 다음과 같다.

- action.yml: GitHub Action의 구성은 .github/workflows의 yml 파일 형태로 작성
- main.tf: 프로비저닝의 실행은 작업자나 GitHub Action에서 발생하더라도 동일한 State 유지를 위해 백엔드 구성 추가

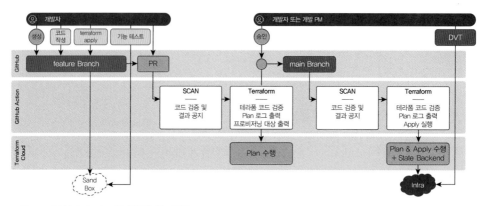

그림 8-7 GitHub Action을 사용한 워크플로

실습에서 사용되는 GtiHub Action에 정의된 동작의 설명은 다음과 같다.

- Job "SCAN": 테라폼 코드 검증
  - Check out code: 검증을 위해 저장소의 코드를 체크아웃
  - Run terrascan: 테라폼 코드 검증 도구인 Terrascan을 실행
  - Upload SARIF file: 검증의 결과(정적 분석 결과 표준 포맷)를 업로드
- Job "Terraform": 테라폼 실행
  - Job "SCAN" 이후 실행
  - Check out code: 검증을 위해 저장소의 코드를 체크아웃
  - Configure AWS credentials: AWS 환경을 프로비저닝하기 위한 Credential 설정
  - Terraform Fmt: 표준 스타일 수정 대상 확인
  - Terraform init: 테라폼 실행을 위한 init 수행
  - Terraform validate: 코드 문법 오류 검사
  - Terraform plan: 실행 계획 확인
    - TF_LOG: 로그 수준을 info로 출력해 실행 디버깅
  - Plan output: 풀 리퀘스트인 경우 실행 계획을 정리해 출력
  - Terraform apply: 메인 브랜치 변경 시에만 Apply 수행

예시의 동작 외에도 프로비저닝 이후의 테스트를 위한 terratest 도구와 비용 예측을 위한 terracost, infracost 도구들도 추가해볼 수 있다.

GitHub Action 과정에서 필요로 하는 State 공유를 위한 HCP Terraform의 토큰, AWS 프로비저닝을 위한 AWS Credential과 같은 민감 데이터를 저장소에서 민감 변수로 처리할 수 있다. 해당 저장소의 [Settings]를 선택한 후 좌측 메뉴의 [Secrets and variables 〉 Actions]를 선택하면 해당 저장소를 위한 민감 변수를 등록할 수 있는 [New repository secret] 버튼이 보인다.

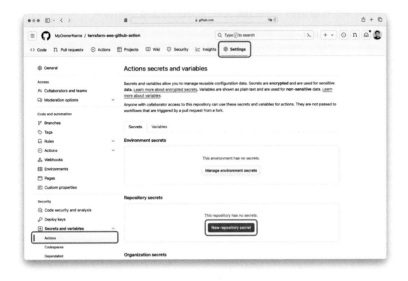

그림 8-8 GitHub Action의 민감 변수 관리 메뉴

해당 버튼을 클릭해 다음의 변수를 입력한다. 설정된 민감 변수는 GitHub Action 정의 파일에서 `${{ secrets.변수 이름 }}`으로 호출된다.

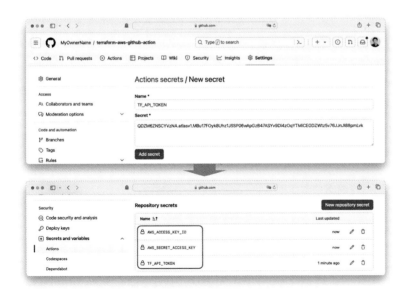

그림 8-9 GitHub Action에서 사용하는 민감 변수 입력

- **TF_API_TOKEN**: HCP Terraform의 기존 사용 중인 토큰 (`credentials.tfrc.json`에 저장됨) 또는 신규 토큰을 생성해 입력
- **AWS_ACCESS_KEY_ID**: AWS Access Key 입력
- **AWS_SECRET_ACCESS_KEY**: AWS Secret Access Key 입력

포크되어 비활성화되어 있는 저장소의 [Actions] 탭으로 이동해 [I understand my workflows, go ahead and enable them] 버튼을 클릭, 활성화한다.

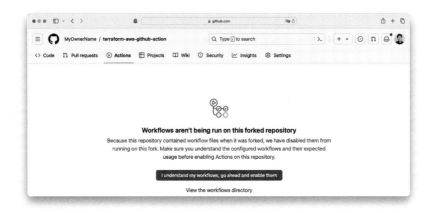

그림 8-10 GitHub Action의 활성화 버튼

연습 문제 1

동작 확인을 위해 다음의 조건으로 브랜치를 생성하고 새로운 입력 변수를 적용한다(앞서 학습한 내용을 떠올리며 풀어보자. 연습 문제의 풀이는 이번 8.3절 끝에 있다).

- 브랜치 이름: add-env-variable
- 테라폼 입력 변수 추가
  - 이름: environment
  - 설명: Define infrastructure's environment
  - 타입: string
  - 기본값: dev
  - 변수 확인
    - 조건: dev, qa, prod 인 경우 허용
    - 에러 메시지: The environment value must be dev, qa, or prod.
- `aws_vpc`의 `tags.environment`를 입력 변수 `environment` 값으로 선언

새로운 브랜치의 변경 내용을 커밋, 푸시하고 깃허브 웹페이지에서 풀 리퀘스트를 생성한다
(주의: 사용자가 저장소로 요청하는 것인지 주의해 진행한다). GitHub Action의 동작 조건
은 메인 브랜치에 푸시가 발생하거나 풀 리퀘스트가 발생하는 경우로 정의되어 있다.

코드 8-1 GitHub Action의 실행 조건

```
# ./github/workflows/action.yml
on:
  push:
    branches:
      - main
  pull_request:
```

신규 발생한 풀 리퀘스트를 확인하면 GitHub Action이 동작된 결과를 확인할 수 있다.

1 Pull Request가 수행되는 깃허브 화면의 [Conversation] 탭에서는 Action의 실행 과정을 확인할 수
  있다.

2 [Conversation] 항목에서 중간의 [github-actions]의 봇 메시지를 확인하고, 과정이 잘 수행된 후
  [Show Plan]을 확장해보면 Terraform Plan의 결과가 확인된다.

3 저장소의 [Actions] 탭으로 이동하면 단계별 수행 과정과 결과가 출력된다.

4 저장소의 [Security] 탭으로 이동하면 tfsec 으로 인해 생성된 코드의 보안 요소를 확인한 결과가 기록되어
  있다.

그림 8-11 풀 리퀘스트에 연동된 GitHub Action의 결과

Apply 동작은 메인 브랜치에 대한 푸시에만 동작한다. 풀 리퀘스트에 대해 병합을 수행한 뒤 저장소의 [Actions] 탭으로 이동하여 실행되는 내용을 확인해본다. 정상적으로 완료되었다면 HCP Terraform의 워크스페이스에 생성된 State가 확인된다.

코드 8-2 GitHub Action의 `terraform apply` 조건

```
- name: Terraform apply
  id: apply
  if: github.ref == 'refs/heads/main' && github.event_name == 'push'
  run: terraform apply -auto-approve -var=prefix="$MY_PREFIX" -input=false
```

GitHub Action에서 Apply 또한 정상적으로 수행되고 나서 저장소의 [Security] 탭을 선택하면 `Code scanning alerts`에 앞서 풀 리퀘스트로 작성된 정적 코드 분석 내용을 확인할 수 있다. 분석 내용의 기반이 된 정책 목록은 *runterrascan.io*에서 확인할 수 있다. 관련 정책은 대상 플랫폼별로 관리되고 있으며, 권장하는 정책이므로 안전한 인프라를 구성하는 데 참고할 수 있다. 경우에 따라2 일부 적합하지 않은 구성일 수 있으므로 보안, 인프라 아키텍처 담당자와 논의가 필요하다.

Terrascan 정책: *https://runterrascan.io/docs/policies/policies/*

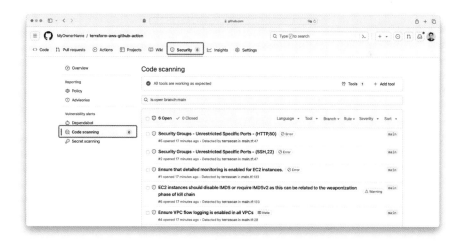

그림 8-12 [Security] 탭에 등록된 terrascan의 결과

연습 문제 2

Destroy에 대한 GitHub Action을 작성해본다(팁: 수동으로 실행할 것이므로 on 구성에는 workflow_dispatch: 항목[2]이 필요하다).

연습 문제 1 풀이의 예

GitHub Action 실습을 위한 조건 적용의 예는 다음과 같다.

코드 8-3 GitHub Action 실습을 위한 조건 적용 – main.tf

```
### main.tf ###
resource "aws_vpc" "hashicat" {
  cidr_block          = var.address_space
  enable_dns_hostnames = true

  tags = {
    name        = "${var.prefix}-vpc-${var.region}"
    environment = var.environment
  }
}
```

코드 8-4 GitHub Action 실습을 위한 조건 적용 – variable.tf

```
### variable.tf ###
variable "environment" {
  type        = string
  description = "Define infrastructure's environment"
  default     = "dev"

  validation {
    condition     = contains(["dev", "qa", "prod"], var.environment)
    error_message = "The environment value must be dev, qa, or prod."
  }
}
```

```
$ git branch -M add-env-variable
$ git add .
```

---

2 GitHub Action (workflow_dispatch) – *https://docs.github.com/en/actions/using-workflows/events-that-trigger-workflows#workflow_dispatch*

```
$ git commit -m "add env variable"
$ git push origin HEAD
```

커맨드 GitHub Action 실습 적용

연습 문제 2 풀이의 예

Destroy를 위한 GitHub Action의 예는 다음과 같다.

코드 8-5 Destroy를 위한 GitHub Action 구성의 예

```
name: Terraform DEV Destroy

on:
workflow_dispatch:

env:
  MY_PREFIX: DEV
  TF_VERSION: 1.2.5

jobs:
  Terraform:
    name: Terraform
    runs-on: ubuntu-latest
    steps:
      - name: Check out code
        uses: actions/checkout@v3

      - uses: hashicorp/setup-terraform@v2
        with:
          terraform_version: $TF_VERSION
          cli_config_credentials_token: ${{ secrets.TF_API_TOKEN }}

      - name: Terraform init
        id: init
        run: terraform init -upgrade
        # working-directory: ${{ env.working-directory }}

      - name: Terraform validate
        id: validate
        run: terraform validate -no-color

      - name: Terraform destroy
```

```
id: Destroy
run: terraform destroy -auto-approve -var=prefix="$MY_PREFIX"
env:
  AWS_ACCESS_KEY_ID: ${{ secrets.AWS_ACCESS_KEY_ID }}
  AWS_SECRET_ACCESS_KEY: ${{ secrets.AWS_SECRET_ACCESS_KEY }}
```

8.4 HCP Terraform

HCP는 HashiCorp Cloud Platform의 약자로, 하시코프사가 제공하는 SaaS 환경을 의미한다. HCP Terraform은 팀과 조직 수준에서 간소화된 워크플로 구성 환경을 제공한다. 앞서 살펴본 GitHub Action과 같은 도구에 비해 자유도는 낮지만 VCS 연동, 변수 구성, State 저장소, RBAC, 원격 실행 환경 등의 기능을 활용해 보다 적은 노력으로 워크플로를 설계한다.

여타 비슷한 SaaS 서비스들과 마찬가지로 비용 Plan이 있고, HCP에 가입하면 모든 HCP에서 사용 가능한 50달러의 크레딧이 제공된다. 상세 정보는 워크스페이스 목록이 나오는 화면 좌측의 [Settings 〉]를 선택한 후 좌측의 [Plan & billing]을 선택하면 현재 Plan을 확인할 수 있다. [Edit plan] 버튼을 선택하면 각 Plan별 기능과 비용을 미리 확인할 수 있다(만약 앞서 HCP 계정이 아닌 HCP Terraform만을 위한 계정으로 생성한 경우 다시 HCP 회원가입 절차와 HCP Organization 생성 링크를 클릭하고 진행한다).

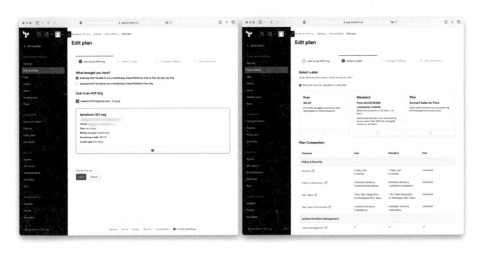

그림 8-13 HCP Terraform Plan

2023년 6월 1일부로 적용되는 HCP Terraform Plan의 간단한 설명은 아래와 같다(이전에는 Free, Team, Team&Governance, Business로 구분되었다).

표 8-2 HCP Terraform Plan 설명

기능	Free	Standard	Plus
Policy & Security (정책 적용과 보안 기능)			
Policies	– 1개의 Policy Set – 5 개의 Policy	– 1개의 Policy Set – 5 개의 Policy	– 무제한
Policy Enforcement	– Advisory 수준 무제한 – 1개의 Soft/Hard Mandatory	– Advisory 수준 무제한 – 1개의 Soft/Hard Mandatory	– 무제한
Run Tasks	– 1개의 Run task 연동 – 10개의 워크스페이스 적용 가능	– 1개의 Run task 연동 – 10개의 워크스페이스 적용 가능	– 무제한
Run Tasks Enforcement	– Advisory 수준 무제한 – 1개의 Mandatory	– Advisory 수준 무제한 – 1개의 Mandatory	– 무제한
Unified Workflow Management (워크플로 관리)			
Team Management	X	O	O
No Code Provisioning	X	X	O
Visibility & optimization (가시화 및 최적화)			
Audit Logging	X	X	14일 보관
Drift Detection	X	X	O
Continuous Validation	X	X	O
Cost Estimation	O	O	O
Integrations & API (외부 시스템 연계)			
Support for Service Now Integration	X	X	O
Reliability & scale (신뢰성 및 확장성)			
Concurrency	1개	3개	최소 10개
Self-hosted Agensts	1개	1개	최소 10개
Support	커뮤니티 지원	9 to 5 지원	9 to 5 지원 또는 24/7 지원

공통 제공 기능		
– Infrastructure as Code (HCL, CDK) – Workspaces – Variables – Runs (separate plan and apply) – Resource Graph & Providers – Modules	– Public Registry – Remote State Storage – VCS Connection – Projects – Secure Variable Storage – Remote Runs (Plan & Apply) – Private Registry	– Workspace Management – Cost Estimation – Run Triggers – Dynamic Provider Credentials – Single Sign-on

이번 내용에서 HCP Terraform의 워크플로와 역할 기반 접근 및 정책 워크플로를 확인하기 위해 다음 안내를 참고한다.

- HCP Terraform 워크플로를 수행하기 위해 Standard Plan 활성화
- Standard Plan은 500개까지 Resource 초과 후 과금
- HCP 최초 가입 시 $50 지급

다음 과정의 실습을 위한 안내는 다음과 같다.

- 다음 저장소를 포크 – *https://github.com/terraform101/terraform-aws-tfc-workflow*
- terraform 블록에 지정된 cloud 백엔드의 organization의 값을 소유한 이름으로 변경

8.4.1 CLI Driven

7장에서 진행한 내용과 마찬가지로 포크한 코드를 로컬 환경에 clone하여 terraform 정의의 cloud에 organization을 사용 중인 이름으로 변경하고 terraform init을 수행해 백엔드 구성을 완료한다.

```
$ git clone https://github.com/<Owner>/terraform-aws-tfc-workflow
...생략...

$ cd terraform-aws-tfc-workflow
<terraform 블록의 ORG 수정 확인>

$ terraform init
Initializing HCP Terraform...
```

커맨드 실습 환경 구성

이전에는 State만 저장 및 공유를 위해 워크스페이스의 Execution Mode를 Local로 수정했지만 지금은 기본값인 Organization Default로 유지한다. Organization Default의 기본값은 Remote이다. 워크스페이스의 [Settings 〉 General]에서 확인할 수 있다.

표 8-3 Local과 Remote 실행 방식 비교

	Local	Remote
실행 위치	테라폼 실행 환경(로컬 작업자 환경)에서 프로비저닝 수행	HCP TF / TFE 환경에서 독립된 원격 실행 환경 부여
입력 변수	로컬 환경의 terraform.tfvars를 읽고 실행 시 입력 가능	UI에서 작성된 변수를 읽고 *.auto.tfvars 형태의 구성에서 입력받음
Apply 승인	로컬에서 작업자가 'yes' 입력	CLI 수행한 경우 'yes' 입력 또는 UI/API로 승인

현재 작업 환경은 CLI 기반 실행을 지원하므로 terraform plan을 수행한다. Local 모드와는 달리 현재 실행은 HCP Terraform에서 실행되고 출력은 스트림으로 처리되고 있으므로 [Ctrl-C] 같은 중단 명령을 수행하더라도 원격 환경에서 실행된다는 안내를 받는다. 또한 실행 중인 결과가 포함된 URL을 확인할 수 있다.

```
$ terraform plan
Running plan in HCP Terraform. Output will stream here. Pressing Ctrl-C
will stop streaming the logs, but will not stop the plan running remotely.

Preparing the remote plan...

To view this run in a browser, visit:
https://app.terraform.io/app/<MyORG>/terraform-aws-tfc-workflow/runs/run-
MCWi3ZgssdoLmNWg

Waiting for the plan to start...

# 다음 오류 메시지가 발생한 경우 terraform provider 명령어로 해결 필요
| Error: Failed to install provider
|
| Error while installing hashicorp/aws v5.x.x: the current package for
| registry.terraform.io/hashicorp/aws 5.x.x doesn't match any of the
| checksums previously recorded in the dependency lock file
```

커맨드 HCP Terraform에서 실행됨을 알리는 CLI 출력 내용

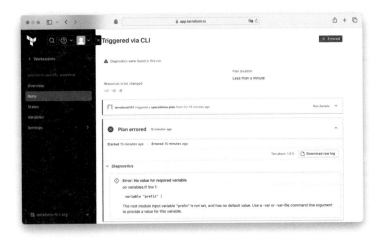

그림 8-14 HCP Terraform에서 Remote로 실행된 Plan 동작 UI 화면

만약 테라폼 실행 로그에서 프로바이더 **init**이 실행되던 중 'dependency lock file'로 인해 실패한다면 로컬에서 이미 생성된 `.terraform.lock.hcl` 파일에서 프로바이더의 실행 파일 종속성이 로컬 환경에 맞춰져 있기 때문이다. HCP Terraform은 리눅스 컨테이너에서 실행되지만 실제 작업자는 윈도우 또는 macOS 플랫폼을 쓰고 있을 확률이 높으므로 프로바이더 실행에 차이가 발생한다. 이 경우 `.terraform.lock.hcl` 파일 작성에 다수의 플랫폼이 포함될 수 있도록 **terraform provider** 커맨드에 **lock** 명령을 추가로 사용해 다수의 플랫폼을 포함시킨다. HCP Terraform 상에서 실행을 위해서는 **linux_amd64** 플랫폼 추가는 필수다.

| 기본 사용법: terraform [global options] providers lock [options] [providers...]

```
$ terraform providers lock -platform=windows_amd64 -platform=darwin_amd64
-platform=darwin_arm64 -platform=linux_amd64

- Fetching hashicorp/aws x.y.z for windows_amd64...
- Obtained hashicorp/aws checksums for windows_amd64 (signed by HashiCorp)
...생략...
- Fetching hashicorp/aws x.y.z for darwin_amd64...
- Obtained hashicorp/aws checksums for darwin_amd64 (signed by HashiCorp)
...생략...

Success! Terraform has updated the lock file.
```

커맨드 테라폼 실행 환경 정의에 플랫폼 추가

이런 오류가 발생함으로써 실행은 리모트 환경인 HCP Terraform에서 수행되지만 테라폼을 실행한 위치의 파일은 모두 HCP Terraform으로 복제된다는 사실을 알게 된다.

프로바이더 실행 플랫폼으로 인한 문제가 없다면 Plan 실행 시 prefix 입력 변수를 입력받지 못하므로 오류가 발생한다.

```
$ terraform plan
...생략...
| Error: No value for required variable
|
|   on variables.tf line 1:
|    1: variable "prefix" {
|
| The root module input variable "prefix" is not set, and has no default
| value. Use a -var or -var-file command line argument to provide a value for
| this variable.
```

커맨드 입력 변수의 기본값이 없고, 실행 시 입력할 수 없으므로 에러 발생

로컬 환경에서 실행할 때는 입력 변수에 기본값이 없으면 변수를 입력받을 수 있지만 원격 환경에서 수행될 때는 이 방식을 적용할 수 없기 때문에 미리 변수를 입력해야 한다. 3.6절에서 살펴본 변수 입력 방식도 있지만, HCP Terraform 환경은 리모트 실행 환경에서의 테라폼 입력 변수와 시스템 환경 변수를 관리할 수 있다. HCP Terraform 웹 UI로 이동하여 생성된 워크스페이스의 [Variables] 탭으로 이동한다.

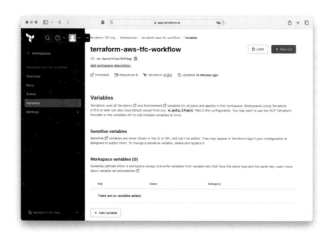

그림 8-15 HCP Terraform의 입력 변수와 환경 변수 관리 UI

입력되는 변수 형태는 테라폼 코드에서 입력되는 입력 변수^{Terraform variable}와 테라폼이 실행되는 환경에서 환경 변수로 읽어 오는 시스템 환경 변수^{Environment variable}를 입력할 수 있다.

- **입력 변수**: HCP Terraform에 실행되는 경우 인라인으로 값을 넣을 수 없기 때문이며, 기존 `terraform.tfvars`를 대체하는 역할을 수행한다. 따라서 기존 `terraform.tfvars` 파일은 동작하지 않는 것에 주의한다.
- **환경 변수**: 테라폼 실행 환경은 더 이상 로컬 작업 환경이 아닌 원격지인 HCP Terraform 환경이다. 프로비저닝하는 클라우드의 API 키 또는 테라폼 실행 설정 등이 구성되어야 하는 경우와 같은 상황에서 사용된다.

테라폼 실행은 이뮤터블해야 하므로 변수 선언은 이런 성격을 지원한다. 사용자 실행 환경마다 다를 수 있는 개인화된 옵션이나 플랫폼 종속성을 제거하고 항상 동일한 환경에서 실행될 수 있도록 한다. 입력되는 값의 형태 옵션에는 HCL과 `Sensitive`가 있다.

- **HCL**: 값 입력 시 선택 항목인 HCL은 입력 변수가 문자열이 아닌 HCL로 정의되는 리스트, 오브젝트 형태처럼 코드 형태를 띠는 경우 선택한다.
- **Sensitive**: 민감한 변수인 경우 선택하며, 선언된 민감 변수는 복호화할 수 없다. 클라우드 API Key, 패스워드, SSH Private Key, SSL 인증서, 그 외 민감한 테스트와 데이터를 선언할 수 있다.

4장에서 프로바이더 구성 시 다양한 방식으로 클라우드 인증을 위한 API 키를 설정해야 함을 확인했다. 인증 정보는 환경 변수, 또는 테라폼 구성상에서 입력할 수 있다. TFC 환경과 같이 중앙 실행 관리 환경을 사용하면 민감한 정보를 공유하거나 로컬에 저장하지 않고 안전하게 사용할 수 있다.

화면 `Workspace variables`에 있는 [+ Add variable] 버튼을 클릭해 다음을 입력한다.

- **Prefix**
  - **Type**: Terraform variable
  - **Key**: prefix
  - **Value**: 사용자 nickname(예: happy)

추가로 여기서는 AWS에 프로비저닝할 때 API Key가 필요하므로 함께 등록한다. [+ Add variable] 버튼을 클릭해 다음을 입력한다.

- **Access Key ID**
  - **Type**: Environment variable
  - **Key**: AWS_ACCESS_KEY_ID
  - **Value**: 해당 ID
- **Secret Access Key**

- **Type**: Environment variable
- **Key**: AWS_SECRET_ACCESS_KEY
- **Value**: 해당 Key 값
- Sensitive 선택

그림 8-16 HCP Terraform의 워크스페이스에 등록된 입력 변수와 환경 변수 결과

변수 입력이 완료되었으면 `terraform apply`를 수행해본다. 로컬 실행과 마찬가지로 원격에서 실행했지만 승인 여부를 물어본다. 실행에 대한 정보 확인과 승인 처리를 위해 해당 워크스페이스로 이동해 Overview 화면을 확인한다.

그림 8-17 Workspace의 Overview 화면

우측에는 실행한 테라폼 버전과 실행 모드가 표기된다. 화면 중간의 [Latest Run]에서는 현재

실행 중인 정보를 확인할 수 있고, 어떤 사용자가 CLI로 트리거링해 실행되었는지, 그리고 리소스 변경 요약을 확인할 수 있다. 화면 하단에는 실행 계획에 대한 리소스 변경 사항을 정리한 데이터와 함께 이 사항을 승인 및 실행, 취소, 추가 코멘트를 남길 수 있는 버튼을 확인할 수 있다.

그림 8-18 Remote 실행 결과와 승인 처리 버튼

[Confirm & Apply]를 클릭하면 해당 테라폼 실행을 수행한 CLI에서도 승인 처리가 이루어졌음을 확인할 수 있다.

```
$ terraform apply
...
Do you want to perform these actions in workspace "terraform-aws-tfc-workflow"?
  Terraform will perform the actions described above.
  Only 'yes' will be accepted to approve.

  Enter a value: approved using the UI or API
```

커맨드 UI에서 승인한 내역 표기

테라폼 프로비저닝 작업이 완료되면 워크스페이스의 Overview 화면으로 이동해 결과를 확인한다. 우측의 [Metrics] 항목에서는 해당 워크스페이스에서 발생한 프로비저닝 작업의 측정된 수치가 표기된다. [Latest Run] 항목 하단의 [Resources]에서는 생성된 리소스의 타입, 생성일, 모듈 이름 등의 정보를, [Outputs]에서는 출력 값을 확인할 수 있다.

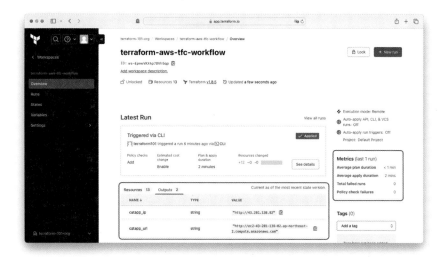

그림 8-19 실행 결과 확인

다음의 권한 관리를 위해 `terraform destroy`를 실행하여 생성된 리소스를 삭제한다.

8.4.2 권한 관리

| 진행을 위해서는 HCP Terraform의 Standard Plan 또는 Plus Plan이 필요하다.
| 실습 편의성을 위해 브라우저 두 개를 띄우고 진행한다.

테라폼은 관리적 측면에서 실행과 승인, State, 변수, 설정 등은 작업자에 따라 다양한 수준의 역할 기반 접근 권한이 부여되어야 한다. 각 워크스페이스에서는 다양한 영역에 Read, Plan, Write, Admin으로 분류되는 권한이 부여된다. 또는 HCP Terraform의 organization을 관리하는 영역에서는 관리자를 지정하고 정책과 VCS 연계 같은 조직 전체 권한이 부여될 수 있다. 다음의 요구사항이 공동 작업을 위해 발생한다.

- 저장되는 State에 민감한 데이터가 포함되는 경우 읽기 권한 제한 필요
- 실행에 대한 Apply 권한을 분리
- 변수 선언에 대해 권한을 분리

HCP Terraform은 권한 관리를 팀 단위로 부여한다. 아래 작업을 수행해 팀 관리에 대한 권한과 동작 방식을 이해한다.

그림 8-20 팀과 사용자 관리 메뉴

HCP Terraform에 새로운 이메일 계정을 추가하고 기존 계정을 Admin 역할, 새로운 계정은 권한 관리 테스트 역할로 진행한다. 지메일을 사용하는 경우 〈id+임시값@gmail.com〉으로 새로운 메일 계정을 생성하지 않고 진행할 수 있다.

1 Admin 역할을 수행할 기존 계정으로 로그인

2 Organization의 [Settings]를 클릭(워크스페이스 목록이 보이는 화면)

3 좌측 메뉴의 [Teams]를 선택

4 [Team Management] 화면 우측 [Create a team] 버튼 클릭

5 [Create a New Team] 항목 아래 [Team name] 입력 란에 'my-team' 입력, [Create] 버튼으로 새로운 팀을 생성

[Teams] 메뉴에서 관리하는 내용은 Organization 수준에서의 접근 및 설정 권한, 포함된 멤버 간 확인 여부, 팀의 API 토큰, 멤버 관리가 가능하다. 다음은 팀에 추가할 사용자를 초대하고 팀에 할당해본다.

1 Standard Plan 또는 Plus Plan이 적용된 Organization의 [Settings]를 클릭(워크스페이스 목록이 보이는 화면)

2 좌측 메뉴의 [Users]를 선택

3 [Invite a user]를 선택해 다음을 진행
   ▪ [Email Address] 입력란에 추가한 새로운 계정의 이메일을 입력
   ▪ 할당할 팀 선택에서 앞서 생성한 [my-team] 선택
   ▪ [Invite user] 버튼 클릭

초대된 이메일로 초대 이메일이 발송되고, 해당 계정으로 로그인한 경우 조직 선택 화면에서 초대된 조직을 확인할 수 있다.

그림 8-21 초대받은 메일 링크 클릭 후 회원가입하면 확인되는 Organization 초대 정보

초대받은 조직에 참여하더라도 아직 해당 팀은 할당된 워크스페이스가 없으므로 목록에서 확인할 수 없다. Admin 역할의 UI에서 `terraform-aws-tfc-workflow` 워크스페이스 [Settings 〉 Team Access]를 선택한다.

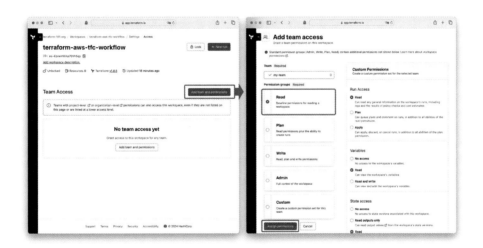

그림 8-22 워크스페이스의 Team Access 설정 메뉴와 권한 부여

my-team에 해당 워크스페이스에 대한 읽기 권한을 추가해본다.

1 [Add team and permissions] 버튼을 클릭해 기존 생성된 [my-team]을 선택
2 권한 부여 화면으로 전환되면 Read 권한에 대한 설명을 확인하고 [Assign permissions] 버튼을 클릭

새로 추가된 멤버의 HCP Terraform 워크스페이스 화면으로 돌아가면 권한을 부여한 워크스페이스가 확인된다. 다양한 정보를 확인할 수 있지만 설정 내용을 변경하거나 테라폼을 실행하는 권한은 없다. Read 권한은 실행 결과, 설정된 변수, State 내용 등을 조회할 수 있으므로 워크

스페이스의 상태를 모니터링하고 설정된 값을 확인하는 데 필요한 권한을 제공한다. 이번에는 Plan 권한에 대해 확인해본다.

1 Admin 사용자의 UI에서 워크스페이스의 [Settings 〉 Team Access]로 이동 후, 목록의 [my-team] 우측의 [...] 버튼을 클릭하고 [Edit permissions] 선택

2 권한 부여 화면으로 전환되면 Plan 권한을 선택 후 [Update permissions] 버튼을 클릭

새로 추가된 멤버의 워크스페이스 화면으로 돌아가면 권한을 부여한 워크스페이스의 우측에 [+ New run] 버튼이 활성화되는 것을 확인할 수 있다(없다면 새로고침 필요). [+ New run] 버튼을 클릭하여 팝업이 뜨면 다음과 같이 입력하고 [Start] 버튼을 클릭한다.

- **Run name**: 테라폼 실행 이름을 입력(공백의 경우 UI에서 실행했음이 기록된다)
  - 'Plan 권한 확인'이라고 입력
- **Run type**: [Plan and apply (standard)]를 선택(다음 옵션 내용 참고)
  - **Plan and apply**: `terraform apply` 커맨드와 동일하게 동작
  - **Refresh state**: `terraform apply -refresh-only` 커맨드와 동일하게 동작하며 대상에 대한 변경 사항과 일치하도록 State를 업데이트하는 계획을 생성
  - **Plan only**: `terraform plan` 커맨드와 동일하게 동작
  - **Allow empty apply**: 인프라 변경 실행 계획 없이 실행되며 State 버전을 업그레이드하는 동작으로, 새로운 테라폼 버전으로 전환하는 경우에 사용

Plan 권한의 경우 Read 권한에 코멘트를 추가하고 Apply 동작을 실행할 수는 있지만 승인과 취소 메뉴는 표기되지 않는다. Plan 권한은 프로비저닝상 또는 워크플로 파이프라인상에서 자동으로 처리하고 마지막 승인은 권한이 있는 팀에서 관리할 수 있는 장치를 제공한다.

그림 8-23 Plan 권한의 승인 제약 확인

팀에 권한을 부여할 수 있는 각 카테고리는 [표 8-4]와 같이 비교할 수 있다.

표 8-4 팀 권한 비교

Read	Plan	Write	Admin
• Runs 확인 • 입력 변수 확인 • 테라폼 구성 버전 확인 • 워크스페이스 정보 확인 • State 내용 확인	• + Read의 권한 • runs 생성(Plan & Apply) • runs에 대한 코멘트 작성	• + Plan의 권한 • 입력 변수 수정 • runs 승인/취소 • 워크스페이스 잠금 처리	• + Write의 권한 • 팀 관리 • 워크스페이스 삭제 • VCS 설정 • 실행 모드 수정 • State 접근 권한 설정

미리 정의되어 있는 기존 권한과 달리 사용자 정의 권한이 필요한 경우가 있다. 예를 들어, Apply는 가능하지만 입력 변수와 State는 접근하지 못하는 권한이 필요한 경우이다.

1 Admin 사용자의 UI에서 워크스페이스의 [Settings > Team Access]로 이동 후, 목록의 [my-team] 우측의 [...] 버튼을 클릭하고 [Edit permissions] 선택

2 권한 부여 화면으로 전환되면 [Permission groups] 목록에서 [Custom]을 활성

3 다음 조건에 맞춰 새로운 사용자 정의 권한을 부여하고 [Update permissions] 클릭
   • **Run Access**: Apply 선택
   • **Variables**: No access 선택
   • **State access**: No access 선택
   • **Other controls**: 모두 체크 해제

그림 8-24 사용자 정의 권한 설정 활성화

설정된 사용자의 워크스페이스 화면으로 돌아가면 [+ New run]에서 새로운 Run(Plan & Apply)은 시작 가능하지만 워크스페이스 메뉴에서 기존에 확인할 수 있었던 [States]와 [Variables]가 보이지 않고, 워크스페이스 Overview에서 생성된 리소스 항목도 보이지 않는 것이 확인된다.

그림 8-25 사용자 정의 권한이 적용된 사용자의 UI 변경 사항 확인

8.4.3 VCS 연계

8.3절에서 살펴본 사용자 정의 테라폼 실행 파이프라인에서는 테라폼 실행을 정의해주는 작업이 필요했다. HCP Terraform은 VCS와 직접 통합되어 별도 워크플로 작성 없이도 풀 리퀘스트에 대한 Plan 결과를 확인할 수 있으며 지정된 브랜치에 병합이 발생하면 테라폼을 실행하는 자동화된 구성이 가능하다. 지원되는 VCS는 다음과 같다.

- GitHub App (Installed) / GitHub Enterprise / GitHub.com (Custom)
- GitLab.com / GitLab Community Edition / GitLab Enterprise Edition
- Bitbucket Cloud / Bitbucket Server / Bitbucket Data Center
- Azure DevOps Services / Azure DevOps Server

여기서는 과정에서 사용 중인 GitHub.com과의 연동[3]을 살펴보고 연동에 대한 동작을 확인한다.

1 Organization에서 좌측 메뉴의 [Settings]를 클릭

2 좌측 메뉴의 [Version Control] 항목의 [Providers]를 선택

3 VCS Providers 페이지 우측 [Add a VCS provider] 선택

4 VCS 목록에서 깃허브의 [GitHub.com(Custom)] 선택

[Set up provider]에서 안내하는 것처럼 우선 [register a new OAuth Application] 링크를 클릭해 새창에서 깃허브의 OAuth 페이지를 열어 안내된 내용을 입력하고 하단의 [Register application] 버튼을 클릭한다.

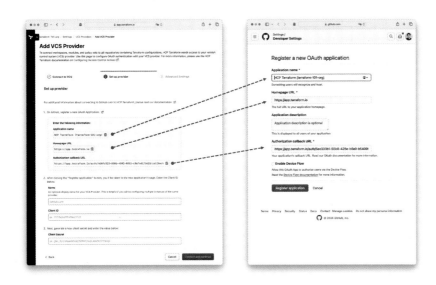

그림 8-26 GitHub.com의 OAuth 등록

GitHub.com에서 생성된 Application 정보를 확인하고 다시 HCP Terraform에 정보를 기입한다. [Name]은 예를 들어 'My GitHub.com'으로 입력할 수 있다. [Client secrets] 정보는 [Generate a new client secret] 버튼을 클릭해 새로 생성된 secret 값을 복사해 붙여넣는다.

---

3 깃허브 연동 안내 – *https://developer.hashicorp.com/terraform/cloud-docs/vcs/github*

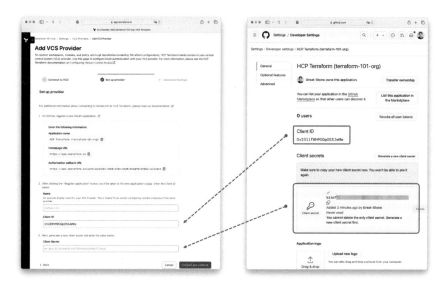

그림 8-27 GitHub.com의 Application 인증 정보를 HCP Terraform에 입력

GitHub.com의 페이지 하단의 [Update application] 버튼을 클릭한다. HCP Terraform
에서는 페이지 하단의 [Connect and continue] 버튼을 클릭한다. 변경된 화면에서는 HCP
Terraform과 연계할 깃허브의 Organization을 Grant 처리하고 최종적으로 [Authorize] 버
튼을 클릭한다.

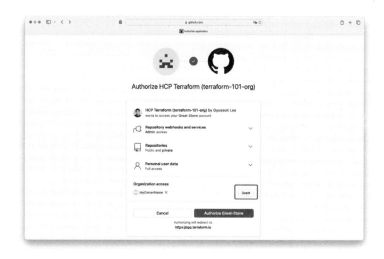

그림 8-28 허용할 깃허브의 Organization 선택

Add VCS Provider 화면에서는 기본값을 사용할 것이므로 [Skip and finish] 버튼으로 VCS 연동을 마무리한다. VCS Providers 화면에서 추가된 VCS를 확인한다. 대상 VCS와의 인증 및 권한 처리가 완료되었으므로 다음 과정을 통해 워크스페이스에 VCS를 연계한다. 워크스페이스의 Admin 권한으로 수행한다.

1 terraform-aws-tfc-workflow 워크스페이스로 돌아가 [Settings 〉 Version Control]을 선택

2 연결된 VCS가 없으므로 [Connect to version control] 버튼을 클릭

3 Choose your workflow 화면에서 [Version Control Workflow] 선택

4 연동된 VCS 목록에서 연동한 [My GitHub.com]을 선택

5 포크된 terraform-aws-tfc-workflow 저장소를 선택

6 [Confirm changes]에서 설정 내용을 확인하고 [Update VCS settings] 버튼으로 완료
- VCS Triggers 〉 VCS branch : main
- Pull Requests 〉 Automatic speculative plans : 체크

완료 후 [Settings]의 [Version Control] 설정을 확인할 수 있다. 설정과 관련해 다음과 같이 간단히 정리한다.

- **Workspace Settings**
  - **Terraform Working Directory** : 다수의 루트 모듈을 하나의 깃 저장소에서 관리한다면 특정 디렉터리 경로를 루트 모듈로 정의할 수 있다. 예를 들어 리포지터리에 a-service/net과 a-service/vm과 같이 루트 모듈이 다수 존재하는 경우 해당 경로를 입력한다.
  - **Auto-apply** : Auto apply는 대상 저장소 Run 작업이 발생하는 경우 자동 승인으로 처리한다.
- **VCS Triggers**
  - **Automatic Run Triggering** : 저장소의 변경 사항이 TFC에서 실행되는 경우를 설정한다.
  - **VCS branch** : 변경을 감지할 브랜치를 정의한다.
- **Pull Requests**
  - **Automatic speculative plans** : 풀 리퀘스트가 발생하는 경우 테라폼 실행 계획을 VCS와 연계한다.

워크스페이스와 최초 연동되면 마지막 커밋 내용을 기반으로 Run이 실행된다. [Runs] 메뉴로 이동해 깃허브에 의해 트리거링된 정보를 확인하고 Apply를 실행한다.

그림 8-29 VCS에 의해 트리거된 테라폼 실행

VCS를 통한 풀 리퀘스트 동작을 아래의 조건으로 확인한다.

- VCS 연동으로 더 이상 필요하지 않은 `terraform` 블록에 정의된 `cloud` 블록을 주석 처리
- AWS 프로바이더 정의에서 `default_tags`의 내용을 아래와 같이 수정
  - **Project**: "HCP Terraform workflow"
- `hcp-terraform-workflow` 브랜치 생성, 커밋, 푸시

```
$ git branch -M hcp-terraform-workflow
$ git add .
$ git commit -m "hcp terraform workflow"
$ git push origin HEAD
```

커맨드 수정 내역 깃허브에 반영

깃허브에 접속해 생성한 `hcp-terraform-workflow` 브랜치의 풀 리퀘스트를 생성한다. 풀 리퀘스트가 진행되는 중에 HCP Terraform의 동작이 추가되는 것을 확인한다. [Details] 링크를 우클릭해 새로운 탭 또는 창에서 링크를 열어 확인한다.

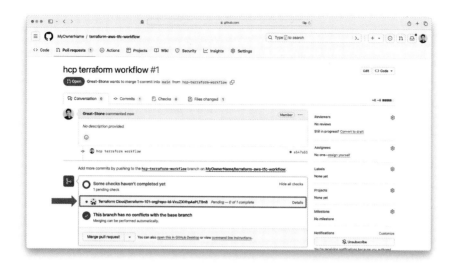

그림 8-30 풀 리퀘스트 단계에 추가된 Terraform Plan 동작

HCP Terraform UI 화면으로 연결되며, 풀 리퀘스트로 인해 저장소와 연결된 워크스페이스에서 Plan이 실행되었음을 확인할 수 있다(이 단계에서는 Apply에 대한 동작은 발생하지 않는다). 코드 병합 담당자는 이 과정에서 테라폼 실행 시 예상되는 변경 사항을 확인할 수 있다.

변경 내용을 확인하고 깃허브에서 코드 병합을 위해 `Merge` 풀 리퀘스트를 수행한다. HCP Terraform 워크스페이스의 [Runs]에서는 앞서 풀 리퀘스트로 발생한 `plan-only run` 동작 리스트와 [Current Run]에서 코드 병합으로 발생한 현재의 테라폼 실행을 확인할 수 있다. 트리거 정보에 나타나는 깃 커밋에 관한 해시값은 해당 VCS로 링크되어 있다.

- 이 동작은 Apply를 포함한 실행으로 승인 담당자는 병합으로 발생한 테라폼 실행 승인 가능
- 워크스페이스 설정의 [General]에서 Apply Method를 [Auto apply] 상태로 설정하면 자동 승인 가능

승인 또는 거절을 수행해 해당 동작을 종료한다.

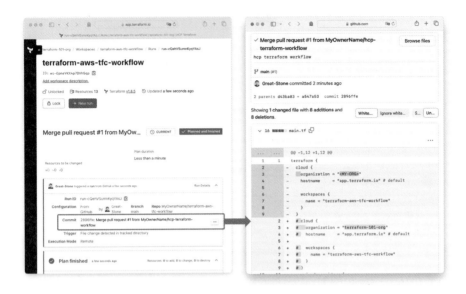

그림 8-31 코드 병합 후 자동 실행

워크스페이스 [Settings]의 [Destruction and Deletion] 항목으로 이동하면 Destroy 동작 또는 워크스페이스를 삭제하는 명령을 수행할 수 있다. [Queue destroy plan]을 선택해 생성된 리소스를 삭제한다. 일반적인 [Runs] 동작과 동일하게 최종 승인이 필요하다.

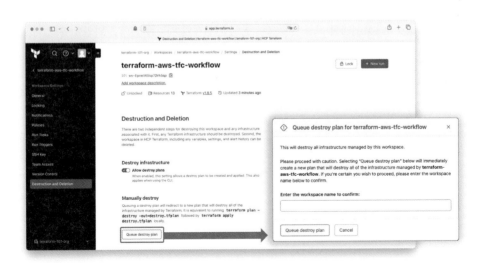

그림 8-32 워크스페이스에서 Destroy 동작 실행

8.5 HCP Terraform 추가 기능

이번 내용에서 HCP Terraform의 워크플로와 역할 기반 접근 및 정책 워크플로를 확인하기 위해 다음 조건을 수행한다.

| 기존 `terraform-aws-tfc-workflow` 워크스페이스를 활용한다.

8.5.1 Cost Estimation

비용 추정 기능(Cost Estimation)[4]은 AWS, 애저, GCP 환경에서 예상되는 추정 비용을 테라폼 실행 계획 생성 후 산출한다. 활성화 방식은 다음 설정 작업을 수행한다.

1 HCP Terraform Organazation의 [Settings]를 클릭

2 좌측 메뉴의 [Cost estimation] 항목을 선택

3 [Cost Estimation] 메뉴에서 [Enable Cost Estimation for all workspaces] 활성화 체크

설정이 적용된 상태에서 `terraform-aws-tfc-workflow` 워크스페이스로 이동해 [+ New run] 클릭, 기본값으로 시작한다. 실행 중인 [Runs] 단계에서 기존 Plan과 Apply 사이에 Cost estimation 동작이 추가됨을 확인할 수 있다.

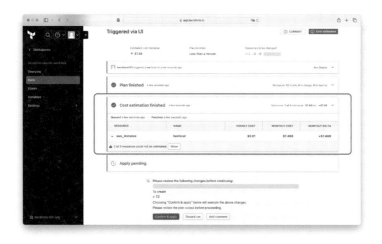

그림 8-33 Cost estimation 동작과 산출된 예상 비용 확인

---

4 Cost Estimation 설명 – *https://www.terraform.io/cloud-docs/cost-estimation*

8.5.2 Run Task

Run Task 기능은 외부 서비스와 연계해 워크플로를 설계할 수 있다. 사용할 수 있는 서비스 카테고리는 다음과 같다. 지속적으로 추가될 예정이다.

- **Cost Management** : 프로비저닝되는 대상 인프라의 비용을 관리하는 도구
- **Drift Detection** : 프로비저닝된 인프라의 변경을 추적 및 관리하는 도구
- **Infrastructure Management** : 인프라 자산을 관리하는 도구
- **No Code/Low Code Workflow** : IaC 구성을 위한 수동 작업을 최소화하고 자동화 라이브러리를 제공
- **Policy** : 프로비저닝에 정책을 부여하고 관리하는 도구
- **Security & Authentication** : 프로비저닝의 보안 설정사항 검증과 취약점 관리

각 Run Task 연동 안내는 *registry.terraform.io*의 [Run Tasks] 항목에서 확인 가능하다.

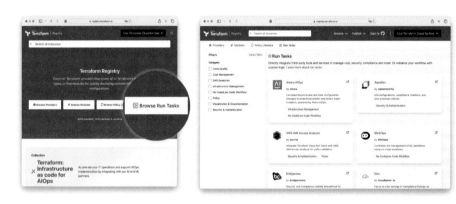

그림 8-34 등록된 Run Task 서비스 항목

활성화 방식은 다음 설정 작업을 수행한다.

1 HCP Terraform Organazation의 [Settings]를 클릭
2 좌측 메뉴의 [Run tasks] 항목을 선택 후 [Create run task] 버튼 클릭
3 snyk.io에 회원가입 후 좌측 [Integrations] 항목을 클릭하고 Terraform-Cloud 선택
4 Account credentials에 표기된 URL과 HMAC Key를 복사하여 HCP Terraform의 새로운 Run task의 값에 입력하고 [Create] 버튼 클릭
5 terraform-aws-tfc-workflow 워크스페이스로 이동 후 [Settings 〉 Run tasks] 선택

6 Post-plan에 [Add run task +] 버튼 클릭

7 생성한 Run task를 선택하여 Post-plan과 Advisory에 체크 후 [Save] 버튼 클릭

8 상단의 [+ New run]을 클릭하여 새로운 Run을 생성하여 결과 확인

통합된 [Run Tasks]는 워크스페이스 설정 항목의 [Run Tasks]에서 선택적으로 적용할 수 있다.

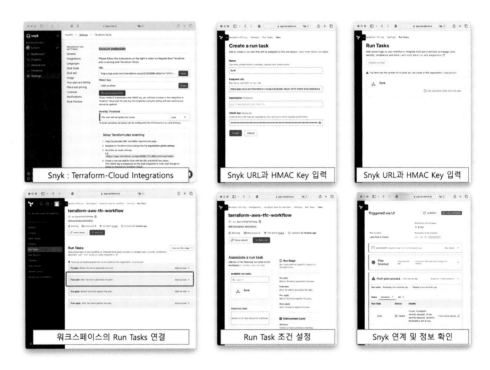

그림 8-35 Run Task 적용과 연계된 서비스 결과

8.5.3 Sentinel

Sentinel은 HashiCorp Enterprise 제품군과 통합되는 '코드로서의 정책Policy as Code'의 정책 시행 언어다. Sentinel에 대한 안내 홈페이지[5]와 예제 코드들[6]이 제공된다.

동작하는 방식은 다음과 같다.

....

5 HashiCorp Sentinel – *https://docs.hashicorp.com/sentinel/language*

6 Sentinel 예제 코드 – *https://github.com/hashicorp/terraform-guides/tree/master/governance*

- Sentinel 정책 코드를 대상 워크스페이스에 정의
- Plan 동작 후 실행 계획 JSON 데이터 생성
- JSON 데이터에서 정책 관련 데이터 검증

사용하는 예는 다음과 같다.

- aws_ami 데이터 소스에 Owner 목록 작성
- 인스턴스에 필수 태그 적용 검증
- AZ(가용영역) 제한
- 0.0.0.0/0 CIDR 블록 허용 안 함
- EC2 인스턴스의 인스턴스 유형 제한

이 같은 사용성은 앞서 입력 변수에서의 유효성 체크와 더불어 프로비저닝 직전에 테라폼을 사용하는 조직의 정책을 검증하는 단계를 추가해 거버넌스를 유지하는 데 도움이 된다. Sentinel이 적용되는 규칙에는 개별적으로 위반 시 처리 수준을 정의할 수 있다.

- **Advisory**: 경고를 출력
- **Soft Mandatory**: Admin 권한을 갖는 사용자는 위반사항을 허용
- **Hard Mandatory**: 해당 프로비저닝에 에러 처리하고 종료

적용의 범주는 Organization 전체 또는 특정 워크스페이스를 지정할 수 있다. Sentinel 작성 방식은 다양하지만 Sentinel Playground에서 테스트와 검증 후 HCP Terraform에 적용할 수 있다. 다른 브라우저로 *play.sentinelproject.io* 페이지에 접속하여 다음 과정을 수행한다.

- TFC 콘솔에서 워크스페이스를 선택
- 우측 [Actions]의 드롭박스 목록에서 [Start a new run]을 선택
- [Choose run type]에서 [Plan only]를 선택하고 [Start run]으로 실행

Plan 작업이 완료되면 실행된 결과의 [Plan finished] 박스 하단에 [Download Sentinel mocks] 버튼을 클릭해 목업 데이터를 다운로드한다. HCP Terraform 환경에서는 실제 프로비저닝하려는 데이터를 이용해 Sentinel 검증용 목업 데이터를 받아 검증에 이용한다.

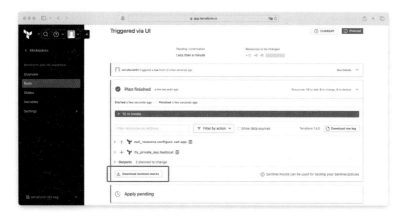

그림 8-36 Sentinel 목업 데이터 다운로드

다운로드한 압축 파일을 해제해 `mock-tfplan-v2.sentinel` 파일의 내용을 검증에 사용한다. 해당 파일 내용을 복사해 Sentinel Playground의 우측 `mock-tfplan-v2.sentinel` 입력란에 붙여넣는다. Sentinel 코드를 설명하기 위해 목업 내용 중 `resource_changes`의 `aws_instance` 부분만 다음과 같이 발췌했다.

구성 목업에서 발췌한 `aws_instance` 정보

```
resource_changes = {
  "aws_instance.hashicat": {
    "address": "aws_instance.hashicat",
    "change": {
      "actions": [
        "create",
      ],
      "after": {
        "ami": "ami-0565d651769eb3de5",
        "instance_type": "t3.micro",
        "key_name": "happy-ssh-key.pem",
        "tags": {
          "Name": "happy-hashicat-instance",
        },
        "tags_all": {
          "Name":    "happy-hashicat-instance",
          "Owner":   "jerry & tom",
          "Project": "terraform cloud workflow",
        },
```

```
        },
      },
      "mode": "managed",
      "type": "aws_instance",
    }
  }
```

왼쪽 policy.sentinel 입력란에는 목업 데이터를 기반으로 검증 코드를 작성할 수 있다. 아래의 예시처럼 변경한다.

구성 검증 코드 구성 – policy.sentinel

```
import "tfplan/v2" as tfplan

aws_instances = filter tfplan.resource_changes as _, resource_changes {
    resource_changes.type is "aws_instance" and
        resource_changes.mode is "managed" and
        (resource_changes.change.actions contains "create" or
            resource_changes.change.actions is ["update"])

}

allowed_types = [
    "t2.micro",
    "t2.small",
    "t2.medium",
]

instance_type_allowed = rule {
    all aws_instances as _, instance {
        instance.change.after.instance_type in allowed_types
    }
}

main = rule {
    instance_type_allowed
}
```

검증 코드 구성 내용의 설명은 아래와 같다.

- tfplan v2 형식의 데이터 소스를 tfplan으로 임포팅
- tfplan에 실행 계획 내용을 필터링해 aws_instances로 정의
  - resource_changes 데이터를 선택
  - resource_changes.type이 aws_instance
  - resource_changes.mode가 managed
  - resource_changes.change.actions이 create 또는 update를 포함
- allowed_types는 aws_instances 프로비저닝 과정에서 허용할 인스턴스 타입 목록 정의
- instance_type_allowed에서 정책 결과 확인
  - 필터링된 aws_instances 항목의 instance.change.after.instance_type이 allowed_types에서 정의한 목록에 포함 여부
- main에서는 적용할 규칙을 적용

마지막 main에서 정의된 rule에서의 응답이 'true'인 경우 검증은 통과되고 'false'인 경우 실패한다. Sentinel Playground에서 우측 하단 [Run] 버튼을 클릭해 정책을 적용하고 결과를 확인한다.

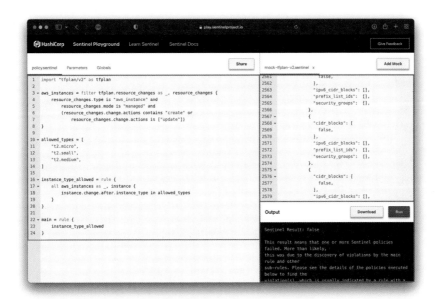

그림 8-37 Sentinel 목업 데이터 테스트

적용된 결과는 아마 실패할 것이다. 예제에서의 조건은 인스턴스 타입이므로 두 가지 방안을 고려할 수 있다.

- 정책 조건을 프로비저닝 환경에 맞도록 수정
- 테라폼의 코드 구성을 정책에 맞도록 변경

다음으로 Sentinel Playground에서 적용한 정책 구성을 워크플로에 추가해보도록 한다. 각각의 정책은 Policy sets에 포함되어야 하며 Policy sets 단위로 적용된다. Policy sets의 관리는 VCS 기반 연동을 권장하나 HCP Terraform의 Organization에 정책을 저장하고 적용하는 것도 가능하다.

1 Organization의 [Settings]를 클릭

2 좌측 메뉴의 [Policy sets] 항목을 선택

3 Policy Sets 페이지에서 우측 [Connect a new policy set] 클릭

4 VCS 연동이 아니므로 하단의 [No VCS connection] 버튼 클릭

5 [Configure settings]에서 다음의 조건으로 설정 후 [Connect policy set] 버튼 클릭

- Policy framework: Sentinel
- Name: my-policy-set
- Scope of Policies: Policies enforced globally 선택

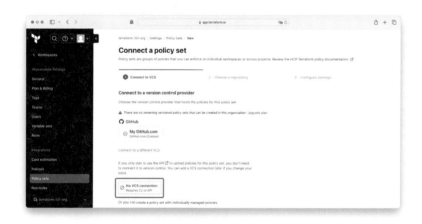

그림 8-38 VCS 연계 없는 Policy sets 등록 버튼

다음으로는 생성한 Policy sets에 정책을 추가한다.

1 Organization의 [Settings]를 클릭

2 좌측 메뉴의 [Policies] 항목을 선택

3 Policies 페이지에서 [Create a new policy] 클릭

4 Create a new Sentinel Policy 페이지에서 다음 조건으로 설정하고 하단의 [Create policy] 버튼 클릭

- **Policy framework**: Sentinel
- **Name**: check-instance-type
- **Enforcement mode**: soft-mandatory
- **Policy code (Sentinel)**: Sentinel Playground에서 작성된 정책 내용 입력
- **Policy Sets**: 앞서 생성한 [my-policy-set]을 선택하고 [Add policy set] 버튼을 클릭

적용 후 워크스페이스로 이동해 다시 테라폼 프로비저닝을 실행해본다. 적용된 정책 위반사항으로 `instance_type_allowed` 결과가 `false`로 표기된다. 정책 수준이 `Soft Mandatory`이므로 워크스페이스에 Admin 권한을 갖는 사용자는 위반된 정책에 대해 확인 후 [Override & Continue]를 클릭, 이후 과정으로 진행시킬 수 있다.

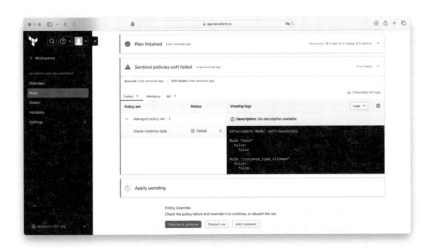

그림 8-39 정책 위반사항 확인과 승인 프로세스

Terraform에서는 정책 코드 방식으로 하시코프에서 제공하는 Sentinel 외에 OPA[Open Policy Agent]도 제공한다. OPA는 CNCF[Cloud Native Computing Foundation]에서 관리하는 수많은 프로젝트 중 2021년 'Graduated'라는, 즉 높은 성숙도에 도달하여 졸업한 프로젝트로 분류되어 안정적인 사용 준비가 된 도구이다. OPA는 Datalog라는 쿼리 언어에서 영감을 받아 만들어진 Rego라는 언어로 작성되며 Terraform 외에도 JSON 데이터로 표현되는 Kubernetes, 애플리케이션, AI 모델 등의 다양한 적용 대상을 갖는다. 앞서 살펴본 Sentinel과 같이 OPA

Playground[7]에서 미리 검증 가능하다. OPA는 Terraform에 다음의 방식으로 사용할 수 있다.

- OPA의 CLI 도구로 테라폼의 Plan 결과를 JSON으로 변환하여 검증
- GitHub Action 같은 도구에서 코드 변경 및 PR 발생 시 검증
- HCP Terraform의 정책 워크로드로 추가하여 검증

그림 8-40 OPA의 테라폼 CLI에서의 동작의 예와 HCP Terraform 동작의 예

Terraform을 위해 OPA는 기존 Sentinel과 동일한 수준의 정책 관리 기능을 가지므로, 다양한 대상에 'Policy as Code'를 구현하려는 목적이 있다면 OPA를 검토하는 것도 추천한다. HCP Terraform에 적용하는 예제는 하시코프 개발자 사이트[8]에서 제공하고 있다.

8.5.4 Notifications

HCP Terraform의 워크플로 단계에 알람을 적용할 수 있다. 워크스페이스 설정의 [Notifications]에서 설정하고 조건에 따라 다수의 채널을 설정할 수 있다.

- 워크스페이스 설정의 [Notifications]를 선택
- [Create a Notification] 페이지에서 [Email]을 선택하고 아래 내용을 입력 후 하단의 [Create a notification]으로 생성
  - **Name**: 알림 이름을 설정(예: Email test)
  - **Notification Recipients**: 이메일을 받을 멤버 구성원을 목록에서 선택

---

7 OPA – The Rego Playground – *https://play.openpolicyagent.org/*

8 *https://developer.hashicorp.com/terraform/tutorials/policy/drift-and-opa*

- **Workspace Events**: 워크스페이스에서 발생하는 Drifted 이벤트 알림(Plus Plan에서 사용 가능)
  - [All events]로 선택
- **Run Events**: 실행되는 테라폼 프로비저닝 워크플로 이벤트 알림
  - [Only certain events]를 선택 후 [Needs Attention]만 체크

[Needs Attention]을 체크하면 Apply 동작의 승인 또는 Sentinel 위반사항의 진행 여부 선택이 필요할 때 알림을 받게 된다.

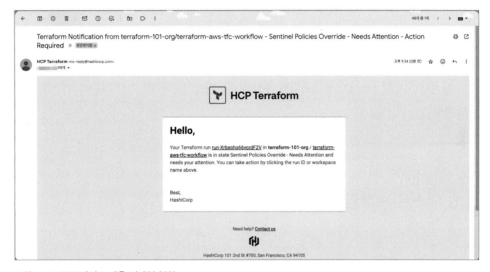

그림 8-41 TFC에서 보내온 이메일 알림

8장에서는 개인, 팀, 조직에서의 워크플로 설계를 위한 고려사항과 깃허브와 HCP Terraform을 사용한 실제 워크플로 구성에 대해 확인했다. GitHub Action과 같은 애플리케이션 빌드 파이프라인을 설계 가능한 환경은 자유도가 높지만 구현과 유지 보수에 노력이 필요하고, HCP Terraform에서의 워크플로는 정형화되어 있지만 자유도가 낮다는 측면에서 두 워크플로를 프로비저닝 대상 환경, 코드 레벨 검증 등의 목적에 따라 조합해 사용하는 방식을 고려할 수 있다.

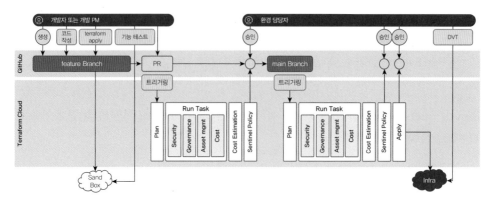

그림 8-42 TFC 기반의 배포 파이프라인

이번 장에서 사용한 `terraform-aws-tfc-workflow` 워크스페이스는 9장 실습에서도 계속 사용할 것이다.

8.6 테스트 프레임워크

테라폼 코드와 테라폼으로 구성되는 인프라를 테스트하기 위한 테스트 프레임워크를 사용하면 프로비저닝이 실행되기 전 단계에서부터 실제 인프라를 만드는 전 과정(End to End)에 걸쳐 견고한 IaC를 구현할 수 있다.

테라폼으로 인프라를 개발하는 과정에서 대상과 리소스의 개수가 증가할수록, 입력해야 하는 인수값에 입력하는 값의 검증과 리소스 간의 관계 및 생성/수정/삭제 후의 연결 지점에 대한 검증이 요구된다. 또한 협업하며 코드의 병합 과정에서 함께 작업하는 개발자의 코드의 신뢰도가 높아질수록 검토 시간과 실제 동작에 대한 테스트 과정을 최소화할 수 있다. 이 책이 쓰여진 시점을 기준으로 테라폼에서 제공하는 테스트 요소에 대해 설명한다.

8.6.1 테스트 요소와 워크플로

하시코프에서는 테라폼의 테스트 전략을 위한 테스트 피라미드[9]를 설계하였다.

---

9 `https://www.hashicorp.com/blog/testing-hashicorp-terraform`

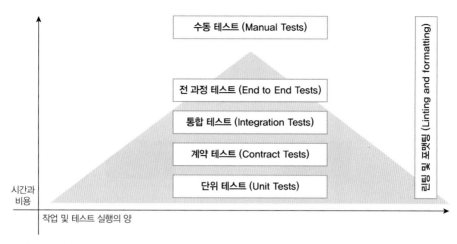

그림 8-43 테라폼 테스트 피라미드

하위 테스트 활동일수록 테스트를 위해 구현하는 코드의 양, 테스트 횟수가 상대적으로 많고 상위 테스트 활동일수록 테스트를 위한 코드 작성 시간과 횟수는 줄지만 대량의 리소스를 테스트해야 하므로 테스트에 소요되는 시간과 비용이 증가한다. 테라폼 테스트를 위해 제공되는 기능과 사용 환경은 다음과 같다.

표 8-5 테라폼 테스트 기능과 사용 환경

기능	환경	위반 시 동작	대상
Input validation	v0.13	정지	variable
Pre/post condition	v1.2	정지	resources, datasource, output
Checks	v1.5	진행	모든 구성 요소, Plan과 Apply 이후 동작
Tests	v1.6	진행	루트 모듈, 프라이빗 모듈
Sentinel/OPA	HCP/TFE	정지	모든 구성 요소, Plan 이후 동작
Continuous Validation	HCP/TFE	진행	모든 구성 요소, 주기적으로 점검

테스트 기능을 사용하여 워크플로를 설계하면 테라폼이 실행되기 전부터 문법과 코드 정렬 같은 기능적 요건과 더불어 적합한 인수 및 리소스의 상태를 검사하게 된다. 이는 테라폼 실행 중간에 중지되어 예상하지 못한 복구 지점이 발생할 가능성을 줄일 수 있다. 또한 생성 이후 의도된 결과인지 검증하거나 미리 생성해볼 수도 있다.

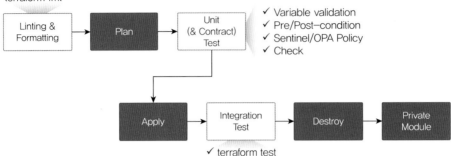

그림 8-44 테스트 워크플로

8.6.2 check 블록

테라폼 1.5 버전에서 추가된 check 블록은 테라폼 수행 이후 적용된 내용을 검증하여 사용자와 실제 형상 간의 격차를 줄이는 데 목적이 있다. Plan 과정에서 이미 조건에 대한 결과를 알수 있는 경우라면 Plan 단계에서, 모든 작업이 완료된 후에 알 수 있는 조건인 경우는 Apply가완료된 후 결과를 출력한다. check 블록 내에 선언되는 것은 두 가지 종류가 있다.

- **assert 블록**: 사용자가 정의한 조건(assert)의 유효성을 검사하는 블록으로, 조건을 정의하는 condition과 조건에 만족하지 않은 경우 출력할 메시지를 지정하는 error_message 인수를 갖는다.
- **data(데이터 소스) 블록**: 앞서 사용된 일반적인 데이터 소스와 형태가 같지만, 검증을 위한 조건으로 check블록 외부의 결과들을 참조하는 것 외에, check만을 위한 데이터 소스를 사용할 수 있다. 이를 '범위가 지정된데이터 소스'라고 부른다. 메타인수로 depends_on, provider, count를 정의할 수 있다. check 블록 외부에서는 해당 데이터 소스를 참조하지 못한다.

assert 블록은 최소 1개가 필요하며, 검증 목적에 맞게 assert 블록과 데이터 소스 정의를 여러 개 선언할 수 있다.

코드 8-6 범위가 지정된 데이터 소스 예제

```
data "http" "my_ip" {
  url = "https://checkip.amazonaws.com"
}

check "health_check" {
  data "http" "terraform_io" {
```

```
    url = "https://www.terraform.io"
  }

  assert {
    condition = data.http.terraform_io.status_code == 200
    error_message = "${data.http.terraform_io.url} returned an unhealthy status code"
  }

  # 외부의 주소를 참조할 수 있다.
  assert {
    condition = data.http.my_ip.status_code == 200
    error_message = "${data.http.my_ip.url} returned an unhealthy status code"
  }
}

## check 블록 내의 데이터소스를 참조하면 오류가 발생한다.
output "check_datasource" {
    value = data.http.terraform_io
}
```

예제에서 "health_check"라는 이름을 갖는 check 블록은 http 요청에 대한 응답을 검증하는 예제이다. "my_ip" 데이터 소스는 check 블록 외부에 있지만 검증에 사용 가능한 반면, check 블록 내의 "terraform_io" 데이터 소스는 외부에서 참조하는 경우 접근이 불가능하므로 에러가 발생한다.

```
$ terraform plan

Error: Reference to scoped resource

  on main.tf line 24, in output "check_datasource":
  24:    value = data.http.terraform_io

The referenced data resource "http" "terraform_io" is not available from this
context.
```

커맨드 check 블록 내부의 데이터 소스를 외부에서 참조하려는 경우 에러 발생

check 블록은 문법적인 오류가 아닌 조건이 만족하지 않는 경우 error_message에 설정된 내용을 출력할 뿐 테라폼 실행을 중단시키지는 않는다.

8.6.3 test 명령

test 명령을 확인하기 위한 실습 안내는 다음과 같다.

- AWS 크리덴셜 구성
- 다음 저장소를 포크 – https://github.com/terraform101/terraform-aws-ec2-test-module
- 포크된 저장소를 로컬 환경으로 clone하여 진행

테라폼 1.6 버전에서 추가된 test 명령어는 테라폼으로 정의된 구성을 실제로 프로비저닝하고 검증하는 동작을 수행하며, 프로비저닝 동작과 결과에 대한 검증을 수행하기 때문에 유닛 테스트 및 통합 테스트로 간주된다. test 명령 실행 시 동작은 다음의 순서와 같다.

1 루트 모듈에서 테스트 파일을 확인
2 테스트 파일에 지정된 구성으로 재조정하여 프로비저닝 실행
3 프로비저닝된 인프라에 대해 검증
4 테스트 이후 프로비저닝된 인프라 삭제

테스트 파일은 .tftest.hcl 또는 .tftest.json 확장자를 갖는 파일이다. 테스트 파일에는 다음과 같은 구성 요소가 있다.

- 하나 이상의 run 블록
- 없거나 하나만 허용되는 variables 블록
- 없거나 여러 개 정의하는 provider 블록

실습을 위한 코드의 파일 구조를 확인하면 'tests' 디렉터리에 '.tftest.hcl' 확장자를 갖는 파일을 확인할 수 있다. 'tests' 디렉터리는 terraform test 명령에 지정된 테스트 파일 위치를 가리키는 기본값으로, 실행 시 '-test-directory=〈path〉'를 추가하여 변경 가능하다.

먼저 Init을 수행한 뒤 Plan을 수행해보면 'variable.tf'에 선언된 입력 변수 instance_type에 따른 실행 계획을 확인할 수 있다.

```
$ terraform plan

…생략…
```

```
# aws_instance.default will be created
  + resource "aws_instance" "default" {
      + ami                        = "ami-0483306a66170cd99"
      + instance_type              = "m7i.large"
…생략…
```

커맨드 설정된 입력 변수 값으로 생성되는 테라폼 실행 계획

'tests' 디렉터리의 `public_ip_check.tftest.hcl` 파일 내용을 확인한다. "variables"에 설정된 값은 루트 모듈의 입력 변수를 덮어쓰는 의미로, 테스트를 위한 프로비저닝과 실제 원하는 형상의 프로비저닝에 대한 입력 변수를 다르게 구성할 수 있다. 이 예제에서는 비용적으로 유리한 VM 인스턴스 유형을 지정하여 동일한 결과로 테스트를 완료하는 것을 의도하였다. `terraform test` 명령을 사용하여 프로비저닝 및 검증이 완료됨을 확인하고 생성된 인프라를 회수하는 것까지 확인해본다. 이때 -verbose 옵션을 추가하면 실행 계획도 함께 확인할 수 있다.

```
$ terraform test -verbose

tests/public_ip_check.tftest.hcl... in progress
run "public_ip_check"... pass

…생략…
# aws_instance.default:
resource "aws_instance" "default" {
    ami                        = "ami-0483306a66170cd99"
    arn                        = "arn:aws:ec2:ap-northeast-
2:467567795630:instance/i-092ef85def1112293"
    associate_public_ip_address = true
    availability_zone          = "ap-northeast-2a"
    cpu_core_count             = 1
    cpu_threads_per_core       = 2
    id                         = "i-092ef85def1112293"
    instance_state             = "running"
    instance_type              = "t3.nano"
…생략…
}

Outputs:
```

```
private_ip = "172.31.2.143"
public_ip = "54.180.137.254"

tests/public_ip_check.tftest.hcl... tearing down
tests/public_ip_check.tftest.hcl... pass

Success! 1 passed, 0 failed.
```

커맨드 terraform test 실행 시 지정된 입력 변수 값으로 대체되는 실행 결과

8.4.3 절을 통해 VCS가 HCP Terraform과 연동된 상태라면 프라이빗 모듈 저장소로 해당 모듈을 등록하여 모듈의 검증 여부를 제공하게 된다. HCP Terraform의 Organization으로 이동하여 [Registry] 항목을 선택, 프라이빗 모듈을 관리하는 `Registry` 화면으로 이동한다. 우측의 [Publish 〉 Module] 버튼을 클릭하여 모듈 등록 화면으로 이동한다.

그림 8-45 모듈 등록 메뉴로 이동

연동된 VCS를 선택하고 자신의 VCS로 포크한 저장소를 선택한다.

그림 8-46 테스트가 적용된 모듈 선택

모듈의 배포 유형을 'Branch'로 선택하고 다음의 옵션을 지정하여 [Publish module] 버튼으로 등록을 완료한다.

- **Branch name**: main
- **Module version**: 1.0.0
- **Enable testing for Module**: Check

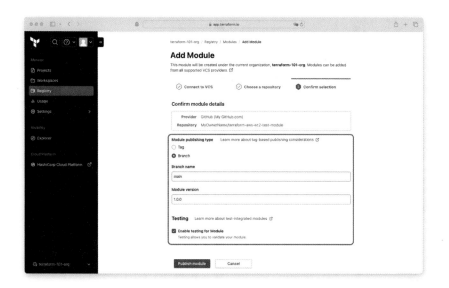

그림 8-47 모듈 등록 옵션 설정

모듈이 정상적으로 등록되면 우측의 Testing 항목의 [Configure Tests]를 클릭하여 테스트에 필요한 환경 변수를 추가한다. 테스트의 경우 기존 워크스페이스들과 별도로 실행되므로 테스트 실행에 필요한 환경 변수를 기입해야 한다.

- AWS_DEFAULT_REGION
- AWS_ACCESS_KEY_ID
- AWS_SECRET_ACCESS_KEY

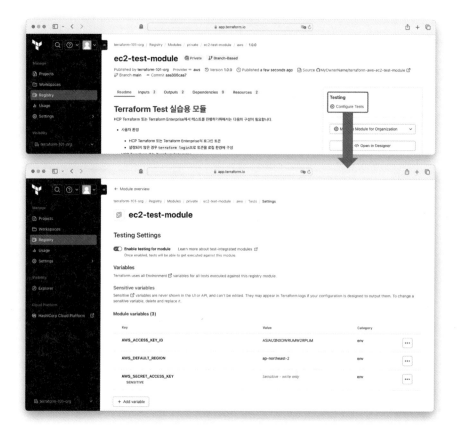

그림 8-48 테스트를 위한 환경 변수 등록

모듈 저장소가 변경되면 테스트가 자동으로 실행되나, 첫 등록이므로 수동으로 테스트를 실행하기 위해 작업 환경의 모듈 디렉터리에서 커맨드로 수행한다. 테스트 실행이 정상적으로 수행되면 HCP Terraform의 모듈 UI에서도 확인할 수 있다.

```
# terraform test -cloud-run="<url>/<org_name>/<module_name>/<provider>"
$ terraform test -cloud-run="app.terraform.io/terraform-101-org/ec2-test-module/aws"

Waiting for the tests to start... (0s elapsed)
Terraform v1.9.0
on linux_amd64
Initializing plugins and modules...
tests/public_ip_check.tftest.hcl... in progress
```

```
    public_ip_check... pass
  tests/public_ip_check.tftest.hcl... tearing down
  tests/public_ip_check.tftest.hcl... pass

  Success! 1 passed, 0 failed.
```

커맨드 HCP Terraform에 등록된 모듈을 수동으로 실행

그림 8-49 모듈 테스트가 완료된 상태 확인

테스트 워크플로는 테라폼의 실제 프로비저닝 동작을 테스트하기 위한 목적으로 사용하는 방안과 모듈을 제공하는 입장에서 모듈이 검증되었음을 증명하고 모듈의 동작을 신뢰할 수 있는 요소로도 사용 가능하다.

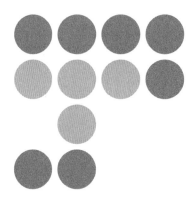

인프라 운영 및 관리

테라폼으로 구성된 인프라 환경은 지속적으로 안정성과 정상 상태를 유지하는 작업을 해주어야 한다.

인프라의 디자인(Day0)과 배포(Day1) 단계를 넘어서면 유지 관리(Day2) 단계에서의 일반적인 문제는, 이미 구성된 상태에서의 변경이 Day1에서 구성된 요소에 긴밀하게 연결되어 있는 것에서 시작된다. 또한 테라폼에 익숙하지 않은 작업자가 수동으로 인프라를 변경한 경우 다시 IaC 형태로 변환해야 하는 작업이 발생할 수 있다. 이미 구성된 테라폼 구성 묶음인 모듈을 전반적으로 변경해야 하면서, 이를 사용하고 있는 기존 인프라에는 영향이 없어야 하는 경우도 있다.

팀 간 협업을 위해 테라폼의 State는 팀 간에 공유되어야 하고, 때로는 Day1을 담당하는 팀과 Day2를 담당하는 팀이 다르므로 기존에 구성된 내용을 효과적으로 전달 및 이관하고, 이후에도 테라폼으로 Day2 작업이 순조롭게 진행될 수 있는 방안이 필요하다.

9.1 배포 단위 관리

이미 프로비저닝된 워크스페이스와 State를 관리하는 방안을 가이드한다. 테라폼의 State는 이뮤터블 패턴을 유지하는 데 사용된다. 변경을 위해서는 명시적으로 테라폼 구성상에 변경이 발생하고 기존 프로비저닝 상태가 저장된 State와 비교해 실행되므로 인프라의 일관성, 안정성, 예측 가능성을 제공한다. 인프라 배포 후에도 변경에 대한 요구사항이 발생하며, 때로 테라폼 State의 정보와 실제 인프라 상태에 편차가 생길 수 있다.

- 설정 값에 변경이 없지만 참조된 ID 값이 매번 변경되는 리소스(e.g. aws_route_table에서 aws_internet_gateway 참조)
- 배포 대상의 프로바이더/API 변경(e.g. databricks 프로바이더 checksum 변경)
- 작업자가 테라폼 외의 방법(Web UI Console, API 등)으로 관리 대상을 수정

이 과정은 8장의 HCP Terraform 환경에서 배포한 `terraform-aws-tfc-workflow` 워크스페이스를 활용한다. State를 관리하는 작업은 작업자의 로컬 환경에서 수정 및 검증하는 방식으로 수행한다.

- State 관리를 실습하기 위해서는 리소스가 배포된 상태(Apply)로 진행
- 워크플로 구성을 위해 사용한 `Cost estimation`, `Run Tasks`, `Sentinel policy` 적용 없이 진행 가능
- 주석 처리한 terraform 블록의 cloud 항목을 다시 선언

코드 9-1 HCP Terraform을 대상으로 하는 백엔드 구성 추가

```
terraform {
  cloud {
    organization = "<MY-ORG>"
    hostname     = "app.terraform.io" # default
    workspaces {
      name = "terraform-aws-tfc-workflow"
    }
  }
  ...생략...
}
```

VCS 연동으로 백엔드 구성 없이 State가 HCP Terraform에서 관리되더라도 해당 구성을 추가하여 `init`을 수행하면 CLI로 조정할 수 있다. 백엔드 구성을 추가했다면 `init`을 수행해 기존 워크스페이스와 연결됨을 확인한다.

```
$ terraform init
...
HCP Terraform has been successfully initialized!
```

커맨드 백엔드 구성 연결

9.1.1 코드의 재구성과 State 주소 이동(mv)

인프라 운영 시 발생하는 State 편차를 조정하고 관리하기 위해 CLI 환경에서 `terraform state` 명령어를 지원한다.

> | 기본 사용법: terraform [global options] state <subcommand> [options] [args]

기존 테라폼 코드로 배포된 상태에서 리소스, 데이터 소스, 모듈에 지정된 이름이 변경되면 State상의 주소가 변경되어야 하므로 동일한 구성인 경우라면 State에 선언된 리소스 주소 (Resource Address)를 변경해야 한다. 리소스 주소는 모듈 경로와 리소스 정보로 구분된다. 모듈 경로의 경우 루트 모듈이면 생략될 수 있다. 아래 구성 형태에 따른 각 예제를 확인한다.

구성 리소스 주소 표현 방식

```
[모듈 경로][리소스 정보]

## 루트 모듈에서의 이름이 test인 aws_vpc의 리소스 주소
aws_vpc.test

## network 모듈에서 구성된 이름이 test인 aws_vpc의 리소스 주소
module.network.aws_vpc.test

## count가 적용된 network 모듈에서 구성된 이름이 test인 aws_vpc의 첫 번째 인덱스의
리소스 주소
module.network[0].aws_vpc.test

## 루트 모듈에서 count가 적용된, 이름이 test인 aws_vpc의 첫 번째 인덱스의 리소스
주소
aws_vpc.test[0]

## 루트 모듈에서 for_each가 적용된, key가 example이고 이름이 test인 aws_vpc의 첫
번째 인덱스의 리소스 주소
aws_vpc.test["example"]
```

State에서 리소스 주소를 일괄 확인하기 위해 `terraform state list` 명령을 사용한다. 백엔드로 연결된 경우에도 사용할 수 있다.

```
$ terraform state list
data.aws_ami.ubuntu
aws_eip.hashicat
aws_eip_association.hashicat
aws_instance.hashicat
...생략...
aws_vpc.hashicat
null_resource.configure-cat-app
tls_private_key.hashicat
```

커맨드 State에서 관리하는 리소스 주소 확인

실제 인프라에서 구분을 위한 id 속성을 생성하는 경우 해당 인프라 자원이 테라폼의 어떤 구성으로 생성되었는지 확인하기 위해 -id 인수값을 추가할 수 있다. AWS 콘솔의 EC2 화면으로 이동해 인스턴스의 ID를 확인하고 조회해본다. 인스턴스 이름은 <prefix>-hashicat-instance이다.

그림 9-1 인프라의 고유 ID로 테라폼 State의 리소스 주소 조회

확인된 리소스 주소에서 null_resource.configure-cat-app을 발견할 수 있다. 조직은 리소스의 이름에 하이픈(-)을 사용하지 않고 언더스코어(_)를 사용하기로 합의했다고 가정한다. 다음 조건으로 작업을 수행한다.

- main.tf에서 기존 하이픈으로 연결된 이름인 configure-cat-app을 configure_cat_app으로 변경
- hyphen_to_underscore 브랜치를 생성하고 변경 사항을 커밋 및 푸시
- 풀 리퀘스트를 생성하고, 워크스페이스로 트리거링되는 HCP Terraform의 Plan 결과를 확인

그림 9-2 리소스 이름 변경으로 기존 리소스의 삭제와 새로운 리소스를 생성하는 실행 계획 발생

테라폼이 관리하는 리소스의 이름만 변경하고 프로비저닝된 실제 자원은 변경되지 않기를 원하므로 깃허브에서 [Close pull request] 버튼을 클릭하여 요청된 풀 리퀘스트를 닫는다. 실제 리소스 또는 테라폼의 추가 프로비저닝 없이 주소만 변경하기 위해서는 terraform state mv 명령을 사용해 State의 리소스 주소를 새로운 주소로 변경하는 작업을 수행한다. 함께 사용하는 옵션 중 -dry-run은 즉시 리소스 주소를 State상에서 변경하지 않고 예상되는 결과를 보여주므로 유용하다.

| 기본 사용법: terraform state mv [options] SOURCE DESTINATION

```
$ terraform state mv -dry-run 'null_resource.configure-cat-app' 'null_resource.
configure_cat_app'
Would move "null_resource.configure-cat-app" to "null_resource.configure_cat_app"

$ terraform state mv 'null_resource.configure-cat-app' 'null_resource.configure_cat_
app'
Acquiring state lock. This may take a few moments...
Move "null_resource.configure-cat-app" to "null_resource.configure_cat_app"
Successfully moved 1 object(s).
```

커맨드 State의 주소 변경

HCP Terraform의 워크스페이스의 State UI에서 새로 추가된 State의 변경 사항을 확인한다.

그림 9-3 리소스 주소 변경에 대한 State 변경 값

깃허브의 기존 풀 리퀘스트를 Close pull request를 선택해 취소하고 Reopen pull request를 선택해 다시 풀 리퀘스트를 생성하여 결과를 확인한다. 트리거링된 테라폼 Plan에서 변경한 리소스 주소를 삭제하거나 추가하는 동작이 발생하지 않음을 확인하고 `Merge pull request`로 코드를 병합, 테라폼 프로비저닝을 승인한다.

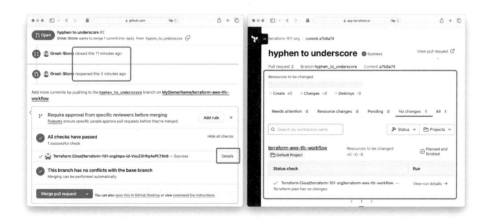

그림 9-4 풀 리퀘스트 재요청 및 변경 사항 없음을 확인

mv 커맨드로 실행하는 작업은 3.14 절에서 확인한 moved 블록으로도 동일하게 구성할 수 있

다. 코드 수준의 권한만 있고, 워크스페이스의 State 변경 권한이 없는 테라폼 코드 작업자의 경우 State를 직접 수정하지 않고 moved 블록을 활용한다.

코드 9-2 moved 블록을 사용하여 State 주소를 변경하는 예시

```
# 변경하려는 리소스 ID로 수정
resource "null_resource" "configure_cat_app" {
  depends_on = [aws_eip_association.hashicat]

  …
}

# 기존 리소스 ID를 새로운 ID로 변경하는 코드 정의
moved {
  from = null_resource.configure-cat-app
  to   = null_resource.configure_cat_app
}
```

연습 문제 3

VM 인프라 관리자는 단일 aws_instance의 확장을 고려해 count를 적용하려 한다. 기존에 생성된 인프라를 변경하지 않고 작업을 수행해야 한다.

- count에 적용되는 개수는 ec2_count 이름의 변수로 관리
- 초기 count는 1이고 1보다 작을 수 없음
- 출력되는 URL 및 ip 값에는 http:// 접두사가 필요

연습 문제 3 풀이의 예

aws_instance.hashicat 리소스 주소를 aws_instance.hashicat[0]로 변경

```
$ terraform state mv 'aws_instance.hashicat' 'aws_instance.hashicat[0]'
$ terraform state mv 'aws_eip.hashicat' 'aws_eip.hashicat[0]'
$ terraform state mv 'aws_eip_association.hashicat' 'aws_eip_association.
hashicat[0]'
$ terraform state mv 'null_resource.configure_cat_app' 'null_resource.configure_cat_
app[0]'
```

커맨드 State의 주소 변경

변경된 State에 맞게 관련 코드를 수정한다. 영향을 받는 코드 묶음은 모듈 단위 기반이다.

코드 9-2 조건에 맞게 main.tf 수정

```
# 생략
resource "aws_eip" "hashicat" {
  count    = var.ec2_count
  instance = aws_instance.hashicat[count.index].id
  vpc      = true
}

resource "aws_eip_association" "hashicat" {
  count         = var.ec2_count
  instance_id   = aws_instance.hashicat[count.index].id
  allocation_id = aws_eip.hashicat[count.index].id
}

# 생략
resource "aws_instance" "hashicat" {
  count                    = var.ec2_count
  # 생략
}

resource "null_resource" "configure_cat_app" {
  count    = var.ec2_count
  # 생략
  provisioner "file" {
    # 생략
    connection {
      # 생략
      host        = aws_eip.hashicat[count.index].public_ip
    }
  }

  provisioner "remote-exec" {
    # 생략

    connection {
      # 생략
      host        = aws_eip.hashicat[count.index].public_ip
    }
  }
}
# 생략
```

코드 9-3 조건에 맞는 입력 변수 추가

```
variable "ec2_count" {
  default     = 1
  description = "ec2 instance count"

  validation {
    condition     = var.ec2_count > 0
    error_message = "The ec2_count value caanot set Zero"
  }
}
```

코드 9-4 조건에 맞는 출력 추가

```
output "catapp_url" {
  value = [for eip in aws_eip.hashicat: "http://${eip.public_dns}"]
}

output "catapp_ip" {
  value = [for eip in aws_eip.hashicat: "http://${eip.public_ip}"]
}
```

변경 작업 완료 후 워크스페이스와 연결된 깃허브 리포지터리에 변경을 반영(푸시 또는 풀 리퀘스트 후 머지)하면 State가 코드 변경 사항에 맞게 미리 변경되었으므로 자동으로 트리깅된 Run의 결과가 'No changes' 상태임이 확인된다. 단, Output은 변경되므로 Apply를 수락하여 최종 변경 사항을 워크스페이스에 적용한다.

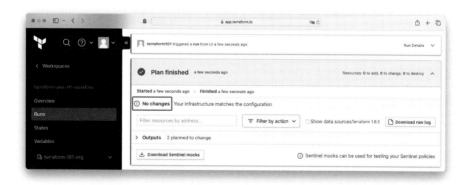

그림 9-5 State와 코드의 변경 사항이 동일하여 'No changes' 상태 확인

9.1.2 배포된 리소스의 편차 수정(show)

이미 배포된 리소스의 옵션이 테라폼이 아닌 다른 이유로 변경되어 State와의 편차(Drift)가 발생하는 경우 두 가지 선택지가 있다.

- **Apply**: 코드의 구성으로 변경된 대상을 다시 프로비저닝
- **Refresh**: 변경된 실제 리소스의 상태로 State를 업데이트하고 작업자가 코드를 수정

AWS 콘솔의 EC2 화면으로 이동해 [네트워크 및 보안] 하위의 [보안 그룹] 메뉴를 선택한다. 테라폼으로 생성한 보안 그룹인 [⟨prefix⟩-security-group]을 선택하고 선택된 보안 그룹의 [인바운드 규칙 편집] 버튼을 클릭해 다음 조건에 따라 규칙을 추가하고 저장한다.

그림 9-6 AWS 웹 콘솔에서 수동으로 인바운드 규칙 추가 및 저장

- **유형**: 사용자 지정 TCP
- **포트 범위**: 8080
- **소스**: 0.0.0.0/0

HCP Terraform에서 출력되는 결과를 로그로 확인하기 위해서 워크스페이스 설정을 변경해야 한다. 워크스페이스의 [Settings > General]에서 User Interface를 [Console UI]로 변경한다.

그림 9-7 HCP Terraform 워크스페이스의 UI 출력을 CLI처럼 로그 출력으로 변경

워크스페이스의 [+ New run] 버튼을 클릭하여 Run Type 중 [Plan only]를 선택하여 Run
을 실행한다. 이 동작은 `terraform plan` CLI 명령과 동일하다.

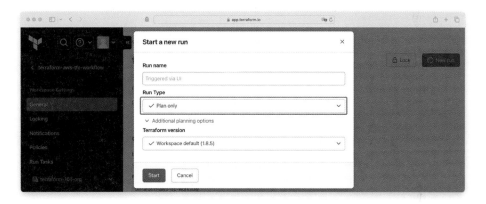

그림 9-8 Plan only로 새로운 Run을 실행

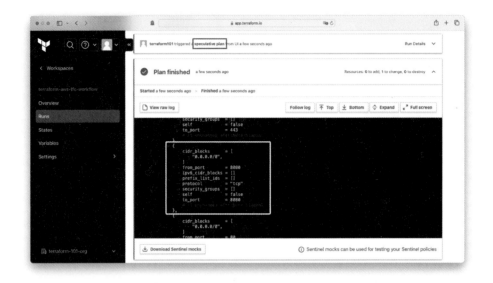

그림 9-9 Plan only로 실행된 Run과 테라폼이 아닌 수동 변경된 리소스 조정을 위한 테라폼의 실행 계획 결과

테라폼은 코드와의 동기화를 위해 State와 대상 인프라를 검사하고, 코드의 상태와 다른 설정 값을 제거하고 코드에서 명시된 내용으로 업데이트하는 실행 계획을 생성한다. 이대로 Apply 를 수행하면 수정된 사항이 다시 코드 설정 값으로 복구된다. 하지만 수동으로 반영한 사항 이 이후 테라폼으로 관리되어야 하는 경우도 있다. 워크스페이스의 [+ New run] 버튼을 클릭하여 Run Type 중 [Refresh state]를 선택하여 Run을 실행한다. 이 동작은 `terraform refresh` CLI 명령과 동일하다.

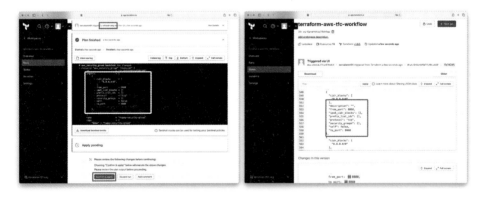

그림 9-10 Refresh state로 실행된 실행 계획은 State 변경을 위해 승인을 요구

State가 업데이트된 마지막 Apply 이후 외부 요인에 의한 변경 사항이 있음을 알리고, 이 작업을 승인하면 State에 변경이 있음을 알려준다. 작업을 승인하여 Refresh 작업을 완료하고 마지막 State를 확인하면 보안 그룹 리소스에 추가된 **8080**의 내용이 업데이트되어 있다. Refresh 작업 후에는 테라폼 구성을 업데이트해야 이후의 Apply 작업에서 추가된 변경 사항에 영향을 주지 않는다.

State의 구성을 테라폼 구성 형태에 맞춰 확인하는 `terraform state show <리소스 주소>` 커맨드로 HCL 형태와 유사하게 State 구성을 확인한다. 내용을 참고해 `main.tf`의 내용을 변경, 깃허브 저장소에 최종 병합한다.

```
$ terraform state show aws_security_group.hashicat
# aws_security_group.hashicat:
resource "aws_security_group" "hashicat" {
    ...
    ingress                = [
        ...
        {
            cidr_blocks      = [
                "0.0.0.0/0",
            ]
            description      = ""
            from_port        = 8080
            ipv6_cidr_blocks = []
            prefix_list_ids  = []
            protocol         = "tcp"
            security_groups  = []
            self             = false
            to_port          = 8080
        },
        ...
    ]
    ...
}
```

커맨드 terraform show 명령으로 확인한 State 변경 사항

코드 9-5 갱신된 State에 맞게 수정한 테라폼 구성

```
### main.tf ###
...
```

```
resource "aws_security_group" "hashicat" {
  name = "${var.prefix}-security-group"

  vpc_id = aws_vpc.hashicat.id

  # 생략

  ingress {
    from_port   = 8080
    to_port     = 8080
    protocol    = "tcp"
    cidr_blocks = ["0.0.0.0/0"]
  }

  # 생략
}
```

이제 State와 테라폼 코드 정의가 같아졌으므로 aws_security_group에 대한 실행 계획에 변경할 내용이 없음을 확인한다.

9.1.3 워크스페이스 분할(rm/pull/push)

테라폼으로 프로비저닝 대상을 배포하기 위해 테라폼 코드 구성 시 단일 루트 모듈을 활용해 설계한 전체 리소스를 배포하는 것이 일반적인 1단계이다. ① 관리 대상의 규모가 커지고 ② 작업자의 R&R이 생기고 ③ 배포 대상 리소스의 영향도 범위 축소를 위해 기존 워크스페이스를 분리하거나 병합한다. 사용 중인 리소스의 서비스 영향도 없이 워크스페이스를 분할하려면 테라폼 구성 코드와 State가 모두 분리되어야 한다.

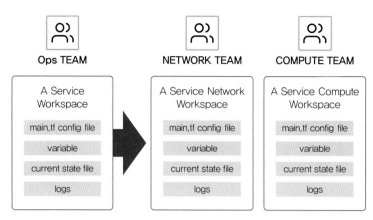

그림 9-11 다중 워크스페이스 구조의 예

워크스페이스를 분리하는 기준은 다음과 같다.

- 작업자 또는 팀 간 R&R
- 리소스 배포 단위

다음의 두 기능을 활용해 분할 작업을 수행한다.

- **Remote State**: 분리된 State 간 정보 교환
- **terraform state CLI**: State 편집

작업자는 기존에 프로비저닝된 아키텍처를 분석해 분리 조건에 따라 워크스페이스 재설계를 진행한다. 사용 중인 예제를 기반으로 다음과 같이 분할하는 것을 가정한다. 워크스페이스의 State에서 사용 중인 리소스 주소를 `terraform show`를 통해 확인한다.

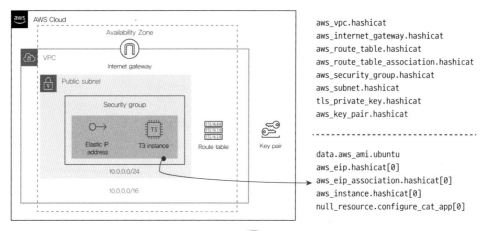

```
aws_vpc.hashicat
aws_internet_gateway.hashicat
aws_route_table.hashicat
aws_route_table_association.hashicat
aws_security_group.hashicat
aws_subnet.hashicat
tls_private_key.hashicat
aws_key_pair.hashicat

data.aws_ami.ubuntu
aws_eip.hashicat[0]
aws_eip_association.hashicat[0]
aws_instance.hashicat[0]
null_resource.configure_cat_app[0]
```

그림 9-12 워크스페이스 분리 설계의 예

1단계. 로컬 작업 환경 구성

분리된 두 워크스페이스로 연결할 각각의 루트 모듈 환경을 구성한다. 깃허브에 다음의 두 이름으로 저장소를 생성하고 작업 디렉터리에서 생성한 저장소를 클론한다. 테라폼 구성 파일과 State는 없는 상태다.

- terraform-edu-chapter9-network
- terraform-edu-chapter9-compute

2단계. 워크스페이스 잠그기

백엔드 연결 없이 로컬 작업 환경이라면 이 단계는 생략 가능하다. HCP Terraform을 State 백엔드로 사용하고 있다면, 워크스페이스 분할과 같은 변경점이 큰 유지 보수 작업이 발생하는 경우 관리자가 해당 워크스페이스를 강제로 잠글 수 있다.

- **방법 1**: 워크스페이스의 [Settings 〉 Locking]으로 이동하여 잠금 설정
- **방법 2**: 워크스페이스 우측 상단의 [Lock] 버튼을 클릭하여 잠금 설정

그림 9-13 워크스페이스 잠금 처리

3단계. State 가져오기/보내기

이미 백엔드 State 저장소가 연결된 루트 모듈에서 새로운 워크스페이스로 State를 보내려면 기존 State를 다시 로컬로 가져와야 한다. 사용 중인 `cloud` 또는 `backend` 블록을 삭제하면 더 이상 State 저장소를 사용하지 않는다는 것을 의미하며, 해당 블록 삭제 후 `init`을 수행하면 State 백엔드의 State가 로컬로 복제될 것이다. 하지만 여기서는 로컬에서 작업자가 기존 워크스페이스의 구성은 유지한 상태에서 작업을 하려는 의도이므로 연결된 원격지 State 저장소에서 State를 받아서 작업을 수행한다. 백엔드에 저장된 State를 가져오고 다시 보내기 위해 제공되는 커맨드를 확인한다. 먼저 백엔드의 State를 가져오기 위해서 `terraform state pull` 명령을 사용한다. 사용 중인 백엔드 저장소의 State가 출력되며, `jq` 같은 도구를 활용해 현재 배포된 리소스의 상태, 리소스 개수 등을 확인하는 데 활용할 수 있다. 단, 사용 중인 CLI 버전에 따라 변환되므로 실제 프로비저닝된 버전의 CLI 환경에 맞춰야 한다는 점에 주의해야 한다.

```
$ terraform version
Terraform v1.8.0

$ terraform state pull
{
  "version": 4,
  "terraform_version": "1.8.0", # 작업자 실행 환경의 테라폼 버전 형식으로 변경됨
  "serial": 14,
  "lineage": "3ccc63a4-a4ff-8893-93ee-18563797f55d",
  "outputs": {
```

```
    ...
  },
  "resources": [
    ...
  ]
}
```
커맨드 백엔드의 State를 가져오는 로컬 CLI의 테라폼 버전에 따른 형식 변경에 주의

State를 로컬 환경에서 수정해야 하므로 환경에 맞게 `terraform.tfstate` 파일을 작성한다. State 파일은 BOM(바이트 순서 표시)이 없는 UTF-8 형식이어야 하며, 출력된 내용을 텍스트 편집기를 사용해 복사/붙여넣기 후 저장할 수도 있고, 아래 커맨드를 활용할 수도 있다.

```
# Shell
$ terraform state pull > terraform.tfstate

# PowerShell
> terraform state pull | sc terraform.tfstate
```
커맨드 백엔드의 State 가져오기

받은 State를 활용해 작업자는 로컬 환경에서 오류 또는 변경이 발생한 사항에 맞춰 State에 대한 작업을 수행할 수 있다. 이제 기존 `terraform-aws-tfc-workflow` 루트 모듈의 다음 파일과 디렉터리를 `terraform-edu-chapter9-network`와 `terraform-edu-chapter9-compute` 루트 모듈에 복사한다.

- files(디렉터리)
- .gitignore
- .terraform.lock.hcl
- main.tf
- output.tf
- README.md
- terraform.tfstate
- variables.tf

아직 백엔드 구성은 하지 않을 것이므로 `main.tf`에서의 `cloud` 블록은 새로 구성할 백엔드 구성으로 수정하고 주석으로 처리한다.

```
# terraform-edu-chapter9-network/main.tf
terraform {
  # cloud {
  #   organization = "<MY_ORG_NAME>"
  #   hostname     = "app.terraform.io" # default
  #   workspaces {
  #     name = "terraform-edu-chapter9-network"
  #   }
  # }
  ...

# terraform-edu-chapter9-compute/main.tf
terraform {
  # cloud {
  #   organization = "<MY_ORG_NAME>"
  #   hostname     = "app.terraform.io" # default
  #   workspaces {
  #     name = "terraform-edu-chapter9-compute"
  #   }
  # }
  ...
```

테라폼 실행 편의성을 위해 terraform.tfvars 파일을 생성하고 HCP Terraform 환경에서 등록했던 prefix 입력 변수의 기본값을 기입한다.

코드 9-7 입력 변수 기본값 선언

```
# terraform.tfvars
prefix = "happy" # 기존 prefix 적용했던 값 입력
```

로컬 작업 환경에서 프로비저닝 대상인 AWS에 인증을 위한 설정이 필요하다. 4.3절을 참고하여 다음의 내용을 환경 변수로 적용한다.

- AWS_ACCESS_KEY_ID
- AWS_SECRET_ACCESS_KEY

이제 두 루트 모듈 디렉터리로 이동하여 terraform init 후 terraform plan을 실행한다. State가 제공되었으므로 아무런 변경 사항이 없어야 한다.

4단계. 코드 분리 – Network

리소스는 각 루트 모듈에 대해 다음과 같이 유지되어야 한다. 루트 모듈로 이동해 terraform state list 명령으로 State의 리소스 주소를 확인한다.

표 9-1 리소스 분류

Network	Compute
aws_internet_gateway.hashicat	data.aws_ami.ubuntu
aws_key_pair.hashicat	aws_eip.hashicat[0]
aws_route_table.hashicat	aws_eip_association.hashicat[0]
aws_route_table_association.hashicat	aws_instance.hashicat[0]
aws_security_group.hashicat	null_resource.configure_cat_app[0]
aws_subnet.hashicat	
aws_vpc.hashicat	
tls_private_key.hashicat	

compute 리소스들은 network에 종속적이므로 network의 작업을 먼저 진행한다. terraform-edu-chapter9-network 루트 모듈의 main.tf의 compute에서 사용되는 리소스를 삭제한다. 삭제한 정의에 종속된 자원의 참조가 없을 수 있다. 또한 사용되지 않는 입력 변수도 정리해줘야 한다. 삭제 대상인 코드 예제는 다음과 같다.

코드 9-8 Network 모듈에서 삭제 대상 구성

```
### main.tf ###
data "aws_ami" "ubuntu" {}
resource "aws_eip" "hashicat" {}
resource "aws_eip_association" "hashicat" {}
resource "aws_instance" "hashicat" {}
resource "null_resource" "configure_cat_app" {}

### output.tf ###
output "catapp_url" {}
output "catapp_ip" {}

### variable.tf ###
variable "instance_type" {}
variable "height" {}
variable "width" {}
variable "placeholder" {}
variable "ec2_count" {}
```

5단계. State 리소스 주소 삭제 – Network(rm)

terraform-edu-chapter9-network 루트 모듈의 코드 수정이 완료되고 Plan을 수행하면 삭제된 구성 내용에 따라 관련 리소스는 제거 대상이 된다. 워크스페이스 분리 목적에 따라 제거 대상은 더 이상 해당 워크스페이스에서 관리되지 않아야 하므로 terraform state rm 명령을 활용해 state에서 안전하게 리소스 정보를 삭제한다(이 작업은 위험이 따르므로 실행 후 State의 백업 파일이 생성된다).

> | 기본 사용법: terraform [global options] state rm [options] ADDRESS...

대상 리소스 주소는 다음과 같다.

- data.aws_ami.ubuntu
- aws_eip.hashicat[0]
- aws_eip_association.hashicat[0]
- aws_instance.hashicat[0]
- null_resource.configure_cat_app[0]

```
$ terraform state rm 'aws_eip.hashicat[0]'
Removed aws_eip.hashicat[0]
Successfully removed 1 resource instance(s).
```

커맨드 State의 리소스 삭제의 예

리소스 정보를 삭제한 뒤 terraform plan을 실행하면 변경되는 프로비저닝 작업은 없고 output 내용만이 삭제된다는 실행 계획이 확인되어야 한다. 이후 terraform apply를 수행해 최종적으로 output을 갱신한다. 다시 State 백엔드로 HCP Terraform에 워크스페이스를 구성하기 위해 다음 과정을 따른다.

1 main.tf의 cloud 블록을 해제
2 init을 수행하고 선택지에 대해 로컬의 State를 백엔드로 복사하기 위해 'yes' 입력
3 HCP Terraform의 해당 워크스페이스에서 State가 잘 업로드되었는지 확인
4 HCP Terraform의 워크스페이스의 Variables에 사용 중인 변수를 타입 고려하여 적용
  - **prefix**: 테라폼 입력 변수 타입
  - **AWS_ACCESS_KEY_ID**: 환경 변수 타입
  - **AWS_SECRET_ACCESS_KEY**: 환경 변수 타입

5 로컬 작업 디렉터리에서 Plan을 수행해 HCP Terraform에 업로드된 State를 기준으로 변경이 발생하지 않는지 확인

6 작업 디렉터리에서 다음을 수행해 깃허브에 푸시
- git add
- git commit -m "first commit"
- git push

7 HCP Terraform의 워크스페이스에서 설정의 `Version Control` 항목을 선택, VCS 연동 설정

8 최초 VCS 연결 후 발생된 Run에서 변경 사항이 없는지 확인

이제 `terraform-edu-chapter9-network` 워크스페이스는 프로비저닝된 리소스를 유지하면서 테라폼 구성상 분리되었다.

6단계. Remote State 활용

Compute 워크스페이스를 위해 4단계에서의 코드 분리 작업을 우선 수행한다. 삭제한 정의로 인해 사용되지 않는 입력 변수도 정리가 필요하다. 삭제 대상인 코드 예제는 다음과 같다.

코드 9-9 Compute 모듈에서 삭제할 구성

```
### main.tf ###
resource "aws_vpc" "hashicat" {}
resource "aws_subnet" "hashicat" {}
resource "aws_security_group" "hashicat" {}
resource "aws_internet_gateway" "hashicat" {}
resource "aws_route_table" "hashicat" {}
resource "aws_route_table_association" "hashicat" {}

### variable.tf ###
variable "address_space" {}
variable "subnet_prefix" {}
```

5단계처럼 `terraform state rm` 명령을 사용해 더 이상 정의되지 않는 리소스 주소를 삭제한다. 삭제 대상은 다음과 같다(반드시 Compute의 워크스페이스에서 수행해야 한다).

- aws_vpc.hashicat
- aws_subnet.hashicat
- aws_security_group.hashicat
- aws_internet_gateway.hashicat

- aws_route_table.hashicat
- aws_route_table_association.hashicat

코드 분리와 State 리소스 주소가 정리되었으면 terraform validate를 수행해 코드상의 오류를 확인한다.

```
$ terraform validate

Error: Reference to undeclared resource

  on main.tf line 60, in resource "aws_instance" "hashicat":
  60:   subnet_id                    = aws_subnet.hashicat.id

A managed resource "aws_subnet" "hashicat" has not been declared in the root module.

Error: Reference to undeclared resource

  on main.tf line 61, in resource "aws_instance" "hashicat":
  61:   vpc_security_group_ids       = [aws_security_group.hashicat.id]

A managed resource "aws_security_group" "hashicat" has not been declared in the root module.
```

커맨드 리소스 주소 정리 후 코드 검증에서 발견되는 오류

Compute 리소스를 관리하는 terraform-edu-chapter9-compute 워크스페이스의 코드상에는 기존 Network 리소스의 참조 값을 활용했다. 분리된 워크스페이스에서는 기존 사용되던 참조 값이 정의되지 않으므로 오류가 발생한다. 이 문제를 해결하기 위해 외부 워크스페이스는 데이터 소스 타입의 terraform_remote_state를 사용하면 출력으로 지정된 값을 읽을 수 있다. 2장에서 출력부인 output은 마치 자바 애플리케이션의 getter와 역할이 같다고 설명했다. Network의 루트 모듈에서 Compute 워크스페이스에서 사용하려는 참조 값을 출력으로 추가한다.

코드 9-10 Compute 모듈에서 사용할 Network 모듈의 출력 내용

```
# terraform-edu-chapter9-network/output.tf
output "subnet_id_hashicat" {
  value       = aws_subnet.hashicat.id
  description = "The hashicat's subnet id"
```

```
  }

output "security_group_id_hashicat" {
  value       = aws_security_group.hashicat.id
  description = "The hashicat's security group id"
}
```

terraform-edu-chapter9-network 루트 모듈에 output.tf 파일 내용을 추가한 뒤 VCS에
수정된 코드를 병합하고 Apply를 승인한다. 동작 완료 후 워크스페이스 UI 화면에서 output
정보를 확인한다.

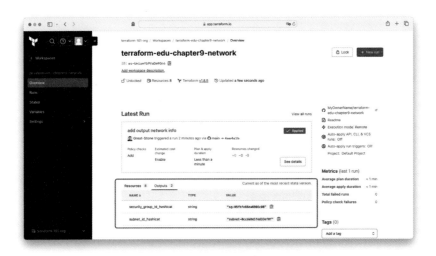

그림 9-14 생성된 출력 정보 리스트

다시 Compute의 루트 모듈로 이동해 main.tf에서 외부 State를 참조할 데이터 소스를 정의
한다.

코드 9-11 Compute 모듈에서 Network 모듈의 State를 참조하는 구성

```
# terraform-edu-chapter9-compute/output.tf
data "terraform_remote_state" "network" {
  backend = "remote"

  config = {
    organization = "<MY_ORG_NAME>"
    workspaces = {
```

```
        name = "terraform-edu-chapter9-network"
    }
  }
}
```

데이터 소스에서 참조할 출력 값은 기존 네트워크 리소스 정보를 참조하던 정의에서 다음과 같이 사용할 수 있다.

> | Remote State 호출 방식: data.terraform_remote_state.<데이터 소스 이름>.outputs.<출력 이름>

Compute의 루트 모듈의 main.tf에서 워크스페이스가 분리되어 참조할 수 없던 네트워크 정보를 아래와 같이 변경하고 Plan을 수행해 리소스에 변경이 발생하지 않음을 확인한다.

코드 9-12 Network 모듈의 출력 값을 참조해 선언

```
# terraform-edu-chapter9-compute/main.tf
resource "aws_instance" "hashicat" {
  count                       = var.ec2_count
  ami                         = data.aws_ami.ubuntu.id
  instance_type               = var.instance_type
  key_name                    = aws_key_pair.hashicat.key_name
  associate_public_ip_address = true
  subnet_id                   = data.terraform_remote_state.network.outputs.subnet_
id_hashicat
  vpc_security_group_ids      = [data.terraform_remote_state.network.outputs.
security_group_id_hashicat]

  tags = {
    Name = "${var.prefix}-hashicat-instance"
  }
}
```

7단계. State 보내기 – Compute(rm/push)

Compute를 관리하는 워크스페이스도 백엔드로 HCP Terraform을 구성하기 위해 다음 과정을 따른다. 이번 단계에서는 State를 수동으로 백엔드로 보내는 과정을 수행해본다.

  1 main.tf의 cloud 블록을 해제

  2 init을 수행하고 선택지에 대해 로컬의 State를 백엔드로 복사를 하지 않도록 'no' 입력

3 Compute 리소스를 위한 HCP Terraform의 워크스페이스에서 State가 없음을 확인

4 HCP Terraform 워크스페이스의 Variables에 사용 중인 변수를 타입 고려하여 적용
- **prefix**: 테라폼 입력 변수 타입
- **AWS_ACCESS_KEY_ID**: 환경 변수 타입
- **AWS_SECRET_ACCESS_KEY**: 환경 변수 타입

State 백엔드로 HCP Terraform을 연결했지만 아직 State는 저장되지 않았다. 앞서 받은 State를 활용해 작업자는 로컬 환경에서 오류 또는 변경이 발생한 사항에 맞춰 State에 대한 작업을 수행하고 `terraform state push` 명령으로 다시 백엔드 저장소로 보낼 수 있다. 테라폼에서는 State의 안정성을 위해 백엔드로 보내는 경우 두 가지 제약을 확인한다.

- **lineage**: "계보"라고 표현되는 이 값은 동일한 워크스페이스에서의 State인지를 확인하며, 값이 다르면 실패
- **serial**: State의 생성 순서로 백엔드에 보내는 State의 값과 같거나 높은 값(프로비저닝 발생)이 있으면 실패

앞서 `init` 수행 시 no를 선택했기 때문에 `terraform.tfstate`의 내용이 삭제되고 `terraform.tfstate.backup`이 생성되었다. 백업된 내용을 `terraform.tfstate`에 다시 복사하고 저장한다. Compute를 위해 구성된 워크스페이스에는 아직 State가 없으므로 아래 커맨드를 활용해 백엔드로 수정된 State를 보낸다. 백엔드에 저장된 State에서 `serial` 값이 0으로 초기화되고 업로드되었음을 확인한다.

```
# Shell
$ terraform state push ./terraform.tfstate

# PowerShell
> terraform state push | sc terraform.tfstate
```

커맨드 백엔드로 State 보내기

HCP Terraform의 워크스페이스에 State가 정상적으로 추가되었다면, 이제 백엔드의 State를 기준으로 테라폼 실행이 수행되어야 하기 때문에 로컬의 `terraform.tfstate` 파일은 삭제한다. 만약 로컬에 `terraform.tfstate`가 남겨진 상태로 이후 Plan 또는 Apply를 수행하는 경우 마이그레이션 작업 요청에 대한 에러가 발생한다.

```
$ terraform plan

…

Error: Error asking for state migration action: input is disabled
```

커맨드 terraform.tfstate가 로컬과 백엔드에서 중복되는 경우 에러 메시지

8단계. HCP Terraform의 워크스페이스 간 State 권한

로컬에서 백엔드로의 State 이전이 완료되었으므로 이제 다시 검증을 위해 Compute의 로컬 작업 디렉터리에서 Plan을 수행한다. 권한이 없음으로 표기된다.

```
$ terraform plan

…

| Error: Error retrieving state: forbidden
|
| This Terraform run is not authorized to read the state of the workspace
'terraform-edu-chapter9-network'.
| Most commonly, this is required when using the terraform_remote_state data source.
| To allow this access, 'terraform-edu-chapter9-network' must configure this
workspace ('terraform-edu-chapter9-compute')
| as an authorized remote state consumer. For more information, see:
| https://www.terraform.io/docs/cloud/workspaces/state.html#accessing-state-from-
other-workspaces.
|
Operation failed: failed running terraform plan (exit 1)
```

커맨드 Remote State 접근이 거부된 에러 메시지

State는 민감한 데이터가 포함될 수 있고 관리 책임이 서로 다른 팀이 제한적으로 State에 접근하도록 권한을 부여할 수 있다. 권한 부여를 위해 다음 단계를 수행한다.

1 HCP Terraform의 `terraform-edu-chapter9-network` 워크스페이스로 이동
2 [Settings 〉 General] 항목 선택
3 [Remote state sharing] 항목의 [Share with specific workspaces] 목록에서 `terraform-edu-chapter9-compute`를 추가
4 하단의 [Save settings]를 클릭

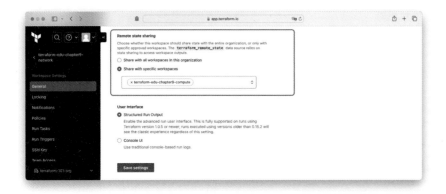

그림 9-15 워크스페이스의 State 공유 범위 설정

이제 다시 Compute의 로컬 작업 디렉터리에서 Plan을 수행한다. Network 워크스페이스에서 관리하는 State에 잘 접근하고 변경 사항은 없다고 출력되는지 확인한다. 이제 아래 과정을 통해 VCS 연동까지 마무리한다.

1 작업 디렉터리에서 다음을 수행해 깃허브에 푸시
- git add
- git commit −m "first commit"
- git push
2 TFC의 워크스페이스에서 설정의 [Version Control] 항목을 선택, VCS 연동 설정
3 최초 VCS 연결 후 발생된 Run에서 변경 사항이 없는지 확인

R&R 또는 서비스 배포 단위에 기반한 워크스페이스 분리는 조직 간 협업을 위한 워크플로를 구성하고 배포 주기와 민첩성을 제공한다. 모든 작업이 완료되었다면 각 워크스페이스에서 Destory 작업을 진행하여 생성된 리소스를 제거한다.

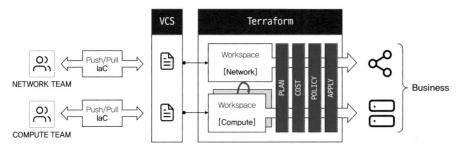

그림 9-16 워크스페이스를 기준으로 동일한 대상의 서비스를 분리해 관리

9.1.4 워크스페이스 병합

앞에서는 워크스페이스를 분리하는 과정을 살폈다면, 때로는 필요에 의해 분리된 두 워크스페이스를 합치는 경우도 있다. 이 경우 하나의 루트 모듈 내에서 관리하도록 코드와 State를 병합하는 과정이 필요하다. 9.1.3절의 코드 분할과 State 복제 및 삭제와 반대로 프로세스를 진행하면 되는데, State를 합치는 경우 `terraform state mv` 명령에 인수를 추가해 옮긴다.

- -state=<State 파일> : 읽어올 State 파일 지정
- -state-out=<State 파일> : 대상 State 파일 지정

| 기본 사용법: `terraform state mv -state=<State 파일> -state-out=<State 파일> <리소스 주소>`

9.2 기존 리소스를 테라폼으로 관리

이미 구성되어 있는 리소스를 테라폼으로 관리하게 되는 상황의 예는 다음과 같다.

- 테라폼을 사용하기 전 이미 수동으로 프로비저닝
- 테라폼 사용이 익숙하지 않은 상황에서 먼저 수동으로 프로비저닝하고 다시 코드화
- IaC와 수동 운영을 복합적으로 사용하는 경우 테라폼을 이용한 관리 영역을 확장
- 테라폼으로 관리되고 있었지만 `terraform.tfstate`가 유실됨

테라폼으로 관리되고 있지 않던 리소스들의 경우 IaC로 전환했을 때 다음과 같은 이점이 생긴다.

- 구성된 리소스의 명세화
- 수동 프로비저닝에서는 확인되지 않은 설정 값 파악
- 리소스 간 종속성 확인

테라폼으로의 전환을 고려할 때 모든 것을 코드화하기보다는 코드적인 효율이 있는 대상에 먼저 일부 적용해보는 쪽이 "모든 것을 IaC로 관리해야 해!"라는 부담을 줄일 수 있다.

9.2.1 Import

테라폼으로 프로비저닝한 경우 테라폼 구성(예: `main.tf`)을 먼저 작성하고 Apply 단계를 거쳐 State(`terraform.tfstate`)가 생성되었지만, 수동으로 프로비저닝이 완료된 경우 이 두 구성이 모두 없는 상태라고 판단한다. 테라폼으로 기존 현실 세계의 리소스를 가져오는 것을 Import 동작으로 설명하며, 그 절차는 다음과 같다.

1 기존 인프라의 정보 확인(프로바이더 문서 참고)

2 테라폼 Import 동작을 사용해 State로 상태를 가져옴(구성에 리소스 주소에 해당하는 블록 선언 필요)

3 상태 정보를 기반으로 테라폼 구성을 작성(Show 명령 활용)

4 Plan 동작으로 구성-상태-형상이 일치함을 확인

5 Apply 동작으로 상태를 업데이트하고 테라폼으로 관리 시작

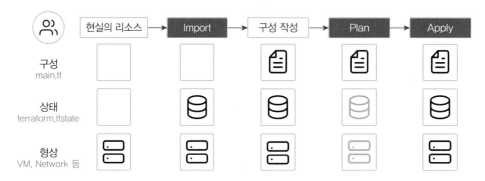

그림 9-17 Import 단계

제시된 실습을 위해서 AWS 계정이 필요하다. 관리되는 리소스 추가를 위해 AWS 보안 그룹을 AWS 콘솔을 이용하여 다음과 같이 수동으로 자원을 생성한다. 보안 그룹은 VPC 또는 EC2 대시보드에서 **보안** 메뉴로 그룹핑되어 있다.

- **보안 그룹 GUI 이동**
  - **리전**: 서울(ap-northeast-2)
  - **서비스**: VPC(검색 후 대시보드 이동 또는 메뉴에서 선택)
  - 보안 〉 보안 그룹
- **보안 그룹 생성**
  - **보안 그룹 이름**: import-sg
  - **설명**: terraform import check
  - **VPC**: 이미 구성되어 있는, 또는 기본 VPC 선택

- 인바운드 규칙

유형	프로토콜	포트범위	소스
SSH	TCP	22	Anywhere–IPv4
사용자 지정 TCP	TCP	1234	Anywhere–IPv4

- **아웃바운드 규칙**: 기본값
- 태그 선택 사항
  - **키**: purpose
  - **값**: terraform–import

그림 9-18 보안 그룹 생성 정보 확인

1단계. 기존 인프라의 정보 확인

기존 인프라에서 테라폼 코드화 대상을 선정한다. 실습 대상은 변경이 잦은 보안 그룹을 코드로 관리해 효율성을 얻고자 한다. 각 리소스별로 Import 수행 시 필요한 고유 ID 값이 다를 수 있으므로 프로바이더의 리소스 문서[1]를 확인하고 Import를 위한 정보를 확인한다.

---

1 AWS 보안 그룹 설명 – *https://registry.terraform.io/providers/hashicorp/aws/latest/docs/resources/security_group*

그림 9-19 리소스 구성 문서 가이드의 Import 설명

2단계. Import 수행

테라폼 구성을 가져오기 위한 초기화된 구성이 필요하다. 앞서 terraform과 provider 블록에서와 같이 신규로 추가되는 리소스를 위해서도 구성 정의가 필요하다. 이미 선언된 테라폼 구성에 추가하는 경우라면 Import되는 대상의 프로바이더 정의가 있는지 확인한다. 여기서는 기존 테라폼 구성이 없다고 가정하고 새로운 디렉터리를 생성한 후 main.tf를 다음과 같이 작성한다. 기존 리소스의 기본 정의도 리소스 주소 선언을 위해 추가하고 terraform init을 수행한다.

코드 9-13 Import를 수행할 코드 구성

```
terraform {
  required_providers {
    aws = {
      source  = "hashicorp/aws"
      version = "~> 5.0"
    }
  }
}

provider "aws" {
  region = "ap-northeast-2"
}

resource "aws_security_group" "my_sg" {  # Import 대상의 리소스 블록 껍데기

}
```

테라폼 구성으로 가져오려는 대상을 terraform import 명령을 사용해 State를 작성한다. Import가 성공하면 terraform.tfstate가 새로 생성되고, 기존에 사용 중인 State가 있다면 해당 State 파일에 내용이 추가된다.

| 기본 사용법: terraform [global options] import [options] ADDR ID

| – **ADDR**: Import하는 대상에게 부여하는 리소스 주소

| – **ID**: Import 대상의 고유 값

```
$ terraform import aws_security_group.my_sg <보안 그룹 ID>
aws_security_group.my_sg: Importing from ID "<보안 그룹 ID>"...
aws_security_group.my_sg: Import prepared!
  Prepared aws_security_group for import
aws_security_group.my_sg: Refreshing state... [id=<보안 그룹 ID>]

Import successful!

The resources that were imported are shown above. These resources are now in
your Terraform state and will henceforth be managed by Terraform.
```

커맨드 생성되어 있는 리소스 정보를 테라폼 State로 가져오는 작업

terraform.tfstate에 추가된 정보를 확인한다.

구성 Import로 State에 추가된 리소스 정보

```
"resources": [
    {
      "mode": "managed",
      "type": "aws_security_group",
      "name": "my_sg",
      "provider": "provider[\"registry.terraform.io/hashicorp/aws\"]",
      "instances": [
        {
          "schema_version": 1,
          "attributes": {
            "description": "terraform import check",
            "id": "<보안 그룹 ID>",
            "ingress": [
              {
                "cidr_blocks": [
```

```
          "0.0.0.0/0"
        ],
        "from_port": 1234,
        "protocol": "tcp",
        "to_port": 1234
        ...
      }
      ...
    ],
    "name": "import-sg",
    "tags": {
      "purpose": "terraform-import"
    },
    ...
  }
 ]
}
]
```

3단계. 테라폼 구성 작성

State만 추가된 상태에서 Plan을 수행하면 테라폼 실행 계획은 구성의 내용에 기반하기 때문에 이미 생성된 형상을 삭제하려 한다. 따라서 State에 정의된 내용을 참고해 테라폼 구성을 작성해야 한다. terraform state show 명령을 활용해 HCL 형태의 State 정보를 확인하면 보다 수월하게 코드화 과정을 수행할 수 있다. 출력된 결과를 테라폼 구성 파일(main.tf)에 붙여넣는다.

```
$ terraform state show aws_security_group.my_sg
# aws_security_group.my_sg:
resource "aws_security_group" "my_sg" {
    arn         = "arn:aws:ec2:ap-northeast-2:**********:security-group/<보안 그룹
ID>"
    description = "terraform import check"
    egress      = [
        ...
    ]
    id          = "<보안 그룹 ID>"
    ingress     = [
        ...
```

```
    ]
    name          = "import-sg"
    tags          = {
        "purpose" = "terraform-import"
    }
    vpc_id        = "<VPC ID>"
}
```

커맨드 State에 저장된 리소스 정보를 HCL 형태로 출력

주의해야 할 점은 출력된 결과는 코드 작성에 사용되는 정의인 인수와 결과로 나타나는 속성을 모두 포함하고 있다는 것이다. 따라서 문서를 참고해 생성에 필요한 인수와 불필요한 기본값은 삭제할 필요가 있다. 실습에서 삭제 대상은 다음과 같다.

- id
- owner_id
- tags_all
- timeouts

4단계. Plan으로 검증

Plan을 수행하면서 변경 사항이 발생하지 않는지 확인한다.

5단계. Apply로 상태 업데이트

Apply로 최종 상태를 확인하고, 이미 반영된 구성을 변경하면서 테라폼으로 관리할 수 있는지 확인한다. 추가로 aws_security_group_rule 형태로 변경해보고 변수로 포트를 입력할 수 있도록 구성을 변경해보는 것을 추천한다. 내부 블록 형태에서 리소스[2] 참조 형태로 정의하는 Security Group 정의 방식이다.

보안 그룹과 같이 변경이 잦고, 속성 값이 많고, 작업을 실수할 가능성이 높은 리소스의 경우 대상 리소스만 테라폼으로 관리하더라도 코드적인 프로비저닝과 자동화를 구현할 수 있다.

----

2 리소스 설명 – *https://registry.terraform.io/providers/hashicorp/aws/latest/docs/resources/security_group_rule*

9.2.2 오픈소스 도구 – Terraformer

테라폼 자체 Import 기능으로 코드화 프로세스를 진행하는 것도 기존 인프라를 가져오는 기능을 제공한다. 하지만 구성 파일을 작성해야 하는 과정과 검증을 위한 반복 작업을 줄일 수 있는 방안을 오픈소스로 공개된 도구에서 찾을 수 있다. Terraformer는 State와 구성을 동시에 작성하는 도구이다. 설치와 구성은 공식 깃허브 저장소의 releases에서 빌드된 바이너리를 받거나, 코드를 빌드하거나, OS별 패키지 매니저를 통해 제공된다.

Terraformer github: *https://github.com/GoogleCloudPlatform/terraformer*

모든 프로바이더 및 프로바이더의 리소스를 제공하는 것은 아니지만 다수의 리소스를 필터링으로 코드화할 수 있다는 장점이 있다. 8.2절에서 확인한 것처럼, AWS의 자원을 테라폼 코드로 가져오기 위해서는 aws configure를 수행해 접속 권한을 구성하는 작업이 필요하다. terraformer 명령을 사용할 준비가 되었으면 main.tf에 가져오려는 기존 인프라의 프로바이더만 정의해 terraform init을 실행하고 다음과 같이 명령을 수행한다.

```
$ terraformer version
Terraformer v0.8.24

$ terraformer import aws --resources=sg --filter="Name=tags.purpose;Value=terraform-
import" --regions=ap-northeast-2 --profile=default

2024/06/23 16:23:55 aws importing region ap-northeast-2
2024/06/23 16:23:56 aws importing... sg
2024/06/23 16:23:56 aws done importing sg
2024/06/23 16:23:56 Number of resources for service sg: 2
2024/06/23 16:23:56 Refreshing state... aws_security_group.tfer--import-sg_sg-
0d387bc110d8087e3
2024/06/23 16:23:56 Refreshing state... aws_security_group.tfer--default_sg-f852c191
2024/06/23 16:23:56 Filtered number of resources for service sg: 1
2024/06/23 16:23:56 aws Connecting....
2024/06/23 16:23:56 aws save sg
2024/06/23 16:23:56 aws save tfstate for sg
```

커맨드 필터링을 사용해 리소스 구성을 일괄적으로 불러오는 Terraformer

terraform import 명령과 비교해 해당 계정이 관리하는 대상 리전의 리소스를 모두 조회하고 그중 조건에 맞는 자원을 코드화하는 방식으로 수행됨을 로그로 확인할 수 있다. *generated/*

<프로바이더>/<리소스 타입> 디렉터리에 생성된 코드와 State를 확인할 수 있다.

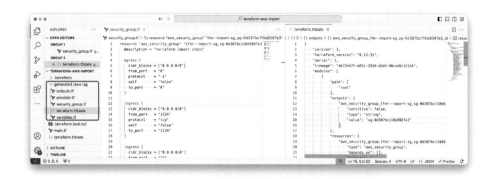

그림 9-20 Terraformer로 가져온 기존 인프라의 테라폼 코드와 State

9.3 리팩터링과 모듈화

프로비저닝의 초기 목적을 달성한 테라폼 구성과 모듈의 구조는 시간이 지남에 따라 지속적으로 관리되어야 하고, 때로는 필요에 의해 모듈화되어 다른 프로비저닝 구성에 템플릿으로 동작해야 한다. 이번 과정에서는 코드 수준에서의 샘플 코드로 작업을 수행하지만, 이미 프로비저닝된 리소스를 모듈화할 때는 앞서 살펴본 리소스 주소 변경이 필요하다.

주요 리팩터링 대상

- **협업을 위한 배려**: 입력 변수와 출력에 대한 설명을 추가하고 입력 변수에 제약이 있는 경우 타입과 검증 항목을 추가
- **List 타입의 변수 기반 count를 for_each로 변경**: 리스트에 포함된 값의 순서가 변경되거나 추가, 삭제되는 경우 실행 계획에서 destroy/create가 발생하므로 count를 수정
- **불필요한 입력 변수의 로컬 변수 대체**: 프로비저닝 시 입력되지 않아도 되는 변수와 변수 값 조합은 로컬 변수로 대체
- **분산된 로컬 변수 선언부 통합**: 로컬 변수가 중첩되어 선언되지 않고 한곳에 선언될 수 있도록 통합
- **상수 값 대체**: 상수로 입력되는 중첩 값에 변수화 또는 테라폼의 Function 활용
- **리소스, 데이터 소스 이름 재정의**: 이름에 중첩되는 선언 수정

모듈화 및 범위 선정

- **템플릿 정의**: 모듈은 동일 리소스 묶음이 아닌 프로비저닝 대상 및 관리 목적에 따른 다중 리소스 묶음
- **커스터마이징 수순이 높은 구성 배제**: 모듈화의 목적에 템플릿, 즉 반복적 사용에 목적이 있으므로 재구성과 재설계 범위가 높은 리소스 구성은 제외
- **최소화된 입력 변수**: 모듈 입력 변수가 적을수록 모듈 내 리소스 변동성이 낮음

모듈화된 테라폼 구성 묶음은 독립적으로 릴리스되며 신규 프로비저닝 시 반복적인 작업을 줄이는 것과 표준화된 리소스 프로비저닝을 목표로 한다.

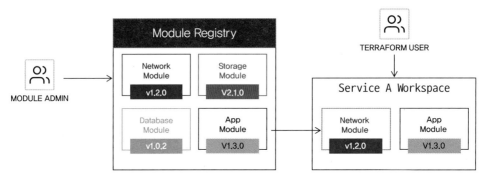

그림 9-21 모듈 관리와 사용

이 과정에서 사용되는 코드는 LG유플러스에서 제공하는 테라폼 도입 초기 구성을 활용한다. 다음의 깃허브 저장소를 포크해 사용하고, 로컬 작업 환경에 클론해 진행한다.

- *https://github.com/terraform101/terraform-refactoring-and-modularity*

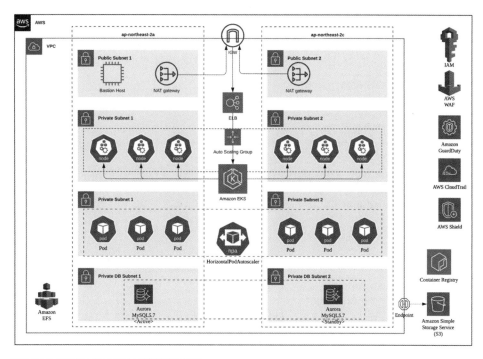

그림 9-22 테라폼 도입 초기 구성 환경 아키텍처

이번 시나리오의 목적은 모듈화되는 구성을 비슷하거나 연관된 리소스 구성으로 표준화하기보다는 만들고자 하는 인프라의 재사용성을 높이는 데 있다. 보안 그룹 리소스의 대상이 다르다면, 예를 들어 예제의 리팩터링 이전의 테라폼 구성에서 보안 그룹은 배스천 호스트를 위한 용도로도 사용되고 EKS를 위한 용도로도 사용된다. 동일한 리소스지만 적용 대상이 다른 보안 그룹이 동일한 구성 파일 안에 존재하므로 실제 사용되는 리소스와의 연관성은 낮다. 오히려 연관된 인프라 대상과 함께 관리되도록 모듈화되어야 한다. 기존 구성에서 EKS, ECR, Aurora, EFS, Elasticache 등은 필요에 따라 add-on할 수 있어야 하고, 그 기반이 되는 네트워크 구성, 기본 제공되는 배스천 서버, IAM 구성 등은 어떤 환경에서도 동일하게 프로비저닝되어야 한다고 가정한다.

9.3.1 리팩터링

협업에 대한 배려의 예

입력 변수 variable "vpc_cidr" {}의 경우 구성의 의도는 16비트 CIDR로 정의되어야만 한다. VPC 생성에 필요한 이 입력 변수를 다른 작업자도 구성에서 의도한 대로 사용할 수 있도록 설명과 유효성 검사 항목을 추가한다.

코드 9-14 입력 변수 개선의 예

```
### 기존 ###
variable "vpc_cidr" {
  type    = string
  default = "100.64.0.0/16"
}

### 수정 ###
variable "vpc_cidr" {
  type        = string
  default     = "100.64.0.0/16"
  description = "VPC의 CIDR 정의, 16비트 대역을 입력 (e.g. 100.64.0.0/16)"

  validation {
    condition     = contains(split("/", var.vpc_cidr), "16")
    error_message = "CIDR은 16비트"
  }
}
```

List 타입의 변수 기반 count를 for_each로 변경하는 예

전체 찾기로 count.index를 찾아본다. resource "aws_iam_user" "CloudArchitectureTeam_users" {}의 경우 리스트 형식의 입력 변수 내용을 count 메타인수를 이용해 리스트 내용만큼 반복해 생성하도록 구성되었다. count의 경우 단순히 숫자가 입력된 경우라면 후순위의 인덱스 주소를 갖는 리소스부터 삭제하지만, 리스트의 값을 읽고 사용하는 경우 중간 값이 삭제되면 후열의 값으로 생성된 리소스 또한 삭제 후 다시 생성되므로 for_each로 변경하는 것을 권장한다.

```
### 기존 ###
resource "aws_iam_user" "CloudArchitectureTeam_users" {
  count = length(var.CloudArchitectureTeam_users)
  name  = element(var.CloudArchitectureTeam_users, count.index)
  tags = {
    Name = "CloudArchitectureTeam_user"
  }
}

### 수정 ###
resource "aws_iam_user" "CloudArchitectureTeam_users" {
  for_each = toset(var.CloudArchitectureTeam_users)
  name     = each.key
  tags = {
    Name = "CloudArchitectureTeam_user"
  }
}
```

불필요한 입력 변수를 로컬 변수로 대체하는 예

변수 처리는 반복적으로 사용하는 인수 값을 재사용하고 실수를 줄이는 데 유용하다. 입력 변수가 불필요하게 사용될 경우, 실수로 의도하지 않은 변수가 외부로부터 선언되어 변경을 일으킬 수 있다. 그러므로 고정되게 사용되는 입력 변수의 경우 로컬 변수로 대체해 재선언으로 인한 위험성을 없애는 것이 좋다. 입력 변수 variable "az_a" {}는 region에 종속적인 설정이지만 입력 변수로 선언되었으므로 의도하지 않은 오류를 발생시킬 수 있다. 또한 데이터 소스를 활용해 런타임 시의 정보를 입력하게 구성하는 것도 인수 값 선언에서 오류가 생기는 일을 방지한다.

코드 9-16 입력 변수를 로컬 변수로 대체한 예

```
### 기존 ###
variable "az_a" {
  default = "ap-northeast-2a"
}

variable "az_c" {
  default = "ap-northeast-2c"
```

```
}

### 수정 ###
data "aws_region" "current" {}

locals {
  az_a = "${data.aws_region.current.name}a"
  az_c = "${data.aws_region.current.name}c"
}
```

상수 값 대체의 예

선언되는 변수 또는 상수에 다른 참조된 값에 대한 종속성이 있는 경우 코드적 특성을 활용해 자동화한다. 또한 테라폼에서 제공되는 Function 기능을 활용하면 선언과 관련한 실수를 방지할 수 있다. resource "aws_subnet" "puba" {}에서 참조하는 CIDR 값은 VPC의 값에 종속성이 있지만 입력 변수로 선언되었다. VPC에 선언된 CIDR과 cidrsubnet Function을 활용한다.

코드 9-17 Function을 활용해 자동 변경되는 선언의 예

```
variable "puba_cidr" {
  type    = string
  default = "100.64.0.0/20"
}

### 기존 ###
resource "aws_subnet" "sbn_pubc" {
  availability_zone     = var.az_c
  cidr_block            = var.pubc_cidr
  vpc_id                = aws_vpc.vpc.id
  map_public_ip_on_launch = true

  tags = {
    Name    = "sbn-${var.env}-${var.pjt}-pubc",
    Service = "pubc"

    "kubernetes.io/cluster/eks-${var.env}-${var.pjt}-cluster" = "shared",
    "kubernetes.io/role/elb"                                  = 1
  }
}
```

```
### 수정 ###
resource "aws_subnet" "sbn_pubc" {
  availability_zone       = local.az_c
  cidr_block              = cidrsubnet(aws_vpc.common.cidr_block, 4, 0)
  vpc_id                  = aws_vpc.common.id
  map_public_ip_on_launch = true // 자동 퍼블릭IP 할당 여부

  tags = {
    Name    = "sbn-${var.tag_middlename}-pubc",
    Service = "pubc"

    "kubernetes.io/cluster/eks-${var.tag_middlename}-cluster" = "shared",
    "kubernetes.io/role/elb"                                  = "1"
  }
}
```

리소스, 데이터 소스 이름 재정의의 예

테라폼 구성의 리소스, 데이터 소스로 유추 가능한 대상을 이름을 부여할 때 함께 지정하는 경우가 있다. 이것은 '역전앞'과 같은 중복된 명칭 부여이므로, 생성되는 대상의 목적에 맞게 이름을 정의해줘야 한다. 변경 예는 다음과 같다.

- resource "aws_subnet" "sub_puba" → resource "aws_subnet" "puba"

- data "aws_ami" "bastion_ami_id" → data "aws_ami" "bastion"

- data "aws_ami" "node_ami_id" → data "aws_ami" "eks_node"

- resource "aws_iam_group" "developer_group" → resource "aws_iam_group" "developer"

모듈화 범위에 따라 코드 분리를 수행한다. 파일은 기본 모듈 구성에 맞게 이름을 변경 및 추가한다.

- 0010_provider.tf → main.tf

- 0020_variable.tf → variable.tf

- terraform.tfvars 추가(입력 변수를 로컬에서 적용해 테스트하는 데 사용)

모듈의 테스트를 용이하게 하고 이후 분리할 수 있도록 디렉터리 구조를 다음과 같이 구조화한다. 모듈 내 기본 파일은 README.md, main.tf, output.tf, variable.tf이다.

```
[ROOT_MODULE]
├── *.tf
├── modules
│   ├── common
│   │   ├── README.md
│   │   ├── main.tf
│   │   ├── output.tf
│   │   └── variable.tf
│   └── eks
│       ├── README.md
│       ├── main.tf
│       ├── output.tf
│       └── variable.tf
└── terraform.tfvars
```

9.3.2 모듈화 – common

첫 번째 공통 모듈인 common을 루트 모듈의 main.tf에 선언한다.

코드 9-18 common 모듈을 루트 모듈 구성에 선언

```
### main.tf ###
...생략...
module "common" {
  source = "./modules/common"
}
```

모듈화는 대상이 되는 묶음의 종속성 중 루트에 가장 가까운 모듈로부터 시작해 하위 종속된 리소스로 확장한다. VPC는 AWS 환경에서 대부분 최상위 리소스로 분류된다. 다음의 절차를 따른다.

- 리소스, 데이터 소스를 common 모듈의 main.tf로 옮기기
- 옮긴 구성에서 사용되는 output.tf 옮기기
- output.tf 옮기는 과정에서 불필요한 변수 변경 및 Function 활용
- 코드 리팩터링 수행
- 루트 모듈 정의에 변수 구성
- Plan 수행으로 확인

아래 각 대상에 일부 포함된 코드 구성은 부분적인 예로, 참고되는 내용은 앞서 학습한 내용을 기반으로 모두 수행한다.

대상: 0110_vpc.tf

common 모듈로 모두 옮기는 작업을 수행한다. 다음 내용을 참고한다.

- aws_vpc 리소스를 common 모듈의 main.tf로 옮기고 삭제
- 입력 변수 vpc_cidr를 common 모듈의 variable.tf로 옮기고 삭제
- 입력 변수 env, pjt를 common 모듈에서 받을 수 있도록 variable.tf에 추가
- 루트 모듈의 common 모듈 선언부에 env, pjt, vpc_cidr를 추가

코드 9-19 common 모듈 선언부에 추가된 입력 변수 항목

```
### main.tf ###
...생략...
module "common" {
  source = "./modules/common"

  env      = var.env
  pjt      = var.pjt
  vpc_cidr = "100.64.0.0/16"
}
```

작업을 수행하고 terraform plan으로 실행 계획을 확인하면 기존에 참조하는 정의가 옮겨졌으므로 오류가 발생한다. 오류의 대상을 통해 영향을 받는 대상을 확인할 수 있다. 이어서 계속 수정한다.

대상: 0120_subnet.tf

common 모듈로 모두 옮기는 작업을 수행한다. 다음 내용을 참고한다.

- 코드 이동 시 cidrsubnet Function 활용
- 조합해 적용되는 공통 태깅에 로컬 변수 활용

코드 9-20 Function을 적용해 수동 입력 값 제거

```
### modules/common/main.tf ###
locals {
```

```
...생략...
  cluster_tags = {
    # eks(managed)가 node 생성되는 서브넷을 찾을 수 있도록 tag 추가
    "kubernetes.io/cluster/eks-${var.env}-${var.pjt}-cluster" = "shared"
  }
}

resource "aws_subnet" "puba" {
  availability_zone       = local.az_a
  cidr_block              = cidrsubnet(aws_vpc.common.cidr_block, 4, 0)
  vpc_id                  = aws_vpc.common.id
  map_public_ip_on_launch = true # 자동 퍼블릭IP 할당 여부

  tags = merge(local.cluster_tags, tomap({ # 로컬 변수 선언된 태그 병합
    Name                      = "sbn-${var.env}-${var.pjt}-puba",
    Service                   = "puba"
    "kubernetes.io/role/elb" = "1"
  }))
}
```

대상: 0140_elastic_ip.tf

common 모듈로 모두 옮긴다.

대상: 0150_nat.tf

common 모듈로 모두 옮긴다.

대상: 0160_route_table.tf

common 모듈로 모두 옮기는 작업을 수행한다. 다음 내용을 참고한다.

- 사용된 aws_vpc_endpoint 리소스도 다른 구성 파일에서 찾아 함께 옮김
- route_table_association의 대상이 common 이외의 단위에서 선택적으로 발생하므로 추후 활성/비활성에 대한 처리 필요성 인지

대상: 0170_security_group.tf

common 모듈로 모두 옮기는 작업을 수행한다. 다음 내용을 참고한다.

- aws_security_group의 ingress, egress를 aws_security_group_rule로 변경하고 for_each 활용

```
### modules/common/variable.tf ###
...생략...
variable "sg_eks_cluster_egress" {
  type        = map(tuple([string, list(string)]))
  default     = {}
  description = "EKS 클러스터의 Security Group Egress 목록"
}

variable "sg_eks_cluster_ingress" {
  type        = map(tuple([string, list(string)]))
  default     = {}
  description = "EKS 클러스터의 Security Group Ingress 목록"
}

### modules/common/main.tf ###
...생략...
resource "aws_security_group" "eks_cluster" {
  name    = "sg_${var.env}-${var.pjt}-ekscluster" # sg의 naming rule에 맨 앞 '-'가 허
용 안 돼서 '_'사용
  vpc_id = aws_vpc.common.id

  egress { # all port
    from_port   = 0
    to_port     = 0
    protocol    = "-1" # tcp만 허용
    cidr_blocks = ["0.0.0.0/0"]
  }

  ingress {
    from_port   = 0
    to_port     = 0
    protocol    = "-1" # tcp만 허용
    cidr_blocks = ["0.0.0.0/0"]
  }

  tags = {
    Name    = "sg-${var.env}-${var.pjt}-ekscluster",
    Service = "ekscluster"
  }
}

resource "aws_security_group_rule" "eks_cluster_egress" {
```

```
    for_each          = var.sg_eks_cluster_egress
    type              = "egress"
    from_port         = each.key
    to_port           = each.key
    protocol          = each.value[0]
    cidr_blocks       = each.value[1]
    security_group_id = aws_security_group.eks_cluster.id
}

resource "aws_security_group_rule" "eks_cluster_ingress" {
    for_each          = var.sg_eks_cluster_ingress
    type              = "ingress"
    from_port         = each.key
    to_port           = each.key
    protocol          = each.value[0]
    cidr_blocks       = each.value[1]
    security_group_id = aws_security_group.eks_cluster.id
}


### main.tf ###
module "common" {
    source = "./modules/common"
    ...생략...
    sg_bastion_egress = {
        80   = ["tcp", ["0.0.0.0/0"]] # WEB 포트
        443  = ["tcp", ["0.0.0.0/0"]]
        22   = ["tcp", ["0.0.0.0/0"]] # ternnel 용
        6379 = ["tcp", ["0.0.0.0/0"]] # elasticache 접근용
    }
    sg_bastion_ingress = {
        22 = ["tcp", var.bastion_cidr_block] # ssh 접속 포트
    }
    ...생략...
}
```

대상: 0009_ami.tf

common 모듈로 모두 옮기는 작업을 수행한다. 다음 내용을 참고한다.

- node_ami_id는 EKS 종속된 리소스로 루트 모듈로 이동

- ami_ownerid, ami_env의 루트 모듈, 자식 모듈 간 연결 처리

```
### main.tf ###
module "common" {
  source = "./modules/common"
  ...생략...
  ami_ownerid = var.ami_ownerid
  ami_env     = var.ami_env
  ...생략...
}

data "aws_ami" "node_ami_id" {
  provider    = aws.ucmp_owner
  most_recent = true
  owners      = [var.ami_ownerid]
  filter {
    name   = "name"
    values = ["${var.ami_env}-ucmp-eksnode-*-ami-*"]
  }
}
```

대상: 0410_s3.tf

common 모듈로 모두 옮기는 작업을 수행한다. 다음 내용을 참고한다.

- 입력 변수 bucket_serial은 고유한 값을 선언하는 것이 목적이므로 uuid Function을 활용
- s3 버킷 이름 구성 시 유일한 값 설정을 위해 기존 변수 조합에서 random_string을 활용

코드 9-23 고유한 값 처리를 위한 random 프로바이더 활용

```
### modules/common/main.tf ###
...생략...
resource "random_string" "bucket" {
  keepers = {
    s3_name = "${var.env}-${var.pjt}"
  }
  length  = 6
  lower   = true
  upper   = false
  numeric = true
  special = false
}
```

```
resource "aws_s3_bucket" "bucket" {
  # unique한 값으로 설정, 버킷 이름에는 소문자 허용
  bucket = "s3-${var.env}-${var.pjt}-${random_string.bucket.result}"

  tags = {
    Name    = "s3-${var.env}-${var.pjt}-original",
    Service = "original"
  }
}
```

대상: 0510_bastion_ec2.tf

common 모듈로 모두 옮기는 작업을 수행한다. 다음 내용을 참고한다.

- bastion_type은 "설계 시 정한 값"이므로 정책에 의해 결정된 사항으로 고정될 수 있도록 로컬 변수로 변경

대상: 0520_waf.tf

common 모듈로 모두 옮긴다.

대상: 0830_iam.tf

common 모듈로 모두 옮기는 작업을 수행한다. 다음 내용을 참고한다.

- 기존 count 방식의 구성을 for_each 형태로 변경
- key_name 선언은 코드에 고정 가능
- CloudArchitectureTeam_policy의 경우 반드시 적용되어야 하는 값이므로 코드에 지정
- developer_group_policy는 모듈에서 정의하는 내용으로 고정하기 위해 로컬 변수로 변경
- CloudArchitectureTeam_users, developer_group_users는 외부에서 지정하도록 common 모듈에서는 기본값을 제거해 루트 모듈에서 연결
- ami의 관리 계정이 달라 AWS의 다중 프로바이더를 사용하므로 AWS 프로바이더 정의에 configuration_aliases 선언 추가 필요

코드 9-24 configuration_aliases 선언

```
### modules/common/main.tf ###
terraform {
  required_providers {
    aws = {
      source                = "hashicorp/aws"
      configuration_aliases = [aws, aws.ucmp_owner]
```

```
      }
    }
  }

  ...생략...

### main.tf ###
module "common" {
  source = "./modules/common"

  providers = {
    aws           = aws
    aws.ucmp_owner = aws.ucmp_owner
  }
  ...생략...
}
```

9.3.3 모듈화 – eks

두 번째 공통 모듈인 eks를 루트 모듈의 main.tf에 선언한다. 이 모듈은 common에서 기반으로
제공되는 결과 값을 참조하고, 활성/비활성을 선택할 수 있도록 구성한다. env, pjt는 eks 모
듈에서도 동일하게 사용된다.

코드 9-25 EKS 구성 여부에 따른 분기 처리

```
### variable.tf ###
variable "enable_eks" {
  type    = bool
  default = false
}

### terraform.tfvars ###
enable_eks = true

### modules/common/variable.tf ###
variable "enable_eks" {
  type    = bool
  default = false
}
```

```
### modules/eks/variable.tf ###
variable "env" {
...생략...
variable "pjt" {
... 생략...


### main.tf ###
module "common" {
  source = "./modules/common"
  ... 생략...
  enable_eks = var.enable_eks
  ... 생략...
}

module "eks" {
  count  = var.enable_eks ? 1: 0
  source = "./modules/eks"

  env = var.env
  pjt = var.pjt
}
```

기존 루트 모듈에서 사용되는 아래의 파일 및 바이너리를 eks 모듈로 이동한다.

- aws-iam-authenticator
- kubectl
- iam-policy.json

modules/common/main.tf 변경 사항

enable_eks의 true 또는 false 여부에 따라 EKS 관련 리소스 생성을 선택적으로 적용할 수 있도록 조건을 부여한다.

코드 9-26 EKS 추가 여부에 따른 common 모듈의 리소스 생성 조건 추가

```
### modules/common/main.tf ###
resource "aws_security_group" "eks_cluster" {
  count = var.enable_eks ? 1: 0
...생략...
resource "aws_security_group_rule" "eks_cluster_egress" {
  for_each = var.enable_eks ? var.sg_eks_cluster_egress: {}
```

```
... 생략...
    security_group_id = aws_security_group.eks_cluster[0].id
... 생략...
resource "aws_security_group_rule" "eks_cluster_ingress" {
  for_each = var.enable_eks ? var.sg_eks_cluster_ingress : {}
    ... 생략...
    security_group_id = aws_security_group.eks_cluster[0].id
... 생략...
resource "aws_security_group" "eks_node" {
  count = var.enable_eks ? 1: 0
... 생략...
resource "aws_security_group_rule" "eks_node_egress" {
  for_each = var.enable_eks ? var.sg_eks_node_egress: {}
    ... 생략...
    security_group_id = aws_security_group.eks_node[0].id
... 생략...
resource "aws_security_group_rule" "eks_node_ingress" {
  for_each = var.enable_eks ? var.sg_eks_node_ingress: {}
    ... 생략...
    security_group_id = aws_security_group.eks_node[0].id
... 생략...
resource "aws_security_group" "eks_pod" {
  count = var.enable_eks ? 1: 0
... 생략...
resource "aws_security_group_rule" "eks_pod_egress" {
  for_each = var.enable_eks ? var.sg_eks_pod_egress: {}
    ... 생략...
    security_group_id = aws_security_group.eks_pod[0].id
... 생략...
resource "aws_security_group_rule" "eks_pod_ingress" {
  for_each = var.enable_eks ? var.sg_eks_pod_ingress: {}
    ... 생략...
    security_group_id = aws_security_group.eks_pod[0].id
```

대상: 0210_ekscluster.tf

eks 모듈로 모두 옮기는 작업을 수행한다. 다음 내용을 참고한다.

- aws_eks_cluster 리소스 생성에 common 모듈에서 생성한 security_group_ids와 subnet_ids의 참조값이 필요
- aws_iam_role_policy_attachment에 for_each 활용
- 출력 내용을 output.tf로 이동

```
### modules/common/output.tf ###
output "eks_cluster_security_group_ids" {
  value = [aws_security_group.eks_cluster.id]
  description = "EKS 클러스터 생성에 필요한 보안 그룹 아이디 목록"
}


output "eks_cluster_subnet_ids" {
  value = [aws_subnet.pria.id, aws_subnet.pric.id]
  description = "EKS 클러스터 생성에 필요한 서브넷 아이디 목록"
}


### module/eks/variable.tf ###
variable "eks_cluster_security_group_ids" {
  type = list(string)
  description = "EKS 클러스터 생성에 필요한 보안 그룹 아이디 목록"
}


variable "eks_cluster_subnet_ids" {
  type = list(string)
  description = "EKS 클러스터 생성에 필요한 서브넷 아이디 목록"
}


### module/eks/main.tf ###
locals {
  cluster_policy = [
    "arn:aws:iam::aws:policy/AmazonEKSClusterPolicy",
    "arn:aws:iam::aws:policy/AmazonEKSServicePolicy"
  ]
}
... 생략...
resource "aws_iam_role_policy_attachment" "cluster" {
  for_each   = toset(local.cluster_policy)
  policy_arn = each.key
  role       = aws_iam_role.cluster.name
}
... 생략...
resource "aws_eks_cluster" "eks_cluster" {
  name     = "eks-${var.env}-${var.pjt}-cluster"
  role_arn = aws_iam_role.role_eks.arn

  vpc_config { // eks에 private access 로 제한함
    ...생략...
    security_group_ids = var.eks_cluster_security_group_ids
```

```
    subnet_ids          = var.eks_cluster_subnet_ids
  }
  ... 생략...
  depends_on = [
    aws_iam_role_policy_attachment.cluster
  ]
  ... 생략...
}

### modules/eks/output.tf ###
output "cluster_NAME" {
  value       = "eks-${var.env}-${var.pjt}-cluster"
  description = "EKS 클러스터 이름"
}

output "oidc" {
  value       = trimprefix("${aws_eks_cluster.cluster.identity[0].oidc[0].issuer}",
"https://")
  description = "EKS OIDC Issuer"
}

output "thumb" {
  value       = data.tls_certificate.cluster-tls.certificates.0.sha1_fingerprint
  description = "EKS fingerprint"
}

### main.tf ###
module "eks" {
  count  = var.enable_eks ? 1: 0
  source = "./modules/eks"
  ... 생략...
  eks_cluster_security_group_ids = module.common.eks_cluster_security_group_ids
  eks_cluster_subnet_ids = module.common.eks_cluster_subnet_ids
}
```

대상: 0220_eks_node.tf

eks 모듈로 모두 옮기는 작업을 수행한다. 다음 내용을 참고한다.

- aws_iam_role_policy_attachment에 for_each 활용
- aws_eks_cluster에서 사용된 서브넷 활용
- scaling_config에 선언되는 인수 값을 모듈 선언부에서 선언

```
### modules/eks/main.tf ###
locals {
  ...생략...
  node_policy = [
    "arn:aws:iam::aws:policy/AmazonEKSWorkerNodePolicy",
    "arn:aws:iam::aws:policy/AmazonEKS_CNI_Policy",
    "arn:aws:iam::aws:policy/AmazonEC2ContainerRegistryReadOnly",
    "arn:aws:iam::aws:policy/AmazonS3FullAccess",
  ]
}
...생략...
resource "aws_iam_role_policy_attachment" "node" {
  for_each   = toset(local.node_policy)
  policy_arn = each.key
  role       = aws_iam_role.node.name
}
...생략...
resource "aws_eks_node_group" "node" {
  ...생략...
  subnet_ids      = var.eks_cluster_subnet_ids
  ...생략...
  scaling_config {
    desired_size = var.eks_scaling_desired
    max_size     = var.eks_scaling_max
    min_size     = var.eks_scaling_min
  }
  ... 생략...
  depends_on = [
    aws_iam_role_policy_attachment.node,
    null_resource.eks-secondary-cidr-1
  ]
  ...생략...
}

### main.tf ###
module "eks" {
  count  = var.enable_eks ? 1: 0
  source = "./modules/eks"
  ...
  eks_scailing_desired = var.eks_scailing_desired
  eks_scailing_max     = var.eks_scailing_max
  eks_scailing_min     = var.eks_scailing_min
}
```

대상: 0240_node_template.tf

eks 모듈로 모두 옮기는 작업을 수행한다. 다음 내용을 참고한다.

- 루트 모듈의 aws_ami 종속성도 EKS 사용 여부이므로 활성/비활성 처리 추가
- 루트 모듈의 aws_ami의 아이디 인수 값이 필요하므로 eks 모듈에 입력 변수 선언 추가

코드 9-29 루트 모듈의 정보를 eks 모듈에 전달

```
### modules/eks/variable.tf ###
variable "eks_node_ami_id" {
  type        = string
  description = "EKS 노드용 ami id"
}

variable "node_instance_types" {
  type        = string
  description = "EKS 노드 인스턴스 타입 정의"
}

### modules/eks/main.tf ###
resource "aws_launch_template" "eks-node" {
  ...생략...
  image_id      = var.eks_node_ami_id
  ...생략...
}

### main.tf ###
data "aws_ami" "node_ami_id" {
  count       = var.enable_eks ? 1: 0
  ...생략...
}

module "eks" {
  count  = var.enable_eks ? 1: 0
  source = "./modules/eks"
  ...생략...
  eks_node_ami_id     = data.aws_ami.node_ami_id[0].id
  node_instance_types = var.node_instance_types
}
```

대상: 0230_kubernetes.tf

eks 모듈로 모두 옮기는 작업을 수행한다. EKS 초기 프로비저닝에 필요한 쿠버네티스용 구성은 쿠버네티스[3] 프로바이더를 활용할 수 있고, 예제에서와 같이 마치 사람이 실행하듯 프로비저너의 local-exec를 활용하기도 한다. 작성된 로컬 변수에 YAML 파일로 선언되는 구성은 별도 관리를 위해 파일 템플릿으로 관리하는 것도 하나의 방안이다. templatefile Function을 사용하면 테라폼 런타임 시 발생하는 인수 값을 템플릿 내의 인수 값으로 치환할 수 있다. 다음 내용을 참고한다.

- 쿠버네티스용 YAML 형태의 정의를 템플릿 또는 파일로 재구성

코드 9-30 테라폼 구성상에서 텍스트 내용을 템플릿 기능을 활용해 분리 후 관리 및 사용

```
### modules/eks/template/kubeconfig.tpl ###
apiVersion: v1
clusters:
- cluster:
    server: ${endpoint}
    certificate-authority-data: ${authority}
  name: kubernetes
contexts:
- context:
    cluster: kubernetes
    user: aws
  name: aws
current-context: aws
kind: Config
preferences: {}
users:
- name: aws
  user:
    exec:
      apiVersion: client.authentication.k8s.io/v1alpha1
      command: aws-iam-authenticator
      args:
        - "token"
        - "-i"
        - ${clustername}
```

---

3 쿠버네티스 프로바이더 – *https://registry.terraform.io/providers/hashicorp/kubernetes/latest/docs*

```
### modules/eks/main.tf ###
resource "local_file" "kubeconfig" {
  content = templatefile("${path.module}/template/kubeconfig.tpl", {
    endpoint    = aws_eks_cluster.cluster.endpoint,
    authority   = aws_eks_cluster.cluster.certificate_authority.0.data,
    clustername = aws_eks_cluster.cluster.name
  })
  filename = pathexpand("~/.kube/config")
}
```

대상: 0710_ecr.tf

ECR 자원은 구성 의도에서 모듈화가 불필요한 독립적 리소스이므로 모듈화에서 제외된다. 다음 내용을 참고한다.

- ECR 자원은 별도 모듈화를 수행하지 않고 루트 모듈의 main.tf에 선언
- ECR 관련 자원에 대해 활성/비활성 처리

코드 9-31 ECR 활성/비활성 여부에 따른 조건 추가

```
### variable.tf ###
variable "enable_ecr" {
  type = bool
  default = false
  description = "ECR 활성/비활성"
}

### main.tf ###
resource "aws_ecr_repository" "ecr" {
  count = var.enable_ecr ? 1: 0
...생략...
resource "aws_ecr_repository_policy" "ecr_policy" {
  count      = var.enable_ecr ? 1: 0
  repository = aws_ecr_repository.ecr[0].name
    ...생략…
```

대상: 0820_elasticache.tf

Elasticache 자원은 구성 의도에서 모듈화가 불필요한 독립적 리소스이므로 모듈화에서 제외된다. 다음 내용을 참고한다.

- Elasticache는 별도 모듈화를 수행하지 않고 루트 모듈의 `main.tf`에 선언

- Elasticache 관련 자원에 대해 활성/비활성 처리

- common 모듈의 Elasticache 관련 출력 선언과 리소스 참조

코드 9-32 Elasticache 활성/비활성 여부에 따른 조건 추가

```
### variable.tf & modules/common/variable.tf ###
variable "enable_elasticache" {
  type = bool
  default = false
  description = "Elasticache 활성/비활성"
}


### modules/common/output.tf ###
output "elasticache_redis_name" {
  value       = var.enable_elasticache ? aws_elasticache_subnet_group.elasticache_
redis[0].name: ""
  description = "Elasticache 이름"
}


### main.tf ###
module "common" {
  source = "./modules/common"
        ...
  // Elasticache
  enable_elasticache = var.enable_elasticache
}

resource "aws_elasticache_replication_group" "cluster" {
  count             = var.enable_elasticache ? 1: 0
  subnet_group_name = module.common.elasticache_redis_name
...생략...
resource "aws_elasticache_cluster" "replica" {
  count = var.enable_elasticache ? 1: 0
  ...생략…
  replication_group_id = aws_elasticache_replication_group.cluster[0].id
```

대상: 0840_dyanmodb.tf

Dynamodb 자원은 구성 의도에서 모듈화가 불필요한 독립적 리소스이므로 모듈화에서 제외
된다. 다음 내용을 참고한다.

- DynamoDB는 별도 모듈화를 수행하지 않고 루트 모듈의 `main.tf`에 선언

- DynamoDB 관련 자원에 대해 활성/비활성 처리

코드 9-33 Dynamodb 활성/비활성 여부에 따른 조건 추가

```
### variable.tf & modules/common/variable.tf ###
variable "enable_dynamodb" {
  type = bool
  default = false
  description = "DynamoDB 활성/비활성"
}

### main.tf ###
resource "aws_dynamodb_table" "dynamodb" {
  count = var.enable_dynamodb ? 1: 0
  ...생략...
```

추가 수정 사항

`tls_private_key`와 `aws_key_pair`의 경우 common 모듈의 배스천 서버와 eks 모듈의 `aws_launch_template` 모두에서 사용되므로 루트 모듈 정의로 이동하고 각 모듈에 입력 변수로 선언 후 올바른 참조로 수정한다.

코드 9-34 공통 적용 리소스 구성

```
### main.tf ###
resource "tls_private_key" "key" {
  algorithm = "RSA"

  provisioner "local-exec" {
    command = "echo '${self.private_key_pem}' > ./ec2-${var.env}-${var.pjt}-bastion1.
pem"
  }
}

resource "aws_key_pair" "keypair" {
  key_name    = "${var.pjt}-${var.env}-key"
  public_key = tls_private_key.key.public_key_openssh
}

module "common" {
```

```
  source = "./modules/common"
  ...생략...
  key_pair_name = aws_key_pair.keypair.key_name
... 생략...
module "eks" {
  source = "./modules/eks"
  ... 생략...
  key_pair_name = aws_key_pair.keypair.key_name
... 생략...


### modules/common/variable.tf & modules/eks/variable.tf ###
variable "key_pair_name" {
  type = string
  description = "Key pair 이름 정의"
}


### module/common/main.tf ###
resource "aws_instance" "bastion" {
  ... 생략...
  key_name = var.key_pair_name
}


### module/eks/main.tf ###
resource "aws_launch_template" "eks-node" {
  ... 생략...
  key_name = var.key_pair_name
}
```

terraform validation과 terraform plan을 사용해 코드가 정상화될 때까지 참조 및 오류를 확인하고 수정한다. 리팩터링과 모듈화의 결과는 동일한 깃허브 저장소의 modularity 브랜치에서 확인한다.

9.3.4 모듈 관리

5장에서 살펴본 것처럼, 모듈을 공통 템플릿으로 활용하는 방법은 다양하다. VCS에서 관리되는 모듈은 태깅을 통해 릴리스되는 버전을 고정하며 이미 프로비저닝된 인프라에 영향을 주지 않고 모듈을 개선할 수 있다. TFC에서는 모듈 제공 방식을 중앙화하며 VCS 자체의 권한을 부여하지 않고 TFC상에서의 권한으로 제공한다. 9.3절에서 다룬 리팩터링과 모듈화의 결과로부터 시작한다. 결과가 완성되지 않은 경우 `modularity` 브랜치를 다운로드해 사용한다.

- *https://github.com/terraform101/terraform-refactoring-and-modularity/tree/*
  modularity

프로바이더가 인프라 프로비저닝을 위한 기본 재료라면, 모듈은 그 재료들을 이용한 조리 직전 단계의 간편식(예: 밀키트)으로 비유할 수 있다. 앞서 정리한 것처럼, 테라폼 구성의 묶음인 모듈의 장점은 관리성, 캡슐화, 재사용성, 일관성 그리고 표준화이다. 관리성과 표준화를 제공하려면 모듈 또한 버저닝 관리를 해줘야 한다. 모듈이 적용된 테라폼 구성에서 해당 모듈에 수정 사항이 발생하는 경우 이미 해당 모듈을 사용해 프로비저닝된 대상에 영향을 주지 않도록 한다.

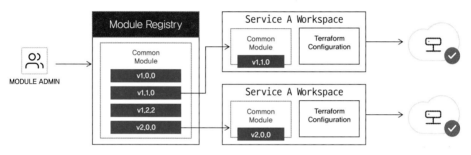

그림 9-23 모듈 버전 독립적인 프로비저닝

먼저 깃허브에 `terraform-aws-common`이라는 이름의 저장소를 생성하고 다운로드한 예제의 common 디렉터리에 구성한 모듈 내용을 푸시한다.

```
$ git clone https://github.com/<Owner>/terraform-aws-common.git

$ cd terraform_aws_common
############
# 8.3.3에서 작성한 /modules/common 디렉터리 하위 파일을 복사
############

$ ls -rtl
total 64
-rw-r--r--  1 gs  staff  21480  8 10 11:02 main.tf
-rw-r--r--  1 gs  staff    535  8 10 11:02 output.tf
-rw-r--r--  1 gs  staff      0  8 10 11:02 README.md
-rw-r--r--  1 gs  staff   3373  8 10 11:02 variable.tf
```

```
$ git add .
$ git commit -m "first commit"
$ git branch -M "main"
$ git push -u origin main
...
 * [new branch]      main -> main
branch 'main' set up to track 'origin/main'.
```

커맨드 깃허브 저장소에 common 모듈 구성 푸시

이제 모듈화를 수행한 디렉터리에서 `/modules/common` 디렉터리를 삭제하고 `main.tf`의 모듈 정의에서 깃허브의 소스를 정의한다. 로컬 디렉터리를 통해 정의하는 모듈과의 차이는 공유되는 저장소에서 구성 파일을 가져올 수 있다는 점이다. 또한 저장소의 특정 브랜치를 지정하여 구성 파일을 가져올 수 있는데, 이는 브랜치를 통해 버저닝 관리된 모듈을 사용할 수 있음을 의미한다.

코드 9-35 모듈의 소스 정의를 깃허브로 변경

```
### 기존 ###
module "common" {
  source = "./modules/common"
  ...

### 변경 ###
module "common" {
  source = "github.com/<Owner>/terraform-aws-common?ref=main"
  ...
```

VCS의 접근 관리와 모듈에 대한 공통 저장소 및 비공개 레지스트리의 필요성이 있다면 HCP TF / TFE를 활용하여, VCS의 코드 관리자가 릴리스한 정보를 기반으로 생성한 태그 정보로 연동한다. 깃허브에 생성한 모듈 레지스트리에서 다음의 작업을 수행한다.

1 우측 [Releases] 항목을 선택하고 새로운 릴리스를 생성하기 위해 [Create new release] 버튼을 클릭한다.

2 [Choose a tag] 드롭박스를 선택하고 입력란에 'v0.1.0'을 입력, 아래 [+ Create new tag: v0.1.0]을 선택

3 Release title에 'v0.1.0'을 써넣고 하단의 [Publish release] 버튼을 클릭

릴리스는 생성 당시의 브랜치 코드를 번들링하고 제공하게 되어 안정적인 코드 버전 관리를 제공한다.

그림 9-24 깃허브의 릴리스 생성 과정

깃허브와 연결된 HCP Terraform에서는 `Registry`에서 릴리스된 모듈을 관리한다. 아래 과정을 통해 모듈을 등록한다.

1 Organization 선택 후 [Registry] 메뉴 선택

2 우측 [Publish] 드롭박스 메뉴에서 [Module] 선택

3 [Connect to VCS]에서 연결된 VCS 구성을 선택

4 [Choose a repository]에서 [terraform-aws-common] 레지스트리 선택 후 다음 확인 화면에서 [Publish module] 버튼 클릭

태그는 자동으로 동기화되어 모듈로 구성된다. `variable.tf`의 내용과 `output.tf`는 UI에 설명이 자동 생성되며, 모듈에서 생성하는 리소스 목록을 확인할 수 있다. 우측 [Copy configuration details]의 모듈 소스 주소는 TFC가 제공하는 URL로 되어 있다. 작업자는 해당 URL을 이용해 개발하고 VCS와 연동 및 인증은 TFC가 수행한다.

그림 9-25 HCP Terraform에서 관리되는 모듈 정보

9.4 문서화

작업자 또는 팀 간 의사소통을 돕고 같은 방향으로 나아가는 방안 중 하나가 작업 진행에 필요한 정보를 문서로 남기는 것이다. 테라폼은 코드를 보는 것만으로도 어떤 대상에 대해 프로비저닝을 수행하는지 확인할 수 있지만, 작성자의 의도와 주의사항과 같은 내용을 확인하려면 추가적인 정보가 필요하다. 이때 테라폼 작성 의도와 공동 작업자가 이해할 수 있는 설명이 포함된다면 작업 결과물을 개선하고 작업의 방향성을 정의하는 데 도움이 된다.

다수의 VCS 환경에서 제공하는 `README.md`는 코드의 목적, 개요, 구조도 등의 정보를 문서화하여 관리할 수 있는 방안을 제공한다. VCS의 저장소에 기본으로 표기되는 이 문서는 리포지터리에서 관리되는 코드의 실행과 사용 방식에 관한 지침을 제시한다. 루트 모듈의 문서화와 자식 모듈의 문서화에는 전달하는 정보에 차이가 있다.

9.4.1 루트 모듈

루트 모듈은 실제 인프라를 프로비저닝하는 코드로 구성되므로 검증된 버전 정보, 주의사항, 향후 과제에 대해 명시한다. 코드상의 입력 변수와 출력의 설명과 더불어 강조해야 할 내용이 있다면 추가한다.

구성 루트 모듈의 구성 설명 예

```
# 서비스 이름(프로젝트)

## 루트 모듈 정보

- 설명 :
    - 주요 프로비저닝 대상
    - 설계의 이유 또는 철학
- Terraform info: <테스트된 테라폼 버전>
- 프로바이더 :
    - <프로바이더 이름>: <테스트된 버전>
    - <프로바이더 이름>: <테스트된 버전>
- 자식 모듈 :
    - <자식 모듈 이름>: <테스트된 버전>
    - <자식 모듈 이름>: <테스트된 버전>

## 주의 사항

- 변수
    - <변수>: 입력 시 주의 사항 + 영향을 받는 리소스
    - <변수>: 입력 시 주의 사항 + 영향을 받는 리소스

## 아키텍처 (선택사항)

## 과제

- 테라폼으로 해당 서비스의 프로비저닝 시 한계점
- 리팩터링 대상
- 향후 구현하려는 목표

## 참고

- 참고한 자료 링크1
- 참고한 자료 링크2
```

9.4.2 템플릿 모듈

템플릿 모듈(자식 모듈)은 템플릿의 성격으로 루트 모듈을 작성하는 사용자에게 사용법에 대해 알려주는 내용을 주로 기술한다. 템플릿 모듈을 사용하려는 작업자는 문서만 보더라도 생성되는 결과를 예측할 수 있도록 설명을 기술해야 한다. 템플릿 모듈의 목적은 누구든 이미 잘 만들어진 테라폼 구성을 사용할 수 있는 환경을 만드는 것이다. 따라서 구성의 상세와 노하우는 노출하지 않더라도, 문서화된 내용만으로도 사용자가 무난히 해당 템플릿을 사용할 수 있도록 가이드해두어야 한다.

구성 템플릿(자식) 모듈의 설명 예

```
# 모듈 이름(프로젝트)

## 모듈 정보

- 설명 :
- Terraform info: <테스트된 테라폼 버전>
- 프로바이더 :
    - <프로바이더 이름>: <테스트된 버전>
    - <프로바이더 이름>: <테스트된 버전>

## 기본 사용법
```hcl
module {
    source = "url"
    변수1 = 값1
}
```

- 필수 입력 변수 정보

추가 사용법 (변수 값에 의한 결과 변화가 큰 경우)
```hcl
module {
    source = "url"
    변수1 = 값1
    변수2 = 값2
}
```
- 필수 입력 변수 정보
```

```
## 주의 사항

## 과제

- 테라폼으로 해당 서비스의 프로비저닝 시 한계점
- 리팩터링 대상

## 참고

- 참고한 자료 링크1
- 참고한 자료 링크2
```

9.5 개발 워크플로와 운영 이관

코드 기반 클라우드를 운영하는 데는 기존의 아키텍처 구성도, 체크리스트 기반을 포함해 테라폼 코드와 그 State, 이를 통해 구성한 클라우드 형상을 공유하고, 형상 검증 후 전달하는 과정이 필요하다. 여기서는 깃을 기반으로 테라폼으로 인프라를 개발하고 운영하기 위한 방안을 설명한다.

이후 제시되는 워크플로는 테라폼을 사용하는 조직마다 그 규모와 방향성이 다를 수 있다. 테라폼으로 처음부터 인프라를 구성하고 이후 운영도 같은 작업자 또는 팀에서 수행한다면, 마치 애플리케이션과 같이 지속적인 유지 보수와 변경 관리가 가능하다. 조직의 규모가 커지거나 구축과 운영이 서로 다른 조직에서 관리되어야 하는 경우는 어떨까? 이때에도 테라폼으로 지속적인 관리 개발을 하기 위한 자체적인 워크플로 설계는 필요하다. 지속적인 코드 기반 프로비저닝과 협업 체계를 원한다면 말이다.

9.5.1 프로젝트 개발 워크플로

서비스 개발을 위한 프로젝트 개발 워크플로의 테라폼 구성 파일의 관리는 VCS를 활용하고 브랜치 기반으로 개발–검수–상용 단계로 프로비저닝한다. 모든 개발은 개발 브랜치에서 완료되어야 하며 검수 환경부터는 테라폼 구성의 Stable(안정화 상태)을 유지한다. 디렉터리로 환경을 구분하는 경우 테라폼 구성 설계 구조가 환경마다 편차가 발생하게 되므로, 환경 조건에 따라 약간의 설정 변경만 허용하는 형태로 브랜치를 관리하는 방안을 권장한다.

- **개발(dev) 브랜치**: 테라폼 구성의 작성과 수정은 개발 브랜치에서 발생하고 개발팀의 작업자가 여러 명인 경우 추가 브랜치를 생성하고 개발 브랜치에 풀 리퀘스트해 관리
- **검수(stg) 브랜치**: 클라우드 개발팀의 데브옵스 엔지니어 또는 TPM^Technical Project Manager은 검증 프로세스를 위해 검수 브랜치로 개발 브랜치의 풀 리퀘스트를 수행하며, 코드 병합 후 VCS와 연계된 TFC의 워크스페이스로 트리거링되어 검수 환경을 프로비저닝
- **상용(prd) 브랜치**: 품질 검수가 완료되면 클라우드 개발팀의 데브옵스 엔지니어 또는 품질 관리자는 운영 브랜치로 검수 브랜치의 풀 리퀘스트를 수행하며, 코드 병합 후 VCS와 연계된 TFC 워크스페이스로 트리거링되어 운영 환경을 프로비저닝

각 브랜치의 풀 리퀘스트와 승인은 조직 내 데브옵스 엔지니어와 TPM 등 서비스의 개발을 리드하고 클라우드 인프라와 테라폼 코드를 잘 개발할 수 있는 인원 간의 코드 리뷰를 통해 진행하는 것을 우선으로 한다.

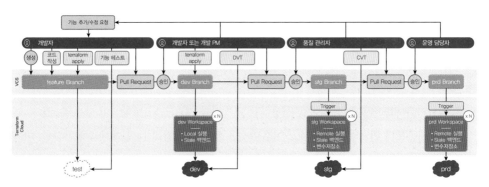

그림 9-26 테라폼을 활용한 프로젝트 개발 워크플로

7장에서 확인했듯이, VCS로 코드를 공유하고 State 백엔드로 State에 대한 공유와 잠금 기능을 활용한다. 개발 단계에서는 개발팀 내 데브옵스 엔지니어가 빠른 프로비저닝과 디버깅을 위해 로컬 작업 환경에서 실행하는 CLI 기반 프로비저닝을 수행한다. 8장에서 다룬 규모에 따른 워크플로 설계처럼 각 환경별 프로비저닝 단위는 VCS 저장소에서는 디렉터리로 분류될 수 있다. 각 디렉터리는 개별적인 워크스페이스로 분류된다.

품질 검증을 위한 검수 프로비저닝은 VCS와 TFC의 통합 환경을 구성해 VCS 병합이 발생하면 자동 트리거링되는 방식으로 구성한다. 검수 브랜치에서는 코드 수정은 발생하지 않고, 이

단계부터 인프라 구조는 안정화된 상태로 검수가 진행된다. 검수와 운영에서 발생하는 기능 추가와 수정 요청은 다시 개발팀 내 DevOps 엔지니어에게 전달돼 개발–검수–운영 단계의 순서로 프로비저닝된다.

9.5.2 모듈 개발 워크플로

테라폼 구성에 활용되는 템플릿으로서의 모듈은 프로젝트와는 다르게 VCS의 태깅을 통해 제품을 릴리스하듯 공개된다. 이러한 템플릿 모듈은 인프라 구축을 위한 구성 요구사항과 프로비저닝에 필요한 모듈별 기능 개선 및 이슈에 의해 개선되고 제공된다.

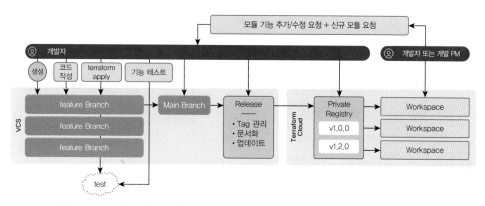

그림 9-27 템플릿 제공을 위한 모듈 개발 워크플로

이 같은 모듈을 제공하기 위한 워크플로는 모듈 관리와 문서화가 지속적으로 수행된다. 관리되는 모듈들은 마치 개발할 때 자유롭게 가져다 쓰는 라이브러리처럼 다른 테라폼 구성 워크플로 설계 시 사용된다. 인프라 구조를 표준화하고 부분별로 모듈화를 통해 추상화하는 단계를 거치면 재개발과 코드 검증을 위한 노력이 감소하는 효과를 기대할 수 있다.

9.5.3 운영이관 및 변경 관리의 예

지난 초판에서는 LG유플러스에서 테라폼을 활용한 클라우드 환경 개발과 인프라 코드 운영 이관을 위한 일반화한 프로세스를 소개하였다. 그러나 같은 기업 내에서도 개발 목적과 요구 사항에 따라 개발팀과 운영팀이 별도 조직으로 분리되어 있거나, 하나의 팀에서 지속적으로 클라우드 개발 및 운영을 수행하는 경우도 있다. 또한 클라우드 보안의 중요성이 지속적으로 증가하여 보안 거버넌스 강화와 권한 분리를 위하여 테라폼을 활용한 보안 서비스/기능 개발은 별도의 보안 조직에서 수행하는 경우도 존재한다.

여기서는 엔터프라이즈 조직에서 클라우드 인프라 개발과 운영 조직이 분리되어 있는 경우의 운영이관 프로세스를 소개한다. 각 조직에 적합한 클라우드 개발 프로세스를 정의하고, 정의한 프로세스 역시 조직 내 기술 역량과 상황에 맞춰 지속적으로 개선하는 노력과 유연성이 필요하므로 소개하는 내용은 참조로만 활용할 것을 권장한다.

운영이관 주체

클라우드 환경과 인프라 코드의 운영을 이관하려면 이관 주체가 정의되어야 한다. 이관 주체는 서비스 설계 단계 또는 개발 초기에 관련 부서 간 사전 협의를 통해 정의하며, 사전 협의에는 서비스/프로젝트의 중요성 및 규모, '운영이관 대상'의 복잡도, 운영이관 예상 일정, 기존 운영 중인 IaC와의 차이점 및 신규 도입 예정인 클라우드 서비스 현황 등을 포함하여 진행한다.

- **운영이관을 하는 주체**: 클라우드 개발팀
- **운영이관을 받는 주체**: 클라우드 운영팀

운영이관 시점 정의

프로젝트 개발 초기 사전 협의를 통해 운영이관 주체가 정의된 경우, 개발 조직에서는 테라폼을 활용해 클라우드 및 인프라 환경을 개발한 후 서비스를 상용화한다. 상용화한 환경이 안정화된 시점에 개발팀과 운영팀은 운영이관 프로세스를 시작한다.

운영이관 프로세스를 시작하면 개발팀과 운영팀이 공동 운영을 시작한다. 공동 운영은 서비스의 중요도와 난이도를 감안해 사전에 기간을 정의(예: 기본 한 달)한다. 공동 운영은 서비스를 안정적으로 운영하기 위한 중요한 단계이므로 프로젝트 초기에 사전 운영이관 주체 협의에서 공유한 서비스/프로젝트 특성 외에, 클라우드 및 인프라 환경을 개발하면서 변경되거나 개선된 사항(예: 클라우드 매니지드 서비스 및 버전 변경, 신규 기능 코드 반영 등)도 공유하고 함께 변경하는 과정을 거치는 것이 좋다.

공동 운영 기간의 R&R

- **개발 환경**: 클라우드 개발팀
- **검수 환경**: 클라우드 개발팀, 운영팀 – 코드 리뷰 및 PR 승인
- **상용 환경**: 클라우드 개발팀, 운영팀 – 코드 리뷰 및 PR 승인

운영이관 대상

운영이관 대상은 크게 테라폼 구성 파일 및 VCS저장소, TFC 환경, 클라우드 형상으로 구분되며, 운영이관 주체 간 원활한 의사소통을 위하여 적절한 문서화는 필수적이다(9.4 문서화 참고).

- 테라폼 구성 파일 VCS(GitHub Repository)
  - DEV / STG / PRD 브랜치
- HCP Terraform 워크스페이스
  - 각 워크스페이스별 Remote State
  - 워크스페이스 유형
    - Common Cloud Resource
    - Specific Cloud Resource
    - Security Resource
    - EKS Resource
- 클라우드 형상

표준 변경 관리

반복적으로 발생하는 일상적인 인프라 변경 사항을 반영하는 절차이다. 표준 변경의 예는 다음과 같다.

- 특정 서비스의 VM 또는 Node의 추가 프로비저닝
- 자원 속성 변경
- Security Group과 같은 허용 IP 추가/변경 건

서비스 장애가 발생한 때에도 요소별 참조 값 수정만으로 전체 리소스를 수작업 없이 변경 관리할 수 있다.

- AZ 장애 발생 시 Subnet 전환
- 추가 리소스 생성(count, for_each)

수동 변경 관리

중대한 장애나 문제로 인해 서비스에 영향을 받거나 비즈니스 요구에 긴급 반영이 발생하는 상황으로 부득이 클라우드 Console을 통해 수동으로 변경 작업을 수행한 경우이다. 긴급 변경의 코드화 관리 방안은 다음과 같다(선조치 후 코드화).

1 기본적인 수동 변경 사항을 문서 또는 수기로 기록
2 CloudTrail 로그 등으로 실제 변경 내역 재확인
3 인프라 편차가 발생했으므로 State Refresh 후 변경분을 코드에 반영(8장 참고)
4 변경분을 클라우드 개발팀에 공유

변경 요청 관리

변경 요청 관리 시스템은 이미 많은 기업에서 각 사의 특성에 맞게 별도 개발한 IT 작업요청관리시스템을 활용하거나 Jira, Mattermost 등의 티켓 기반 협업 SaaS를 사용하고 있다. SaaS를 사용하는 경우 개발 프로세스 자동화와 티켓 기반 개발 업무 수행, 슬랙Slack 등과의 연계 등장점이 있으나 별도 비용 및 보안 관점에서 각 사의 환경에 맞게 도입하여 사용이 필요하다. 여기서는 이를 모두 IT 작업요청관리시스템으로 통칭하였다.

- 클라우드 변경 요청 등록 및 접수
  - 현재 프로비저닝되어 있는 클라우드 형상에 대해 리소스 단순 추가 및 성능/비용/보안 개선을 위한 변경 건 대상
  - 클라우드 변경 요청 주체는 개발팀 및 운영팀 담당자가 변경 목적에 따라 요청관리 사내 시스템인 IT 작업요청관리시스템에서 요청을 진행
  - 담당자는 IT 작업요청관리시스템 요청 내용을 검토해 작업 진행을 승인
- 클라우드 변경 승인 및 배포
  - 작업 담당자(운영이관 전 개발자, 운영이관 이후 운영자)는 변경 작업 내용을 테라폼으로 개발하고 풀 리퀘스트(PR) 생성
  - 승인 담당자(개발팀 개발자 및 운영자)는 PR에 대해 코드 리뷰(코드 변경 점 및 테라폼 실행 계획 확인)
  - 코드 리뷰가 완료되어 병합된 코드는 상용 환경의 TFC 워크스페이스에서 Plan과 Apply 진행
- 변경 사항 공지 및 처리 현황 통보
  - 담당 조직 특성에 맞는 매개체 사용
  - 슬랙, 이메일, SMS 등
  - 현황과 결과는 요청 부서인 개발팀, 운영팀 담당자에게 통보
- 클라우드 변경 요청 시스템
  - 운영팀은 전반적인 IT관리(요청 및 승인, 요청 템플릿, 승인 프로세스, 담당 조직 분배)를 활용
  - 인프라 변경 프로세스 속도 개선을 위해 클라우드 환경에 맞는 협업 도구 사용

9.6 표준화된 인프라의 셀프서비스 환경 및 API 활용

협업을 통한 코드로서의 인프라 관리를 시작하고, 설계와 조직 프로세스를 위한 워크플로, 모듈화를 통한 템플릿 구성을 확인했다. 테라폼의 사용성을 극대화하는 것은 이미 앞서 살펴본 기능과 프로세스를 즉시 사용 가능한 형태로 만드는 것이다. 이것을 셀프서비스 인프라로 표현한다. 이번 장에서는 LG유플러스의 사례로 조직에 표준화된 워크플로를 반복적으로 제공하기 위한 과정과 동작 방식을 이해한다.

> LG유플러스의 Terraform 도입 운영 전략(LG유플러스 김재준 책임) | Korea HashiCorp Strategy Day 2022
> *https://youtu.be/VgN8gL8r7so*
> LG유플러스의 Terraform을 활용한 개발자 경험 혁신 사례
> *https://youtu.be/bZ_eaaoYHzA*

9.6.1 테라폼 사용 단계별 목표

테라폼을 사용하는 조직은 현재의 IaC 운영 단계에 따라 주요 목표를 설정한다. 표준화 단계에 이르면 조직 전반에 표준 프로세스를 전파하는 프로세스 설계에 다다른다.

도입 초기 단계

* 목표1. 리소스 히스토리 업데이트 현행화
  : 인프라 초기 설계 형상과 최종 인프라 구축 결과의 불일치를 해결하고 리소스별 상세 설정 값의 변경을 관리한다.

* 목표2. 반복 업무 자동화
  : 인프라 규모 증가에 따라 동일한 인프라 구성의 반복적 작업으로 인한 인프라 구축/관리 시간 최소화 방안으로 전체 또는 부분적인 IaC를 진행한다. 네트워크, 서버, 데이터베이스, 보안 등 서비스에서 공통으로 쓰일 정책 운영 관리 모델을 설계한다.

구축 단계

* 목표 1. 기존 구축된 인프라 형상을 테라폼 코드로 프로비저닝 프로세스 전환
  : IaC 전환을 위해 기존에 구축된 인프라의 구성과 아키택처를 확인하고 수동 구축 및 운영으로 누락된 설정 정보와 리소스를 점검한다.

* 목표2. 설계에서 구축까지 테라폼 코드화
  : 인프라 설계를 IaC로 운영 가능한 수준에서 내재화하고 구축된 테라폼 구성을 유지 보수한다.

표준화 단계

- 목표 1. 자사 표준 인프라 코드 템플릿 작성 및 재사용성을 위한 모듈화
  : 축적된 기존 코드의 공통 영역을 조직 내에서 템플릿화해 동일한 품질의 인프라를 구성하고 팀 간에 모듈을 공유하는 환경과 프로세스를 설계한다.
- 목표 2. 운영/보안/정책을 포함한 설정의 코드화
  : 코드상의 설정 및 프로비저닝 프로세스에 거버넌스를 포함시키고 전파한다.

각 단계별 과정을 통해 테라폼을 사용하는 조직의 규모와 활용 단계에 맞춰 목표를 설정하며, LG유플러스에서의 예시로 다음의 목표를 위해 셀프서비스를 설계하였다.

1 클라우드 개발 환경을 누구나 쉽고 빠르게 구성 가능
2 표준화된 구성을 통해 추가적인 검토 과정을 최소화
3 인프라 변화에 유연하게 대응할 수 있으면서 확장 가능한 구조의 환경을 제공

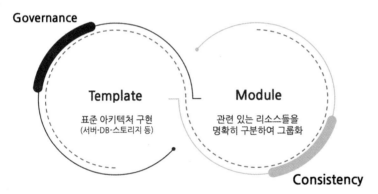

그림 9-28 LG유플러스 표준화 프레임워크

9.6.2 UCMP(U⁺ Cloud Management Platform)로 알아보는 셀프서비스 환경의 예시

UCMP[4]는 LG유플러스에서 데브옵스 개발 환경을 제공하는 서비스다. UCMP를 통해 클라우드 인프라와 CI/CD 배포 환경을 자동으로 구축할 수 있다.

---

4 UCMP – *https://service-v2.ucmp.uplus.co.kr/*

그림 9-29 UCMP 포털

개발/검수/상용환경 자동 구성

- 서비스 아키텍처에 자주 사용되는 레퍼런스 코드가 제공되어 반복적인 개발 작업을 최소화할 수 있다.

- Github Action을 활용해 CI/CD 파이프라인이 자동으로 설정되어, 프로젝트 생성과 동시에 CI/CD 파이프라인을 경험할 수 있다.

편리한 서비스 운영 관리

- 운영 정책을 반영한 Machine Image를 통해 높은 운영 수준을 제공한다.

- Config Management 기능을 통해 민감 정보에 대한 관리 기능을 제공한다.

프로토타입/MVP 개발을 위한 Quick Launcher

- Dockerfile 없이 애플리케이션을 컨테이너로 자동 구성할 수 있다.

- 애플리케이션 빌드와 함께 실행 가능한 컨테이너 환경과 DB를 제공한다.

- 서비스 대시보드에서 한눈에 서비스 생성 상태를 확인할 수 있다.

그림 9-30 인프라 템플릿 선택 화면

템플릿 소스는 HCP Terraform 워크스페이스와 연결되어 개별적으로 독립 배포가 가능해 변경 사항에 대한 리스크를 최소화할 수 있다.

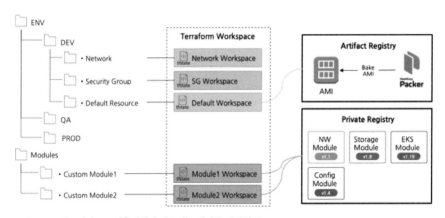

그림 9-31 셀프서비스로 사용자에게 제공되는 테라폼 템플릿 구조

9.6.3 HCP Terraform API

UCMP의 자동화된 테라폼 구성과 서비스 제공을 위해 TFC에 워크스페이스를 자동 생성 및 구성하는 프로세스가 필요하다. HCP TF와 TFE 환경은 시스템 통합을 위한 API[5]를 제공하여

---

5 HCP Terraform API 문서 – *https://www.terraform.io/cloud-docs/api-docs*

인프라 생성과 변경 과정을 제어할 수 있다. API에서의 인증을 위해서는 `terraform login` 시 발급받았던 것처럼 사용자 토큰이 필요하다. API 응답은 JSON 형태로 반환되어 프로그램에서 필요한 데이터를 획득한다. `curl`을 활용한 API의 예는 다음과 같다.

```
$ curl \
  --header "Authorization: Bearer $TOKEN" \
  --header "Content-Type: application/vnd.api+json" \
  --request GET \
  https://app.terraform.io/api/v2/account/details

{
  "data": {
    "id": "user-V3R563qtJNcExAkN",
    "type": "users",
    "attributes": {
      "username": "admin",
      "is-service-account": false,
      "avatar-url": "https://www.gravatar.com/avatar/9babb00091b97b9ce9538c45807fd35
f?s=100&d=mm",
      "v2-only": false,
      "is-site-admin": true,
      "is-sso-login": false,
      "email": "admin@hashicorp.com",
      "unconfirmed-email": null,
      "permissions": {
        "can-create-organizations": true,
        "can-change-email": true,
        "can-change-username": true
      }
    },
    "relationships": {
      "authentication-tokens": {
        "links": {
          "related": "/api/v2/users/user-V3R563qtJNcExAkN/authentication-tokens"
        }
      }
    },
    "links": {
      "self": "/api/v2/users/user-V3R563qtJNcExAkN"
    }
  }
}
```

커맨드 HCP Terraform API 사용의 예

이 같은 방식으로 워크스페이스 생성 후 프로비저닝 수행(Run)까지 하나의 프로세스로 실행되게 설계하려는 경우 다음 API를 순서대로 호출하게 된다.

- **Workspaces API**: 워크스페이스를 생성한다. 사용하는 VCS 연계 정보, Run 실행 시 자동 승인 여부를 설정한다.
- **Variables API**: 워크스페이스의 입력 변수를 설정한다.
- **Team Access API**: 워크스페이스의 팀 접근 정보를 설정한다.
- **Notification Configurations API**: 워크스페이스의 알림 설정을 한다.
- **Runs API**: 워크스페이스에 Run(Plan&Apply)을 실행한다.

9.6.4 클라우드 인프라 구성을 위한 일하는 방식의 변화

셀프서비스를 구현하면 ready-made된 인프라 템플릿을 통해 휴먼에러 없이 인프라를 신속하게 배포할 수 있다. UCMP에서는 인프라를 구성하는 데 필요한 검토 및 설계 과정을 최소화하고, 설계가 끝남과 동시에 즉시 개발이 가능한 환경을 제공받을 수 있다. 또한 인프라 구성 변경에 대해 최대 1~2일 이내로 신속하게 업데이트를 받을 수 있다.

1 개발팀은 준비된 인프라 템플릿을 선택해 초기 개발 환경을 구성
2 추가 리소스가 필요한 경우 UCMP를 통해 필요한 추가 기능들을 활성화
3 인프라 형상의 변경이 필요한 경우 UCMP톡으로 문의
4 환경별(개발/검수/상용)로 프로젝트 진행 과정에 따라 구성
5 최종 검수 환경을 상용으로 이관 시 UCMP의 Migration 기능을 활용

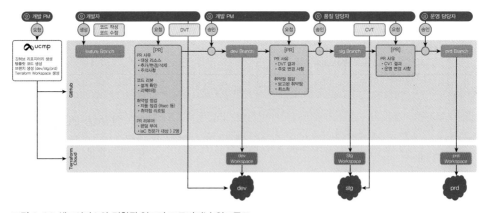

그림 9-32 셀프서비스와 결합된 인프라 프로비저닝 워크플로

## CHAPTER 10

생성형 AI와 테라폼

테라폼은 복잡한 클라우드 환경을 정밀하게 정의하고 관리하는 IaC의 장점을 갖고 있고 데브옵스를 위한 인프라 프로비저닝 자동화와 관리 방식을 제공한다는 사실을 앞서 살펴보았다. 인프라 서비스가 요구되는 상황은 다양하며 이는 데이터의 분석과 데이터에 기반한 서비스를 구성하는 분야에도 해당한다. 이미 다양한 클라우드 제공자는 빅데이터, 기계 학습^{Machine} ^{Learning}(ML)을 포함하여 생성형 AI를 위한 인프라 요소를 제공한다. 이런 측면에서 테라폼은 이미 ML/AI Ops를 위한 자동화 도구로 다음과 같이 활용되고 있다.

- 개별 ML 및 AI 모델 생성 환경을 템플릿화(예: 테라폼 코드로 표준화 및 모듈화)
- 이기종 환경 간 데이터 파이프라인 및 네트워크 연결
  (예: VPC 연결로 일반 인프라는 AWS에 생성하고 AI 인프라는 Azure에 생성하는 하이브리드 구성)
- 고비용의 클라우드 자원을 필요시 생성하고 사용 후 회수
  (예: 테라폼 Destroy 동작 및 HCP Terraform의 임시적 워크스페이스 기능)

이전의 목적과는 반대로 테라폼 코드 또한 생성형 AI 환경을 활용하여 작성하고 오류 해결에 도움을 받을 수도 있다. 이번 장에서는 테라폼의 코드 작성을 간소화하고 최적화하기 위해 생성형 AI를 활용하는 방법을 안내하여 아이디어를 즉각적으로 IaC화하는 방안을 소개한다.

10.1 생성형 AI와 IaC를 위한 목표

1956년 '다트머스 회의'에서 언급된 인공지능^{Artificial Intelligence}은 규칙 기반의 전문가 시스템, 사용자 패턴 기반의 추천 시스템, 데이터 기반의 학습으로 예측치를 기대하는 머신러닝을 거쳐 챗GPT로 대표되는 생성형 AI로 변화와 발전을 거듭하였다. 생성형 AI는 새로운 문서, 이미지, 영상 같은 결과물을 만들 수 있는 AI의 한 종류이다. 이전의 AI는 전문가의 영역으로 활용 측면에서 일반 사용자와 멀어 보였다면 현재는 간단한 채팅을 통해 답을 얻을 수 있다는 점에서 수많은 사람의 관심을 받고 있다.

생성형 AI는 자연어 처리 방식 기술 중 LLM^{Large Language Model} 방식을 사용하는데, 이 모델은 대량의 텍스트 데이터를 학습시켜 텍스트 간의 구조와 연관성을 정의한다. LLM은 학습된 데이터를 바탕으로 광범위한 양의 지식으로 사용자의 질의 내용을 고려하여 분석하고, 문법적으로 자연스럽게 답을 한다. 이런 특성으로 기존 데이터 과학 및 IT 분야 외에도 교육, 의료, 예술 등의 다양한 산업 분야에서도 활용 가능하다는 특징이 있다.

하지만 LLM은 학습된 데이터에 기반한 결과만을 반환하기 때문에 발생하는 단점도 있다. 편향성, 사실 관계 오류, 맥락 이해의 한계성, 일관성, 윤리성, 추론 능력에 대한 한계는 처음 등장한 이후로도 계속적인 해결 과제로 언급된다. 이런 단점 중 '사실 관계 오류'와 '맥락 이해의 한계성'을 개선시키기 위해 검색 증강 생성^{Retrieval Augmented Generation}(RAG) 기술을 사용할 수 있다. RAG는 LLM에 외부 데이터를 연결하여 생성 능력과 더불어 사실 관계 파악 능력을 향상시키는 기술이다.

이번 장에서 생성형 AI를 고려하는 이유는 앞서 살펴본 IaC의 장점에도 불구하고 그 사용성을 높이기 위함이다. 테라폼을 포함한 IaC 도구의 학습 곡선과 조직 및 산업별 규정 준수, 보안 표준을 준수해야 하는 복잡성으로 인해 오히려 클라우드 같은 환경의 도입 여정이 지연될 수 있다. 조직은 일반적으로 광범위한 교육 프로그램에 투자하거나 전문 인력을 고용하여 이러한 장애물을 극복하지만 이는 종종 많은 비용과 시간을 요구한다. 채팅이라는 익숙한 인터페이스로 진화한 AI는 일상적인 질문과 정보 검색뿐만 아니라 코드 작성의 영역까지 확장되었다. 클라우드가 기존 인프라 구축과 환경 구성에 소요되던 노력을 인프라 설계와 사용 목적을 기반으로 즉시 인프라와 서비스를 제공했다면, AI는 사용자가 그 분야의 전문가가 아니더라도 콘텐츠와 아이디어를 구현하는 역할을 갖는다.

기존의 테라폼으로 인프라를 프로비저닝하기 위한 프로세스를 정리해보면 다음의 단계로 정리할 수 있다.

1 요구사항 수렴(Requirement Gathering)

- 프로젝트의 목표와 요구사항을 이해하고 수집
- 인프라의 목적, 필요한 리소스, 성능 요구사항 등을 문서화
- 이해 관계자와 협력하여 필수 요소와 우선순위를 결정

2 아키텍처 설계(Architecture Design)

- 요구사항을 기반으로 인프라의 전체 아키텍처를 설계
- 예를 들어 네트워크 구성, 서브넷, 보안 그룹, 데이터베이스 등 필요한 리소스를 계획
- 가용성, 확장성, 보안성을 고려한 아키텍처를 설계

3 비용 평가(Cost Estimation)

- 설계된 아키텍처를 기반으로 예상 비용을 산출
- 사용될 클라우드 서비스와 리소스 비용 평가
- 예산과 비용 절감 방안을 검토하고 최적화 방안 마련

4 테라폼 코드 작성(Terraform Code Writing)

- 설계된 아키텍처를 테라폼 코드로 작성
- 필요한 모듈, 변수, 출력값을 정의
- 인프라 리소스를 테라폼 구성 파일(.tf 파일)로 작성

5 코드 검토 및 테스트(Code Review and Testing)

- 작성된 테라폼 코드를 검토하여 오류와 최적화 가능성을 확인
- 로컬 환경에서 코드 검증 및 test 명령으로 실제 생성 확인
- 스테이징 환경에서 실제 인프라를 프로비저닝하고 테스트

6 버전 관리(Version Control)

- 테라폼 코드를 깃과 같은 버전 관리 시스템에 커밋하고 푸시
- 코드 변경 이력을 관리하고 협업을 위한 브랜치를 사용

7 인프라 프로비저닝(Infrastructure Provisioning)

- 최종 검토된 테라폼 코드를 프로덕션 환경에 배포
- `terraform apply` 명령어를 사용하여 인프라를 실제로 프로비저닝
- 모든 리소스가 올바르게 생성되었는지 확인하고 필요시 추가적 설정을 진행

8 모니터링 및 유지 보수(Monitoring and Maintenance)

- 프로비저닝된 인프라를 모니터링하여 성능과 안정성을 유지
- 필요에 따라 인프라를 수정, 업데이트하거나 스케일링을 진행
- 테라폼 상태 파일을 관리하고 주기적으로 백업

테라폼을 사용한 인프라 프로비저닝 단계의 반복적인 작업과 복잡한 구성의 코드 작성 시간을 단축시키는 데 생성형 AI를 활용하면 시간과 비용의 효율성을 기대할 수 있다.

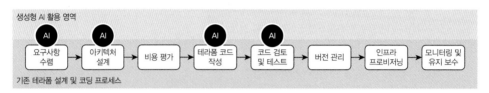

그림 10-1 기존 테라폼 설계 및 코딩 프로세스에 AI를 활용할 수 있는 영역

1 요구사항 수렴 단계에 AI 활용

- LLM을 사용하여 이해 관계자와의 인터뷰 내용을 요약하거나 분석
- 문서화 작업에서 자동 완성 및 오류 검토

2 아키텍처 설계 단계에 AI 활용

- LLM을 통해 기존 설계 패턴이나 모범 사례 예시
- 다양한 아키텍처 옵션을 비교하고 최적의 설계 선택

3 테라폼 코드 작성 단계에 AI 활용

- LLM을 사용하여 테라폼 코드 작성 시 코드 자동 완성 및 오류 검토
- 필요한 모듈, 변수, 출력값 정의 작업 자동화

4 코드 검토 및 테스트 단계에 AI 활용

- LLM을 사용하여 코드 리뷰 시 잠재적 오류나 보안 취약점 검토
- 코드의 최적화 가능성을 분석하고 개선 방안을 제시

이번 장에서 생성형 AI를 다루는 목적은 다음과 같다. 궁극적으로 사용자가 테라폼을 모르더라도 인프라를 읽을 수 있게 해주는 테라폼의 장점을 획득할 수 있게 하는 것이다.

10.2 생성형 AI 활용

채팅 형태로 생성형 AI를 제공하는 다양한 서비스가 있다. 이 책이 작성되는 순간에도 생성형 AI를 주도하고 모델을 배포하는 다양한 밴더들이 시시각각 더 빠르고, 더 정확하며, 더 저렴한 모델을 만들고 있다. 사용자는 시기에 따라 익숙한 서비스를 선택하여 다음의 질의(프롬프트)가 어떤 결과를 나타내는지 비교해보는 것도 흥미로울 것이다.

이 글을 쓰는 시점인 2024년 7월 기준, 가장 최근 출시된 클로드Claude[1]의 Sonnet 3.5 모델을 활용한 채팅 서비스를 사용하여 다음과 같은 결과를 얻었다. 참고로 2024년 6월 기준 클로드를 배포하는 앤트로픽Anthropic에서는 생성형 AI로 잘 알려진 GPT-4o보다 대부분의 비교 영역에서 더 뛰어나다는 평가 결과[2]를 공개한 바 있다.

	Claude 3.5 Sonnet	Claude 3 Opus	GPT-4o	Gemini 1.5 Pro	Llama-400b (early snapshot)
Graduate level reasoning *GPQA, Diamond*	59.4%* 0-shot CoT	50.4% 0-shot CoT	53.6% 0-shot CoT	—	—
Undergraduate level knowledge *MMLU*	88.7%** 5-shot	86.8% 5-shot	—	85.9% 5-shot	86.1% 5-shot
	88.3% 0-shot CoT	85.7% 0-shot CoT	88.7% 0-shot CoT	—	—
Code *HumanEval*	92.0% 0-shot	84.9% 0-shot	90.2% 0-shot	84.1% 0-shot	84.1% 0-shot
Multilingual math *MGSM*	91.6% 0-shot CoT	90.7% 0-shot CoT	90.5% 0-shot CoT	87.5% 8-shot	—
Reasoning over text *DROP, F1 score*	87.1 3-shot	83.1 3-shot	83.4 3-shot	74.9 Variable shots	83.5 3-shot Pre-trained model
Mixed evaluations *BIG-Bench-Hard*	93.1% 3-shot CoT	86.8% 3-shot CoT	—	89.2% 3-shot CoT	85.3% 3-shot CoT Pre-trained model
Math problem-solving *MATH*	71.1% 0-shot CoT	60.1% 0-shot CoT	76.6% 0-shot CoT	67.7% 4-shot	57.8% 4-shot CoT
Grade school math *GSM8K*	96.4% 0-shot CoT	95.0% 0-shot CoT	—	90.8% 11-shot	94.1% 8-shot CoT

* Claude 3.5 Sonnet scores 67.2% on 5-shot CoT GPQA with maj@32
** Claude 3.5 Sonnet scores 90.4% on MMLU with 5-shot CoT prompting

그림 10-2 생성형 AI 모델별 성능 평가표 (출처: Anthropic)

---

1 https://claude.ai
2 https://www.anthropic.com/news/claude-3-5-sonnet

Sonnet 3.5 이전의 Sonnet 3가 약 4개월 간격임을 감안하면 모델 생성 및 개발 속도가 매우 빠르므로 독자는 각 시점에 따른 적절한 모델을 고려해야 한다. OpenAI의 GPT 모델이나 Google의 제미나이[Gemini] 등 다양한 서비스가 있으므로 익숙한 서비스로 진행하여도 무방하다.

USER : I heard you can make terraform code from recently datas. So, I wan't you help me writing GenAI for Terraform guide. And make korean language.

Claude : 네, Terraform을 위한 GenAI 가이드를 한국어로 작성하는 데 도움을 드릴 수 있습니다. 어떤 특정 측면이나 주제에 초점을 맞추고 싶으신가요? 예를 들어, GenAI 모델 배포를 위한 인프라 설정, 데이터 처리 파이프라인 구축, 또는 보안 및 규정 준수 관련 설정 등이 있을 수 있습니다.

구체적인 요구사항이나 원하시는 가이드의 깊이를 알려주시면, 그에 맞춰 상세한 가이드를 작성해 드리겠습니다.

USER : GenAI를 위한 Ops의 용도로 Terraform을 사용하는 경우 AWS를 기준으로 기본적인 인프라 설정, 데이터 처리 파이프라인, 보안 규정 준수 사항과 관련한 코드 샘플을 작성해줘요.

Claude : 네, 이해했습니다. AWS를 기반으로 GenAI를 위한 Ops에 Terraform을 사용하는 경우의 기본적인 인프라 설정, 데이터 처리 파이프라인, 그리고 보안 및 규정 준수 관련 코드 샘플을 작성해 드리겠습니다.

1. 기본 인프라 설정

```
provider "aws" {
  region = "ap-northeast-2"
}

resource "aws_vpc" "main" {
  cidr_block = "10.0.0.0/16"

  tags = {
    Name = "genai-vpc"
  }
}

resource "aws_subnet" "public" {
  vpc_id     = aws_vpc.main.id
```

```
  cidr_block = "10.0.1.0/24"

  tags = {
    Name = "genai-public-subnet"
  }
}
…
```

2. 데이터 처리 파이프라인
   ...생략...
3. 보안 및 규정 준수 관련 설정
   ...생략...

이 코드 샘플들은 기본적인 구조를 제공합니다. 실제 환경에 맞게 수정이 필요할 수 있습니다.

기본 인프라 설정: VPC, 서브넷, 보안 그룹, EC2 인스턴스를 생성합니다.
데이터 처리 파이프라인: S3 버킷, Lambda 함수, SQS 큐를 설정하여 데이터 처리 파이프라인을 구성합니다.
보안 및 규정 준수: KMS를 이용한 암호화, CloudTrail을 통한 로깅, AWS Config를 이용한 규정 준수 모니터링을 설정합니다.

이 코드를 기반으로 필요에 따라 추가적인 리소스나 설정을 추가할 수 있습니다. 예를 들어, EKS 클러스터 설정, 추가적인 IAM 정책, 더 복잡한 네트워킹 구성 등을 포함시킬 수 있습니다.
이 코드에 대해 더 자세한 설명이 필요하거나 특정 부분에 대해 더 알고 싶으시다면 말씀해 주세요.

한글로 출력을 요청하니 AWS를 프로비저닝할 리전도 서울인 'ap-northeast-2'로 지정해주었고, 각 코드마다 어떤 목적으로 작성되었는지 알려주었다. 이 코드를 복사하고 붙여 넣으면서 검증하는 것도 가능하나, 여기서는 코드 작성이 주로 이뤄지는 IDE에 기능을 붙여 활용해 보고자 한다.

새로운 디렉터리를 생성하고 `main.tf` 파일을 하나 생성하여 VS Code로 해당 디렉터리를 열어 준비한다. VS Code의 좌측 [Extentions(확장)] 아이콘을 클릭해 'CodeGPT: Chat & AI Agents'를 찾아 설치한다. CodeGPT 확장 도구는 생성형 AI를 API로 제공하는 서비스를 VS Code에서 바로 사용할 수 있게 하여 코딩 작업을 도와주는 역할을 한다.

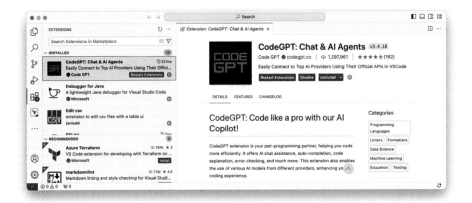

그림 10-3 VS Code에서 생성형 AI를 활용하기 위한 확장 도구

CodeGPT 확장을 사용하기 전에 연동에 필요한 생성형 AI의 인증 토큰 값이 필요하다. 여기서는 앞서 사용한 클로드를 사용한다. API 서비스를 활성화하기 위해 클로드 제공 회사인 앤트로픽 홈페이지[3]로 이동한다. 'API – Build with Claude'라는 항목의 [Get started now] 버튼을 클릭한다. 링크(https://console.anthropic.com)를 통해 바로 접속할 수도 있다.

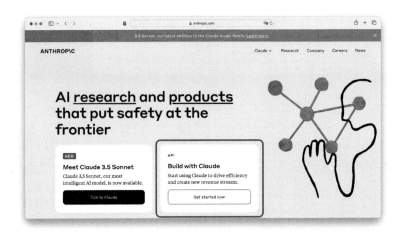

그림 10-4 클로드 API 서비스를 사용하기 위한 Anthropic 홈페이지

콘솔 화면으로 이동하면 회원가입 절차가 있다. 구글과 계정을 연동하거나 이메일 입력 후 검

---

3 *https://www.anthropic.com*

중 메일을 확인하여 로그인한다. 이후 이름과 조직을 입력하는 절차가 나온다. 적절한 값을 입력하여 새로운 계성을 생성하면, 메뉴에서 [Get API keys] 버튼을 클릭하고 새로운 API 키를 생성한다.

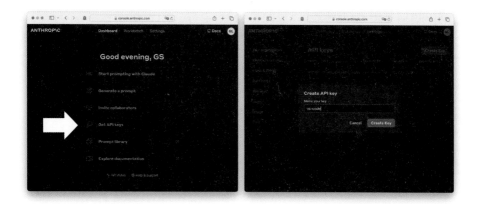

그림 10-5 API 사용을 위한 키 생성

API를 사용하는 기능은 비용이 발생하는 서비스로서 지속적인 사용을 하는 경우 결재를 위한 정보가 필요하다. 앤트로픽의 경우 비용이 발생하는 서비스를 체험하기 위한 5달러의 무료 크레딧을 제공한다. [Settings 〉 Plans & billing]으로 이동하여 무료 크레딧을 받기 위해 [Claim] 버튼을 누르면 활성화되며 해당 페이지에서 남은 크레딧을 확인할 수 있다.

그림 10-6 Anthropic의 무료 크레딧 활성화

생성된 키를 복사하고 VS Code로 돌아와 왼쪽 사이드바에서 CodeGPT 아이콘을 클릭한다. 상단의 드롭박스를 클릭하면 연동할 수 있는 생성형 AI API 제공자 목록을 확인할 수 있는데, 'Anthropic'을 선택하고 'cloude-3-5-sonnet-20xxxxxx' 모델을 선택한다. 아래 [Connect] 버튼을 클릭하여 앤트로픽 홈페이지에서 획득한 API 키를 넣어준다. 'Connected'라고 표시되면 이제 VS Code에서 생성형 AI를 사용할 준비가 완료되었다.

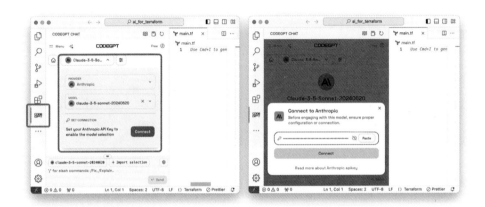

그림 10-7 VS Code에서 클로드를 사용하기 위한 CodeGPT 구성

CodeGPT 화면의 하단에 입력할 수 있는 공간에 프롬프트를 입력하고 엔터 또는 [Send] 버튼을 클릭하여 사용한다. 앞서 사용한 프롬프트를 그대로 붙여 넣어 질의하였을 때 필자의 경우 바로 코드를 제안받았다. 이때 생성된 코드는 [Insert code] 버튼을 사용하여 바로 `main.tf`에 붙여 넣어졌고, 테라폼으로 `Apply` 시 이 코드는 정상적으로 AWS의 SageMaker를 사용하여 Jupyter Notebook 환경을 제공하였다.

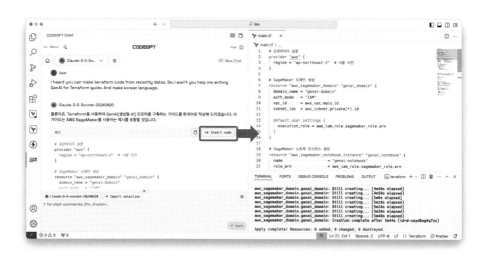

그림 10-8 CodeGPT로 주고받은 채팅과 테라폼의 정상적인 실행

그림 10-9 AWS 콘솔에서 확인된 Jupyter Notebook 리소스와 실제 결과

SageMaker에 대한 이해나 필요 리소스의 기본 지식 없이도 생성형 AI를 활용하여 목표로 하는 인프라를 구축할 수 있는 테라폼 코드를 바로 얻을 수 있었다. 하지만 한계점으로는 제안된 코드가 실제 업무에서 사용할 만큼 필요한 구성이 제공되었는지 확신하기 어렵다는 점과 더불

어 생성된 테라폼 코드를 Destory하는 과정에서 자동으로 생성된 EFS 리소스로 인해 삭제가 실패하는 경우도 있었으므로 이를 그대로 활용하는 것보다는, 아직은 대상 인프라에 대한 전문성을 바탕으로 코드 생산성을 높이는 데 활용해야 한다. 또한 비용에 대한 인식도 필요하다. 앞서 두 번의 프롬프트로 결과를 얻는 과정에서 0.03달러 정도의 크레딧이 소모되었으며 이를 조직 차원에서 적용한다면 그 비용은 기하급수적으로 증가할 수 있다. 따라서 원하는 답을 최소의 비용으로 얻기 위한 프롬프트 사용에 대한 교육도 수반되어야 한다.

10.3 검색 증강 생성 환경 구성

9장 후반부에 소개한 IDP^{Internal Development Platform}도구인 UCMP는 전문가의 노하우와 표준화된 코드로 사용성을 극대화하기 위한 목표로 탄생한 결과다. 하지만 다양한 환경에 적용하고 표준화를 위한 작업들은 인프라를 코드화하는 것 외에도 이미 릴리스된 코드를 유지 보수하고 새롭게 추가되는 리소스와 권장 아키텍처를 적용해야 하는 등 지속적인 노력이 발생한다. 앞서 소개한 생성형 AI를 활용하면 좀 더 인프라 코드화에 집중하여 현업에 적용할 수 있다.

이번에는 조직 내 사용 중인 테라폼 모듈과 관련한 설명 문서가 있다고 가정한다. 모듈은 조직 내에서 사용성이 검증되었고 표준이라 여겨지는 아키텍처와 조건들로 구성된다. Terraform Registry에 등록된 Terraform 모듈을 LLM에서 참고할 데이터, 즉 RAG와 결합하여 테라폼 코드를 생성하는 과정을 알아본다.

다음의 환경은 AWS Bedrock과 OpenSearch를 활용한 LLM-RAG 환경이다.

- **AWS Bedrock**: AI 및 머신러닝 애플리케이션을 쉽게 구축, 배포, 관리할 수 있도록 지원하는 서비스로 개발자는 미리 준비된 모델과 프레임워크를 사용하여 빠르게 AI 애플리케이션을 개발할 수 있다. Bedrock은 머신러닝 워크플로의 모든 단계를 관리하는 포괄적인 플랫폼을 제공한다.
- **Amazon OpenSearch Service**: 확장 가능한 오픈 소스 검색 및 분석 엔진으로 로그 분석, 실시간 애플리케이션 모니터링, 검색 애플리케이션 구축 등에 사용된다.
- **Streamlit**: 데이터 애플리케이션을 빠르게 구축할 수 있는 오픈 소스 파이썬 라이브러리로 데이터 과학자와 엔지니어가 간단한 파이썬 스크립트를 사용하여 대화형 웹 애플리케이션을 만들 수 있도록 지원한다. 이를 사용하여 사용자는 직관적인 코드로 데이터를 시각화하고 대시보드를 생성할 수 있다.

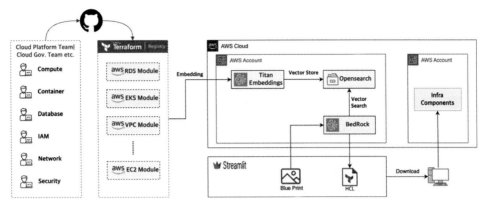

그림 10-10 테라폼 코드 생성을 위한 생성형 AI 기반 설계도

해당 환경을 프로비저닝하는 코드를 다음의 깃허브 저장소에서 클론하거나 다운로드할 수 있다. 테라폼 코드에 대한 상세 설명은 README.md에 기록하여 코드 이해에 도움이 되도록 하였다. 특이 사항은 다음과 같다.

- 예제 위치: *https://github.com/terraform101/terraform-and-generative-ai*
- 앱을 실행하기 위해 파이썬3 설치[4] 필요
- OpenSearch는 Free tier로 진행 가능하지만 Bedrock은 요청 기반으로 과금이 발생함에 주의(사용되는 Claude 3.5 Sonnet의 경우 2024년 7월 기준 1000토큰 입력당 0.003달러, 1000토큰 출력당 0.015 달러이며 정확한 비용은 AWS 문서[5]를 참고)
- OpenSearch의 경우 접근을 위한 도메인 생성과 패키지 연결이 각각 평균 30분 내외의 시간이 소요되어 `create`와 `delete`에 대한 `timeout`을 60분으로 설정
- AWS Bedrock[6]의 경우 사용하려는 LLM모델(Claude 3.5 Sonnet)이 서울 리전(ap-northeast-2)에는 준비되어 있지 않아 미국 동부 리전(us-east-1)으로 생성하도록 설정
- Bedrock에서 허용하는 모델(LLM 등)을 활성화하기 위해서는 별도 활성화 요청 필요

코드 예제 저장소의 코드를 받았다면 다음으로 모델을 활성화해야 한다. AWS 콘솔에서 Bedrock을 검색하여 해당 UI로 진입하고 모델 활성화 메뉴로 이동한다. 테라폼에서 사용하는 모델은 'Claude 3.5 Sonnet'이므로 활성화되지 않아 '요청 가능'으로 표시되어 있다면 [Enable specific models] 버튼을 클릭하여 모델 액세스 활성화를 진행한다. 활성화를 하기

---

4 파이썬 설치 – *https://www.python.org/downloads/*

5 Bedrock 비용 – *https://aws.amazon.com/bedrock/pricing/*

6 Bedrock이 지원하는 리전 – *https://docs.aws.amazon.com/ko_kr/bedrock/latest/userguide/bedrock-regions.html*

위해서는 사용자에게 적절한 권한이 부여되어 있어야 하며, 만약 권한이 없는 경우 AWS 공식 문서[7]를 참고하여 사용 중인 계정에 활성화를 위한 권한을 부여한다.

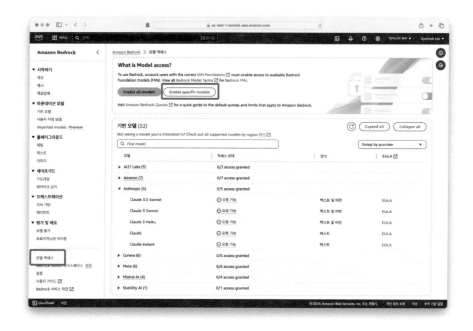

그림 10-11 AWS Bedrock의 모델 액세스 활성화를 위한 콘솔 화면

액세스 활성화를 위한 화면에서는 Anthropic 하위의 Claude 3.5 Sonnet을 선택하고 [Next] 버튼을 클릭한다.

---

7 Bedrock ID 정책 – *https://docs.aws.amazon.com/bedrock/latest/userguide/security_iam_id-based-policy-examples.html*

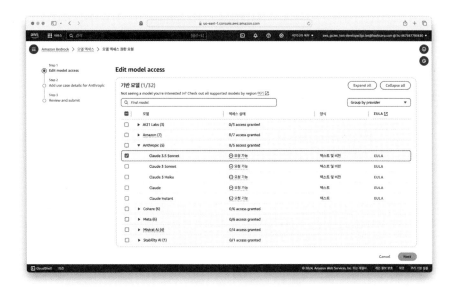

그림 10-12 모델 액세스 권한 요청 대상 선택

다음 단계에서 모델을 제공하는 사업자에게 제공할 정보(회사명, 회사 웹사이트, 업종, 대상
사용자, 사용 사례)를 입력한다. 이 정보는 모델 제공자와 공유된다. 입력 완료 후 [Next] 버튼
을 클릭하고 입력한 내용을 확인 후 [Submit] 버튼을 클릭하여 활성화한다.

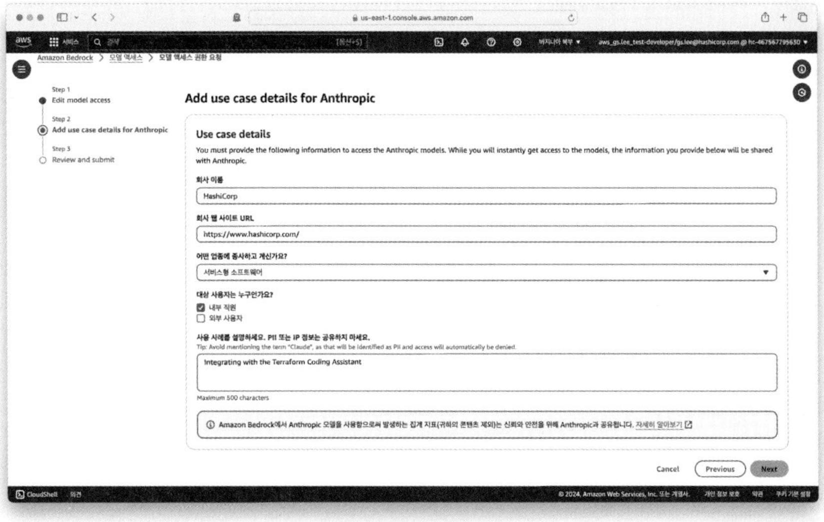

그림 10-13 모델 액세스를 활성화하기 위한 사용 사례 입력

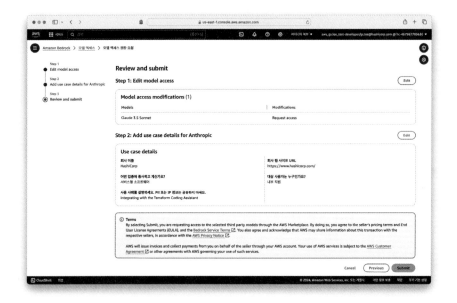

그림 10-14 모델 액세스 권한 요청 리뷰

이와 동일한 방식으로 Amazon의 'Titan Text Embeddings V2'도 모델 액세스 요청을 진행하여 권한을 부여한다. 최종적으로 다음의 모델에 액세스 권한이 부여됨을 확인해야 한다.

- Amazon – Titan Text Embeddings V2
- Anthropic – Claude 3.5 Sonnet

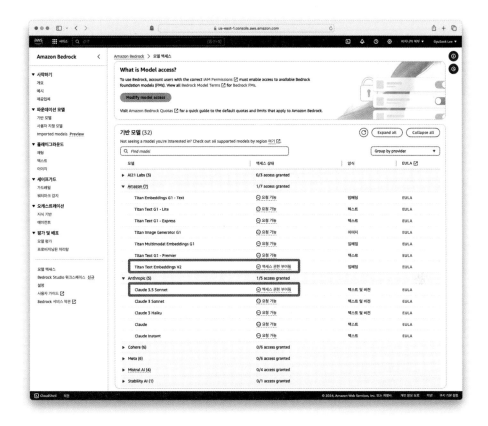

그림 10-15 모델 액세스 활성화 확인

테라폼으로 리소스를 생성하는 데 Access Key와 Secret Key를 사용하도록 구성하였으며 독자의 설정 방식에 맞게 수정하는 것도 가능하다. 관리자 권한이 아닌 이번 테라폼 프로비저닝에만 권한이 필요한 경우 아래 정책 내용을 참고하여 권한을 부여한다. 다수 사용자 계정을 고려하여 실습을 위해 와일드카드(*)가 사용되었음에 주의한다.

코드 10-1 테라폼 프로비저닝에 필요한 권한 예제

```
{
  "Version": "2012-10-17",
  "Statement": [
    {
      "Effect": "Allow",
      "Action": [
```

```
                "es:*"
            ],
            "Resource": "*"
        },
        {
            "Effect": "Allow",
            "Action": [
                "bedrock:InvokeModel",
                "bedrock:ListFoundationModels",
                "bedrock:GetFoundationModel"
            ],
            "Resource": "*"
        },
        {
            "Effect": "Allow",
            "Action": [
                "secretsmanager:*"
            ],
            "Resource": "*"
        },
        {
            "Effect": "Allow",
            "Action": [
                "kms:*"
            ],
            "Resource": "*"
        },
        {
            "Effect": "Allow",
            "Action": [
                "ec2:*"
            ],
            "Resource": "*"
        },
        {
            "Effect": "Allow",
            "Action": [
                "iam:CreateServiceLinkedRole",
                "iam:PutRolePolicy",
                "iam:AttachRolePolicy",
                "iam:PassRole"
            ],
            "Resource": "*"
        },
```

```
        {
            "Effect": "Allow",
            "Action": [
                "logs:*"
            ],
            "Resource": "*"
        },
        {
            "Effect": "Allow",
            "Action": [
                "bedrock:*"
            ],
            "Resource": "*"
        }
    ]
}
```

코드 10-2 variables.tf에 기본값이 없는 AWS 인증 정보

```
...생략...
# AWS Access Key
variable "access_key" {
  type = string
}

variable "secret_key" {
  type = string
  sensitive = true
}
```

모델 액세스 활성화가 준비되었으면 받은 테라폼 코드를 Apply한다. 작성된 코드는 Open Search 리소스를 프로비저닝하는 과정으로 평균 50~60분 정도 소요된다. 프로비저닝 과정 중 OpenSearch 생성 후 'opensearch_index' 리소스를 생성하면서 리소스를 지연 없이 구성하여 다음의 오류가 발생할 수 있으나 이후 다시 Apply를 수행하여 프로비저닝을 완료한다.

```
$ terraform apply -auto-approve

...생략...
```

```
Error: elastic: Error 400 (Bad Request): Unknown tokenizer type [nori_tokenizer] for
[nori] [type=illegal_argument_exception]

with opensearch_index.rag,
on main.tf line 131, in resource "opensearch_index" "rag":
131: resource "opensearch_index" "rag" {
```

커맨드 테라폼 Apply 시 OpenSearch에 Index 등록에서 발생할 수 있는 오류

프로비저닝이 완료되면 'genbot-python'으로 이동하여 Streamlit 기반의 앱을 실행한다. 앱
실행 시 필요한 환경 변수를 지정하는 .env 파일은 테라폼에서 템플릿을 기반으로 작성된다.
Python3이 설치되었다면 해당 디렉터리로 이동하여 **pipenv** 패키지를 설치한다. macOS의
경우 **brew**로 Python을 설치했다면 **pipx**를 설치하여 진행한다.

```
$ pip install pipenv
또는
$ pip3 install pipenv
또는
$ pipx install pipenv
```

커맨드 pipenv 패키지 설치

Pipfile에 앱 실행에 필요한 패키지가 정의되어 있다. **pipenv** 커맨드를 사용하여 필요한 패키
지를 설치한다.

```
$ pipenv install
```

커맨드 pipenv 패키지 설치 명령어

패키지 설치 완료 후 pipenv가 제공하는 가상 환경을 사용하여 **Streamlit** 명령으로 앱을 시
작한다.

```
$ pipenv run streamlit run main.py

Loading .env environment variables...

  You can now view your Streamlit app in your browser.
```

```
Local URL: http://localhost:8501
Network URL: http://192.168.0.xx:8501

For better performance, install the Watchdog module:

$ xcode-select --install
$ pip install watchdog
```

커맨드 pipenv 패키지 설치 명령어

정상적으로 앱이 실행되면 'Terraform Code Generator' 웹페이지가 브라우저에서 호출된다. 만약 자동으로 브라우저에서 열리지 않는다면 실행 로그의 'Local URL'의 주소 값을 복사하여 브라우저 주소창에 넣어준다.

그림 10-16 실행된 테라폼 코드 생성 앱

이 앱을 사용하는 테라폼 코드 작성 및 실행의 워크플로는 다음과 같다.

1 설계된 도면(Blue Print)를 업로드한다.

2 업로드된 이미지를 LLM으로 요청하여 구성된 클라우드 리소스를 확인한다.

3 RAG를 위해 앱의 'data/terraform_modules.json'에 등록된 모듈 정보가 OpenSearch의 벡터 검색 요소로 추가된다.

4 확인된 리소스에서 구성된 모듈이 있는지 확인하고, LLM으로 코드 생성을 요청한다.

5 생성된 Terraform 코드를 검토하여 모든 기술 및 규정 준수 여부와 배포하는 데 필요한 컴퓨팅, 스토리지 및 네트워킹 리소스 설정을 확인 후 배포한다.

데모 코드를 작성하기 위한 AWS 3-tier 예제가 그려진 도면이 앱 디렉터리의 'images/3tier -architecture.png'에 준비되어 있다. 앱 화면의 'Drag and drop file here'에 해당 이미지를 드래그 앤 드롭하거나 [Browse files] 버튼을 클릭하여 도면 이미지를 선택하여 업로드된 화면을 확인한다.

그림 10-17 설계된 도면을 앱에 등록 및 등록된 이미지를 확인

이미지가 정상적으로 등록되면 하단에 [Generate Terraform Code]를 클릭하여 생성되는 테라폼 코드를 확인한다.

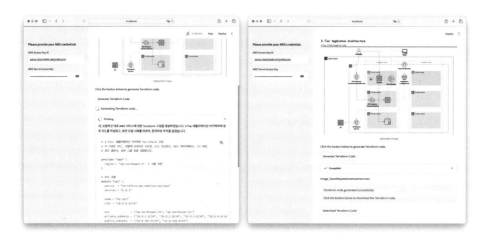

그림 10-18 RAG 구성에 기반하여 코드 생성

이전의 채팅 형태의 생성형 AI를 사용하는 것과 달리 지정한 모듈을 활용하여 코드를 작성함을 확인할 수 있다. 모듈을 사용하는 것은 표준화된 조직 내 테라폼 코드를 사용하도록 하기 위해서다. 생성형 AI를 활용하여 사내 표준과 정책을 준수하면서도 쉽게 원하는 코드 결과를 얻을 수 있다.

맺음말

테라폼을 비롯한 IaC 도구는 클라우드 환경의 활성화와 개발 문화의 변화, 이와 더불어 작업 방식이 전보다 더 빠르게 변하는 상황에서도 워크플로의 일관성, 효율성, 관리성을 확보하는 데 이점이 있다. 테라폼 사용자는 적용 단계에 따라 대상, 운영 방식, 프로세스를 지속적으로 개선하고 조직 규모에 따라 발전시키는 역할을 담당한다. 인프라 개발자와 운영자는 테라폼을 유용한 도구로 사용하는 데 그치지 않고 다음과 같은 것들을 꾸준히 발전시켜야 한다.

프로비저닝 대상의 전문 지식 습득

테라폼만을 아는 것으로는 대상이 되는 인프라를 운영하는 데 한계가 있다. 테라폼은 제공되는 프로바이더를 통해 선언적으로 인프라를 관리하는 도구이며, 코드에 정의되는 리소스와 구성 정보를 입력하는 것에는 대상 인프라에 대한 지식이 필요하다. 대상이 되는 전문 지식의 예는 다음과 같다.

- 클라우드 서비스 연관 관계와 생성에 대한 선후 관계 파악
- 운영체제, 네트워크, 보안
- 인프라 배포 이후의 애플리케이션 실행 워크플로

표준 IaC 프로세스 설계

알려진 적용 사례를 통해 클라우드 도입 및 운영에 필요한 개인별 기술 격차를 해소하고 클라우드 활용 역량을 강화하는 것을 목적으로 한다.

- 클라우드 표준 인프라 구조의 IaC를 설계
- 조직 R&R별 워크플로 설계
- 테라폼 사용 패턴 평가 및 정책 수립
- 워크스페이스 관리 및 자격증명 체계
- 인프라 변경 사항 관리

업무 방식의 지원

기존 운영 방식과 IaC를 통한 운영 방식은 다를 수밖에 없다. 의사소통과 작업 수행 기준이 코드이기 때문이다. 테라폼의 장점을 유지하려면 사용자 간에 일하는 방식과 절차를 마치 애플리케이션 개발을 하는 듯한 형태로 조율해 협업해야 한다. 특히, 정보와 지식 공유가 중요하다.

테라폼 전문가는 업무에 사용되는 용어를 명확하게 설명하고 대상 인프라를 프로비저닝하는데서 발생하는 이슈와 해결 방안을 팀 내에서 공유하는 역할을 수행한다. 또한 코드 자체의 품질을 향상시키기 위한 코드 리뷰와 리팩터링에 참여해 점진적으로 더 나은 IaC 환경이 구성되도록 노력해야 한다.

- 조직 전반에 도입 활용하기 위한 기술 전파
- 테라폼 도입 단계와 패턴을 프로젝트별 상황에 맞게 적용
- 필요 기술과 노하우의 전파

테라폼의 기술적인 특성을 익히는 것은 개인의 능력 향상 측면도 있지만 결국 일하는 방식이 발전함에 따라 도구 사용도 발전해야 한다는 것에 더 의미가 있다. 책 전반에 걸쳐 추구한 궁극적인 목표는 테라폼이라는 도구를 통해 함께 일하는 사람 사이의 소통 방식을 설명하는 것이었다. 코드 리뷰의 목적이 다른 이의 결과를 품평하는 것이 아니라 자신의 성장에 있듯, 리뷰가 가능해진 코드로 표현되는 인프라를 통해 더 큰 개인의 성장을 이루길 바란다. 또한 IaC가 제공하는 코드로서의 인프라를 사용하여 개인, 팀, 조직 내의 새로운 소통 방식을 경험하고 발전하기를 기대한다.

INDEX

INDEX

INDEX

INDEX

INDEX